高职高专旅游类专业精品教材

总主编 王昆欣

旅游策划实务

沈刚 吴雪飞 编著

清华大学出版社
北京

内容简介

本书从策划谈起,对旅游策划进行了概述,详细介绍了旅游策划所需创新思维的基本原理、枷锁破除以及常用技巧,然后按照"为什么——做什么——怎么做"的程式,以专题的形式深入浅出地阐明了旅游目的地和旅游企业一直以来最关心的旅游形象、旅游产品、旅游节事活动、旅游营销等四个方面的问题,最后从组织、时间、成本的角度给出了旅游项目管理策划的解决方案。

本书可作为高等旅游职业教育的教学用书,也可作为有志于从事旅游策划工作和对旅游策划感兴趣的人士以及相关专业学生和研究人员的参考用书。

本书封面贴有清华大学出版社防伪标签,无标签者不得销售。
版权所有,侵权必究。举报:010-62782989,beiqinquan@tup.tsinghua.edu.cn。

图书在版编目(CIP)数据

旅游策划实务/沈刚,吴雪飞编著. —北京:清华大学出版社,2008.7(2024.7重印)
高职高专旅游类专业精品教材
ISBN 978-7-302-17843-9

Ⅰ. 旅… Ⅱ. ①沈…②吴… Ⅲ. 旅游业—策划—高等学校:技术学校—教材
Ⅳ. F590.1

中国版本图书馆 CIP 数据核字(2008)第 085171 号

责任编辑:刘士平
责任校对:李 梅
责任印制:丛怀宇

出版发行:清华大学出版社
　　网　　址:https://www.tup.com.cn,https://www.wqxuetang.com
　　地　　址:北京清华大学学研大厦A座　　邮　编:100084
　　社 总 机:010-83470000　　邮　购:010-62786544
　　投稿与读者服务:010-62776969,c-service@tup.tsinghua.edu.cn
　　质 量 反 馈:010-62772015,zhiliang@tup.tsinghua.edu.cn
印　装　者:涿州市般润文化传播有限公司
经　　销:全国新华书店
开　　本:170mm×240mm　　印　张:13　　字　数:250 千字
版　　次:2008 年 7 月第 1 版　　印　次:2024 年 7 月第 15 次印刷
定　　价:39.00 元

产品编号:027052-03

高职高专旅游类专业精品教材
编审委员会

主任委员　王昆欣

副主任委员　朱承强　梁　智　杨哲昆

委　　员　（以拼音字母为序）
　　　　　　陈宝珠　陈　秋　戴聚岭　郭英之　韩　军
　　　　　　胡　敏　黄　英　贾人卫　姜文宏　匡家庆
　　　　　　李晓东　梁　智　舒伯阳　王春玲　王文改
　　　　　　吴业山　谢　苏　徐云松　杨荫稚　袁正新
　　　　　　张　晖　张　辉　张丽芳　张跃西　赵恒德
　　　　　　邹本涛

秘　　书　刘士平
　　　　　　E-mail：liushp@tup.tsinghua.edu.cn

为培养高素质旅游人才而准备

(代总序)

我国旅游业是随着中国的改革开放发展、成长的。改革开放前我国旅游业以外事接待为主,只具备产业雏形;1978年以后转换机制,逐步发展产业型旅游业。1986年国务院决定将旅游业纳入全国国民经济与社会发展计划,正式确立其国民经济地位;进入21世纪以来,中国旅游业得到迅速发展。在入境旅游方面,中国的入境过夜旅游者从1978年的71.6万人次增加到2005年的4 681万人次,增长了65倍;旅游外汇收入也从1978年的2.63亿美元猛增到2005年的293亿美元,增长了111倍。2004年中国跃居世界第四旅游大国。在出境旅游方面,随着我国经济的持续快速发展和国际地位的不断提高,以及中国公民出国旅游目的地的不断增多,出境旅游发展迅猛。到2005年末,经国务院批准的中国公民出国旅游目的地国家和地区总数达到了117个,遍布全球五大洲。2005年,中国出境总人数达到3 103万人次,成为全球出境旅游市场上增幅最快、潜力最大、影响力最为广泛的国家。在国内旅游方面,带薪假期和"黄金周"制度的实行,推动了中国国内旅游的迅猛增长,中国发展成为世界上规模最大的国内旅游市场。2005年,中国国内旅游人数达到12.12亿人次。

我国旅游业虽起步较晚,但发展迅速。随着旅游业的发展,旅游在国民经济中的作用和地位日显重要。世界各国高度重视中国巨大的旅游市场,都希望加强与中国的交流与合作。目前,中国旅游业形成入境旅游、出境旅游、国内旅游三大市场格局,成为举世瞩目的旅游大国。

我国的旅游教育是随着旅游业的发展而产生、发展和成长的。我国的旅游教育始于20世纪70年代末,经过近30年的发展,旅游教育已经形成了较完整的旅游高等教育、中等教育体系。据国家旅游局统计,全国旅游院校有1 336所(含开设旅游专业的院校),在校生达566 493人,专业教师25 239人(2005年底)。

旅游教育的迅速发展,带热了旅游教材的出版。近几年旅游教材建设整体呈现繁荣之势。从旅游教材的种类来看,已由20世纪90年代初的旅游管理专业一个系列几十个品种,发展到现今旅游管理、酒店管理、旅行社管理、景区管理、会展管理及旅游外语等若干个系列上百个品种。但是,目前已出版的旅游教材,存在着"三多三少"的现象,即在编写内容与方式上,剪辑性成果多、研究性成果少;理论性内容多、操作性内容少;传统内容多,创新内容少(张斌,2005)。

培养高素质人才的关键之一是要有科学的、适合的、高质量的教材,许多出版社为此做了许多工作,出版了一批教材,其中不乏好书。但由于旅游学科建设尚不成熟、高水平的作者偏少、旅游教育总体规模相对偏小等原因,教材建设仍不成熟,高水平教材和参考书匮乏,严重制约着旅游教育质量的提高。

清华大学出版社在对旅游专业,特别是高职高专旅游类专业调研的基础上,有针对性地设计和推出了"高职高专旅游类专业精品教材"。这套教材主要在5个方面进行了探索。

第一,以精品课程建设为依托,建设精品教材。2003年教育部在高等学校实施了国家精品课程建设,到2006年共有5门课程被列为高职高专旅游类专业国家级精品课程。本套教材的组稿思路来自精品课程建设,通过精品课程建设出版一批高质量的教材。诸如《旅游资源评价与开发》、《旅游企业公共关系》等均为国家级精品课程,《中国旅游地理》、《形体训练与形象塑造》、《中国旅游文化》等为省级精品课程。

第二,以旅游管理类专业教学指导委员会为依托,选择优秀作者。清华大学出版社依托教育部高职高专旅游类专业教学指导委员会,邀请了教指委的部分专家参与教材建设,同时在较广的范围内选择了精通职业教育、旅游教育的教师,作者队伍水平较高。

第三,以专业目录为依据,确定教材选题。按照教育部《普通高等学校高职高专教育指导性专业目录(试行)》,旅游专业大类包括旅游管理、酒店管理、导游、旅行社经营管理、景区开发与管理、餐饮管理与服务等主要专业。这套教材根据专业目录中的职业岗位群需要设计和确定选题品种,基本涵盖了旅游大类专业的主干课程。

第四,以高职高专人才培养目标为依据,体现教材的针对性。这套教材紧紧围绕高职高专人才培养目标,坚持创新、改革的精神,尽可能体现新的课程体系、新的教学内容和教学方法,以提高学生整体素质为基础,以能力为本,兼顾知识教育、技能教育和素质教育。例如,针对高职高专学生的特点,编写了《旅游专业毕业论文写作指导》、《酒店英语服务实训》(北京市精品教材)、《饭店服务基本功实训》等实践性较强的教材。

第五,以先进、简明、适用、通俗为原则,体现教材特色。所谓"先进",就是强调学科的新理论、新知识,技能的新技术、新方法,实践中的新经验、新案例,使教材内容尽可能先进、科学;所谓"简明",就是教材提供的内容"必需、够用"即可,简洁、明了,不必过于强调理论性、系统性、完整性;所谓"适用",就是着眼于旅游业发展实际,适合高职高专学生的特点,适合高职高专教师的教学特征,同时体现教学内容的实际应用,具有可行性、便于操作;所谓"通俗",就是指教材的编写深入浅出,通俗易懂。

由于旅游教育是培养第一线的服务型、技能型、管理型的应用人才,因此,大部分教材都安排了实践教学内容,以利于学生毕业后能较快适应工作环境,熟练顶岗工作。

旅游学科是一个新兴的学科,涉及的知识范畴十分广泛,可以说旅游学科至今还未成为一门独立的成熟学科,而旅游教育的历史又较短,加之我们的知识水平和实践能力的局限性,因此在教材编写中存在不少问题和困惑,本套教材难免存在不足之处,谨请谅解。这套教材的组织、编写过程也是我们全体作者学习提高的过程。

一套好的教材,就是一名好的导师,教材是实现教育目标的主要载体之一,高质量的教材是培养合格人才的基本保证。旅游业的进一步国际化、全球化、市场化、人性化,对旅游职业教育提出了更新、更高的要求。我们希望能推出一套既有先进的教育教学理念,又能切合教育教学实际,还能开启教师教学智慧,激发学生学习欲望的好教材。但愿如愿。

高职高专旅游类专业精品教材编审委员会
2008年1月

前 言
FOREWORD

打仗要"谋略",搞旅游也要"谋略","谋"得越多,越容易制胜,这就是当今社会市场竞争的特点。旅游企业要想脱颖而出,不"谋"别人,别人会"谋"你,也就是你不进行有效策划,竞争对手就会在策划中战胜你,这就是策划的辩证法。"树欲静而风不止",要想立于领先之地,就只有将策划进行到底。时至今日,旅游业的竞争已经从旅游资源竞争发展到旅游智业竞争,好的景区(点)需要策划,好的节事活动需要策划,好的旅游形象、旅游营销等也都需要策划。可以说,旅游业已经迈入了策划的时代。

尽管中国旅游的理论研究与实践已历经了20多年的发展,但旅游策划对于各类旅游组织来说,仍然是一个重大的挑战。随着旅游市场环境越来越变幻莫测,这一挑战也日益严峻。有一种观点认为,这种不稳定的现实让策划变得毫无意义——这个世界前进的步伐的确是太快了,别说预测未来五年,就是三年甚至两年都是困难的事。

但与这种观点相悖的是,越来越多的证据表明效率与效果之间的差异日益明显,策划的重要性不仅没有丝毫降低,反而日渐提高。今天,成功的旅游目的地和旅游企业的管理者们都认识到了旅游策划的绝对必要性。旅游策划在变幻莫测的市场、动机多样的旅游开发机构和不断求新求异的策划人的共同作用下,变得日益复杂,这使许多从事旅游策划工作和对旅游策划感兴趣的行业人士、学生、学者等感到困惑。真诚地希望本书在化繁为简方面的努力能够帮助读者理解并鼓励他们从事旅游策划工作,进而深入地研究这一领域,迎接旅游策划的挑战。

本书包括基础和专题两个部分,共分为6章:第1、2章为基础部分,对旅游策划及其创新思维的理论进行了概述;第3~6章为专题部分,分别以专题的形式就旅游业目前面临的旅游地形象、旅游产品、旅游节事活动、旅游营销等四个最重要论题从理论到实战进行了详细的阐述。本书的第1、2、3、5章由沈刚负责编写,第4、6章由吴雪飞负责编写,全书由沈刚负责统稿。

本书能够得以顺利出版，首先要感谢清华大学出版社的有关领导和编辑，他们为本书的出版创造了极好的条件，提供了很多的帮助。同时要感谢浙江旅游职业学院的王昆欣教授、徐云松教授、周国忠教授以及其他领导和同事的支持和帮助。本书编写过程中参考和引用了不少学者和行业人士的文献和成果，有些未能一一注明，在此谨表谢忱。由于时间仓促，本书难免存在疏漏之处，恳请各位读者批评指正。

编　者

2008 年春于杭州

目 录
CONTENTS

第1章　策划与旅游策划 ……………………………………………………… 1
　1.1　策划 ………………………………………………………………………… 2
　　　1.1.1　策划的导入 ………………………………………………………… 2
　　　1.1.2　什么是策划 ………………………………………………………… 2
　　　1.1.3　策划的分类 ………………………………………………………… 4
　1.2　旅游策划 …………………………………………………………………… 6
　　　1.2.1　旅游策划的概念 …………………………………………………… 6
　　　1.2.2　旅游策划的理论基础 ……………………………………………… 6
　　　1.2.3　旅游策划的任务 …………………………………………………… 6
　　　1.2.4　旅游策划的分类 …………………………………………………… 6
　　　1.2.5　旅游策划的流派 …………………………………………………… 9
　本章小结 ………………………………………………………………………… 11
　课后思考 ………………………………………………………………………… 12
　网络资料链接 …………………………………………………………………… 12
　推荐阅读材料 …………………………………………………………………… 12

第2章　旅游策划的创新思维 ………………………………………………… 13
　2.1　创新思维的原理 …………………………………………………………… 14
　　　2.1.1　创新思维对象的性质 ……………………………………………… 14
　　　2.1.2　创新思维主体的特征 ……………………………………………… 17
　　　2.1.3　创新思维的运行过程 ……………………………………………… 19
　2.2　创新思维需要破除的枷锁 ………………………………………………… 22
　　　2.2.1　创新思维枷锁的含义和特点 ……………………………………… 22
　　　2.2.2　从众型思维枷锁 …………………………………………………… 23

        2.2.3　权威型思维枷锁 ………………………………………………… 26
    2.3　常用的创新思维技术 ………………………………………………… 30
        2.3.1　质疑思维 ……………………………………………………… 30
        2.3.2　发散思维 ……………………………………………………… 30
        2.3.3　横向思维 ……………………………………………………… 31
        2.3.4　灵感思维 ……………………………………………………… 32
        2.3.5　互动思维 ……………………………………………………… 34
    本章小结 …………………………………………………………………… 37
    课后思考 …………………………………………………………………… 38
    网络资料链接 ……………………………………………………………… 38
    推荐阅读材料 ……………………………………………………………… 38

第3章　旅游地形象策划 …………………………………………………… 39
    3.1　形象与旅游地形象 …………………………………………………… 40
        3.1.1　形象 …………………………………………………………… 40
        3.1.2　旅游地形象 …………………………………………………… 40
        3.1.3　旅游地形象策划 ……………………………………………… 44
    3.2　旅游地形象策划的理论基础 ………………………………………… 45
        3.2.1　旅游地形象认知空间理论 …………………………………… 45
        3.2.2　旅游地形象认知时间理论 …………………………………… 47
        3.2.3　旅游地形象遮蔽理论 ………………………………………… 48
    3.3　旅游地形象策划 ……………………………………………………… 50
        3.3.1　旅游地形象调查 ……………………………………………… 50
        3.3.2　旅游地形象诊断 ……………………………………………… 53
        3.3.3　旅游地形象定位 ……………………………………………… 54
        3.3.4　旅游地形象宣传口号设计 …………………………………… 62
        3.3.5　旅游地形象LOGO设计 ……………………………………… 66
        3.3.6　旅游地形象的传播策略 ……………………………………… 68
    3.4　旅游地形象策划实训 ………………………………………………… 69
        实训目的 …………………………………………………………… 69
        实训要求 …………………………………………………………… 70
        实训背景材料 ……………………………………………………… 70
        实训过程 …………………………………………………………… 71
    本章小结 …………………………………………………………………… 72
    课后思考 …………………………………………………………………… 72

网络资料链接 …………………………………………………… 73
　　推荐阅读材料 …………………………………………………… 73

第 4 章　旅游产品策划 ……………………………………………… 74
　4.1　旅游产品 ………………………………………………………… 75
　　　4.1.1　旅游产品 ………………………………………………… 75
　　　4.1.2　旅游产品的层次构成 …………………………………… 75
　　　4.1.3　旅游产品的类型 ………………………………………… 78
　　　4.1.4　旅游产品的特点 ………………………………………… 81
　4.2　旅游产品策划的理论基础 …………………………………… 83
　　　4.2.1　竞争力理论 ……………………………………………… 83
　　　4.2.2　旅游产品生命周期理论 ………………………………… 87
　4.3　旅游产品策划的内容与方法 ………………………………… 91
　　　4.3.1　旅游产品策划 …………………………………………… 91
　　　4.3.2　旅游产品组合策划 ……………………………………… 100
　4.4　旅游产品策划实训 …………………………………………… 108
　　　实训目的 …………………………………………………………… 108
　　　实训要求 …………………………………………………………… 108
　　　实训背景材料 ……………………………………………………… 108
　　　实训过程 …………………………………………………………… 112
　本章小结 …………………………………………………………………… 113
　课后思考 …………………………………………………………………… 114
　网络资料链接 …………………………………………………………… 114
　推荐阅读材料 …………………………………………………………… 114

第 5 章　旅游节事活动策划 ……………………………………… 115
　5.1　节事活动概述 ………………………………………………… 116
　　　5.1.1　节事活动 ………………………………………………… 116
　　　5.1.2　节事活动的特征 ………………………………………… 117
　　　5.1.3　节事活动的功能 ………………………………………… 118
　　　5.1.4　节事活动的分类 ………………………………………… 121
　　　5.1.5　节事活动的相关国际组织 ……………………………… 125
　5.2　节事活动策划 ………………………………………………… 127
　　　5.2.1　决策阶段 ………………………………………………… 128
　　　5.2.2　内容策划阶段 …………………………………………… 130

　　　　5.2.3　执行阶段 …………………………………………………… 141
　　　　5.2.4　评价阶段 …………………………………………………… 142
　　5.3　节庆活动策划实训 ……………………………………………………… 143
　　　　实训目的 …………………………………………………………… 143
　　　　实训要求 …………………………………………………………… 143
　　　　实训背景材料 ……………………………………………………… 143
　　　　实训过程 …………………………………………………………… 144
　本章小结 …………………………………………………………………… 146
　课后思考 …………………………………………………………………… 146
　网络资料链接 ……………………………………………………………… 147
　推荐阅读材料 ……………………………………………………………… 147

第6章　旅游营销策划 …………………………………………………… 148

　　6.1　旅游营销概述 …………………………………………………………… 149
　　　　6.1.1　市场营销 …………………………………………………… 149
　　　　6.1.2　旅游市场 …………………………………………………… 150
　　　　6.1.3　旅游市场营销 ……………………………………………… 151
　　6.2　旅游客源市场开发策划 ………………………………………………… 152
　　　　6.2.1　旅游客源市场开发的特点 ………………………………… 152
　　　　6.2.2　旅游客源市场开发的类型 ………………………………… 153
　　　　6.2.3　旅游客源市场开发的步骤与内容 ………………………… 155
　　6.3　旅游产品促销策划 ……………………………………………………… 160
　　　　6.3.1　旅游促销与旅游促销组合 ………………………………… 160
　　　　6.3.2　旅游促销策划的影响因素 ………………………………… 163
　　　　6.3.3　促销策划的步骤 …………………………………………… 165
　　　　6.3.4　促销策划的目标 …………………………………………… 165
　　　　6.3.5　选择促销工具和工具组合 ………………………………… 167
　　　　6.3.6　促销方案策划 ……………………………………………… 168
　　6.4　旅游广告策划 …………………………………………………………… 170
　　　　6.4.1　旅游广告的类型和作用 …………………………………… 170
　　　　6.4.2　旅游广告策划的步骤与内容 ……………………………… 171
　　　　6.4.3　旅游广告策划的影响因素 ………………………………… 177
　　6.5　旅游品牌策划 …………………………………………………………… 178
　　　　6.5.1　旅游品牌 …………………………………………………… 178
　　　　6.5.2　旅游品牌定位 ……………………………………………… 178

6.5.3　旅游品牌标识系统策划 …………………………………… 179
　　　6.5.4　旅游品牌创新策划 ……………………………………… 182
　6.6　**旅游营销策划实训** ……………………………………………… 185
　　　实训目的 ……………………………………………………… 185
　　　实训要求 ……………………………………………………… 185
　　　实训背景材料 ………………………………………………… 186
　　　实训过程 ……………………………………………………… 187
本章小结 …………………………………………………………… 188
课后思考 …………………………………………………………… 189
网络资料链接 ……………………………………………………… 189
推荐阅读材料 ……………………………………………………… 190

主要参考书目 ………………………………………………………… 191

第1章 策划与旅游策划

本章导读 》》

打仗要"谋略",搞企业也要"谋略","谋"得越多,越容易胜利。这就是当今社会市场竞争的特点,搞企业要想取胜,不"谋"别人,别人会"谋"你,也就是你不策划别人,别人反而会策划你,这就是策划的辩证法。"树欲静而风不止",要想立于不败之地,就只有将策划进行到底。时至今日,旅游业的竞争已经从旅游资源竞争发展到旅游智业竞争,好的景区(点)需要策划,好的节事活动需要策划,好的形象、好的营销等都需要策划。可以说,旅游业也已经迈入了策划的时代。什么是策划和旅游策划,旅游策划又能完成怎样的任务呢?学过本章之后,你将能够:

1. 了解什么是策划,策划分为哪些类型;
2. 掌握什么是旅游策划;
3. 掌握旅游策划需要完成哪些任务;
4. 了解旅游策划有哪些类型;
5. 了解目前进行旅游策划的机构或流派有哪些及其特点。

1.1 策划

1.1.1 策划的导入

说起"策划",我们每个人都会很熟悉,它在我们生活中出现的频率太高了。比如,你去看一部电影,里面首先有总策划,然后又有如灯光策划、武打策划、服装策划等分策划;如果你要参与一个活动,里面会有活动策划;哪怕你不经意地翻翻书籍、杂志什么的,你也会发现会有一个选题策划……

每一件成功的事件后面都有一个精心的策划!

从产品到商品,中间的工作至为重要,这个中间工作就是策划。

策划与其说是一种设计,一种安排,一种选择,或是一种决定,倒不如说它是一张改变现状的规划蓝图,它并不如你想象的那样困难,也不是你以为的那样复杂。

策划不过是一场演出,策划家便是这场演出的导演。对某项商品而言,他可以点石成金,可以立断生死,甚至可以把一个不是商品的"产品",一个没有商品要素的物品,变成一个炙手可热的商品。任何人都能在妇女用品商店里找到时髦,在博物馆里找到历史,而创造性的策划家却能在五金店里找到历史,在飞机场上找到时髦。

"没有市场,就创造一个市场出来",这就是策划人的精神。

1.1.2 什么是策划

既然策划与我们的生活如此密不可分,那么什么是策划呢?

追本溯源,策划活动并不是近代的产物,它已有几千年的历史。相对于策划活动而言,"策划"一词出现得比较晚,并且在古代常常以"策"、"谋"、"筹"、"算"、"划"等单个字来表达策划之意。要理解什么是策划,还得从"策"、"划"的单个字意开始。

根据《辞海》和《现代汉语词典》,"策"的释义主要包括如下几种:①指马鞭,古代赶马用的棍子,一端有尖刺,能刺马的身体,使它向前跑,比如用策赶马;②通"册",指古代用于写字的竹片或者木片,即记事之书,这些记事的竹片或者木片成编后称为"策",比如简策;③指古代考试的一种文体,多就政治和经济问题发问,应试者作答,比如策试、策问、对策等;④指我国数学上曾经用过的一种工具,形状跟"筹(竹、木或象牙等制成的小棍儿或小片儿,主要用来计算或作为领取物品的凭证)"相似,如清代初期,把乘法的九九口诀写在上面以计算乘除和开平方;⑤指拐杖,如扶策而行;⑥指计谋、办法,如上策、献策、束手无策;⑦姓的一种,如蒙古族的策•乌力吉;⑧指计算、谋划、筹划,如策反、策应。前面的七种释义都是作名词,第八种是作动词用。

同样，根据《辞海》和《现代汉语词典》，"划"的释义主要有如下几种：①指用尖锐的东西把别的东西分开或在表面上刻过去、擦过去，如划玻璃、划根火柴、手上划了一个口子等；②指拨水前进，如划船、划桨；③指合算，如划得来、划算；④指划分，如划界、划定范围；⑤指划拨，如划付、划账；⑥指计划，如筹划。

显然，"策划"的成词，主要是取"策"字的第⑧义，即计算、谋划、筹划和"划"字的第⑥义，即计划，其词义主要是指计划、筹划、谋划。当然，这只是"策划"的词义。事实上，现代意义上的"策划"是一门科学，更是一种艺术。21世纪是策划的世纪，作为"第四产业"（或称知识产业）中一个神奇的"生产魔方"，策划这种古老、神秘而又充满生机的筹谋活动，已经进入了产业化运作时期，并发展成为一门独立的科学，越来越广泛地受到人们的重视和应用。

虽然现代学者，如苏珊、赵振宇、吴灿、沈小昌等，都对策划有过较为全面系统的研究，但由于对策划的内涵和外延的理解角度不同，标准不一，因而给出了纷纭复杂的定义。归纳起来，策划主要有以下几种。

(1) 策划就是出谋划策、筹划和谋划

周黎民先生在其《公关策划》一书中写道："策划，也称作策画，是出主意、想办法、出谋划策，它与谋略、创造、运筹、决策紧密相关。"

(2) 策划是一种创造性思维活动

日本著名策划大师星野匡有这样的论断："所有的策划或多或少都有所谓虚构的东西，从虚构出发，然后创造事实，加上正当的理由，而且要光明正大地去做，这就是策划。"刘振明先生《商用谋略：策划老手》一书持同样的看法："策划的含义应该是：为实现特定的目标，提出新颖的思路对策，并制定出具体实施方案的思维活动，策划归根结底是一项创造性思维活动。"这种定义强调和突出的是策划的"活动"特征。

(3) 策划是一种战略体系和一个系统工程

以策划"山东莱芜交通体制改革"而闻名的崔秀芝认为："策划是一项高智力的脑力活动，也是一项系统工程。它是针对目标，超前制定出创新的计划、谋略，通过实施求得效果的全过程。"《策划为王》一书编著者王承英认为："策划是企业为达到商业目标所特别构筑的企业发展总体规划战略体系，是创造企业优势与创造竞争优势的系统工程。"

(4) 策划是一种程序，是一种沟通企业的手段和工具

美国《哈佛企业管理丛书》中的《企业管理百科全书》一书在阐述策划概念时写道："策划是一种程序，在本质上是一种运用脑力的理性行为。"基本上所有的策划都是关于未来的事物，也就是说，策划是按照事物因果关系，衡量未来可采取之途径，作为目前决策之依据。策划是预先决定做什么，何时做，如何做，谁来做。策划

如同一座桥,它连接着我们目前之地与未来我们要经过之处。策划的步骤是以假定目标为起点,然后制定出策略政策,以及详细内部作业计划,以求目标之达成。最后还包括成效之评估及回馈,而返回到起点,开始了策划的下一个循环。策划是一种连续不断的循环……要策划再策划,以求计划之确实可行。

(5) 策划是非常广泛的人类行为形态

威廉·纽曼(William H. Newman)的《组织与管理技术》一书认为:"一般来说,策划即是在事前决定做何事。因此,策划是业已设计妥善之行动路线。由此可知,策划是非常广泛的人类行为形态。"

(6) 策划即是管理

约翰·斐纳(John M. Pfiffner)和万斯·普莱萨斯(R. Vance Presthus)在其《公共管理》一书中写道:"策划在本质上是较佳决定的手段,也是行动的先决条件。策划包括确定某机关或事业的目的,及达到目的的最佳手段。由于政策、组织及社会环境随时有所变动,因此,策划必须具备连续性与活动性……策划应准备编拟有效的运营程序,确认实施过程中的监督技术。策划在其过程中,能影响管理者的决策、预算、调整、意见沟通、机构等问题,简言之,策划即是管理。"

(7) 策划是左右将来行动路线的决策

哈罗德·库兹(Harola Koontz)和希瑞·奥多纳(Cgril D'Donnell)的《管理原理——管理功能的分析》一书认为:"策划是管理者从各种方案中选择目标、政策、程序及事业计划的机能。因此,策划也就是左右将来行动路线的决策。它是思维之过程,是决定行动路线之意识,是以目的、事实及深思熟虑所作判断的基础的决定。"

上述关于策划的定义都有自己的特色,也都不同程度地存在着不足。或内涵和外延过于传统、过于狭窄,难以和现代多层次、多角度的策划需要相整合;或过分强调和突出了思维主题运用知识、智慧和能力进行思考运筹的过程,而忽略了思维活动成果;或过于强调"谋"与"断"的分离,而忽略了"谋"与"断"的相互制约。比较而言,我们倾向于这样一种观点:人们为了达到特定的目的,在调查分析相关信息的基础上,对未来的工作或事件进行科学、系统的筹划和部署的一种创造性思维活动。

1.1.3 策划的分类

对策划进行科学分类是策划学理论研究一项基础性的工作,对策划实践也有重要的现实意义。策划分类,取决于策划的存在形态、表现形态、应用领域。策划的形成和演进,本质上即是多种类型的历史文化、社会制度、国民心理结构、经济结构、产业结构、企业形态的一种具体而微的缩影。缘于不同的视角,策划可以有多种分类标准和分类方案。

1. 按策划的层次划分

(1) 总体策划

从宏观层次上对事情作战略性的部署和安排,主要解决思路问题,确定大方向、划分大步骤、制定大方针,基本上不涉及操作层面的细节。

(2) 深度策划

深度策划主要是解决操作性问题,即从微观层面对单个的项目、单独的某一个阶段等进行详细的计划,并且按照这一计划能够直接实施。

2. 按策划目标的时间长短划分

(1) 短期策划

短期策划一般是指从策划谋略思想的提出到策划的完全实施,时间不超过一年的策划,比如单项旅游促销活动的策划、国庆"黄金周"的旅游策划、酒店的圣诞活动策划。

(2) 中期策划

中期策划一般是指从策划谋略思想的提出到策划的完全实施,时间不超过三年的策划,比如某景区一个建设期为两年的景点开发策划、某酒类生产企业的一个三年营销布局策划等就属于中期策划。

(3) 长期策划

长期策划一般是指从策划谋略思想的提出到策划的完全实施,时间超过三年的策划,如企业文化建设策划、某地旅游业十年发展策划等。

3. 按策划的内容划分

(1) 政治策划

政治策划是为了达成某种特定的政治目的,特别是为了强化政府权威、树立政府形象、提高政府工作效率、提高政治地位、赢得选举等,依据各种条件而进行的一些思维策划活动。比如美国的大选,每个候选人背后都有一个强大的智囊团为他/她策划如何赢得民众选票,进而最终赢得选举。

(2) 军事策划

军事策划是为了达成某种特定的军事目的,特别是关于作战的目的、方式、时机的选择,依据各种条件而进行的一些思维策划活动。比如,伊拉克总统萨达姆2002年10月6日召开军事策划会议,讨论改进伊拉克的作战能力,抵御美国军事进攻的措施。

(3) 经济策划

经济策划是为本国、本地区、本企业的经济发展而进行的策划。在经济策划中,根据更加具体的内容所涉及的不同经济部门,又可以分为工业策划、农业策划、商业策划、旅游策划、交通策划等。

(4) 文化策划

文化策划是在社会文化领域，针对有关文化及其相关问题所采取的策划行为，包括一般文化策划和具体文化策划。一般文化策划主要指针对总体的文化发展方向、发展措施、发展步骤等进行的策划。具体文化策划是针对微观的文化领域所进行的策划，如影视策划、图书策划、体育策划、新闻策划等。

除了以上四种分类方法外，还有学者根据策划机构、策划目的、策划服务的对象等标准对策划进行分类。

1.2 旅游策划

1.2.1 旅游策划的概念

旅游策划指依托创新思维，整合旅游资源，实现资源、环境、交通与市场的优化拟合，实现旅游业发展目标的创造过程。

1.2.2 旅游策划的理论基础

旅游策划最基本的理论基础是策划学和旅游学。它是策划学的思想、理论在旅游学中的应用，也是策划学的延伸，更是策划学与旅游学的交叉。

1.2.3 旅游策划的任务

旅游策划的任务是针对明确而具体的目标，设计游憩方式、产品内容、主题品牌、商业模式，从而形成独特的旅游产品，或全面提升和延续老旅游产品的生命力，或建构有效的营销促销方案，并促使旅游地在近期内获得良好的经济效益和社会效益。

1.2.4 旅游策划的分类

1. 按层次划分

（1）旅游规划前的旅游策划——总体旅游策划

在规划之前导入总体旅游策划，可以解决深度研究、确立核心吸引力和准确定位市场、主题、形象等问题；拟合资源与市场，形成表现吸引力的产品形态；落实战术和行动计划。

（2）旅游规划后的旅游策划——深度旅游策划

一个好的规划，必然要高屋建瓴，高瞻远瞩，但由于规划的任务在于把握规划地的长期发展目标，涉及产业配套、用地控制与平衡等方向性的大问题，存在操作性上的空缺。因此在旅游规划完成之后，需要进一步进行旅游策划，从而将规划的大理念转变为产品、项目、行动计划。

2. 按旅游策划目标的时间长短划分

（1）短期旅游策划

短期旅游策划一般是指从策划创意的提出到策划方案的出台再到策划方案的实施不超过一年的旅游策划。短期旅游策划比较适宜于各类节会活动、宣传促销活动、招商活动等能够在短时间内策划并实施到位的策划。

（2）中期旅游策划

中期旅游策划是指从策划创意的提出到策划方案的出台再到策划方案的实施一般在一年以上，但不超过三年的策划。中期策划比较适应于客源市场策划、企业形象策划、企业管理策划等方面的事项。

（3）长期旅游策划

长期旅游策划是指从策划创意的提出到策划方案的出台再到策划方案的实施超过三年的策划。长期策划比较适用于政府旅游发展战略策划、企业品牌策划、景区（景点）建设策划等长期性的投资与发展事项的策划。

3. 按旅游策划的内容不同划分

（1）旅游战略策划

旅游战略策划是指为了旅游业的长远发展和总体利益所进行的策划。战略策划是一个系统工程，它涉及方方面面的工作，需要各种配套的准备工作。从时间上来看，战略策划一般是一种中、长期策划。旅游战略策划既适用于政府机关、旅游管理机构，也适用于旅游企业。

（2）旅游规划策划

旅游规划策划是指为了旅游业的规范化发展，以制定适用、高质的旅游规划为目标而进行的旅游策划。旅游规划与旅游策划既有联系又有区别，规划的制定离不开策划，旅游策划是旅游规划的前提，有了高水平的旅游策划才会有高水平的旅游规划。

（3）旅游管理策划

旅游管理策划是指以加强政府旅游管理、旅游行业管理和旅游企业管理为目标而进行的旅游策划。旅游管理策划的目标是加强管理，目的是以最小的管理成本换取最大的旅游收益。

（4）旅游营销策划

旅游营销策划是指以提升策划者或委托策划者的形象，增强其市场竞争力、扩大市场销路为目标而进行的策划。旅游营销策划方案包括旅游产品定位、市场定位、价格定位、渠道定位、促销手段等内容，是增强旅游业竞争力的重要手段。旅游营销策划也是目前旅游界使用得比较多的一种策划手段。

(5) 旅游公关策划

旅游公关策划是指以加强旅游业与社会，特别是与游客的沟通，增强旅游业的社会信任度、美誉度，树立良好的公众形象为目标而进行的策划。旅游公关策划首先要考虑的对象是游客，其次是媒体，然后才是与策划者或委托策划者相联系的各行各业。

(6) 旅游广告策划

旅游广告策划是指以增强旅游广告的效果为目标所进行的策划。旅游业是个关联产业，也是面向公众的产业，广告是旅游业增加销售、扩大影响的重要手段，旅游广告策划虽然目标仅仅是做好旅游广告，但它仍需要有充分的市场调研和高水准的广告设计。

(7) 旅游企业形象策划

旅游企业形象策划是指以提升旅游企业形象为目标所进行的策划，也可以称为旅游企业形象战略或旅游企业形象识别系统策划。旅游企业形象策划包括旅游企业理念识别（MI）策划、旅游企业行为识别（BI）策划和旅游企业视觉（VI）策划三个大的方面。

(8) 旅游品牌策划

旅游品牌策划是指以打造旅游强势品牌为目标所进行的策划。在旅游市场竞争日益加剧的今天，品牌的竞争也日益加剧，强势品牌已经成为在市场竞争中获胜的王牌，品牌也是生产力，已经得到了旅游市场竞争参与者的公认。旅游品牌的策划按其所涉及的范围又可分为旅游城市品牌策划、旅游饭店品牌策划、旅行社品牌策划、旅游景区（景点）品牌策划等。

(9) 旅游招商策划

旅游招商策划是指以加速旅游地的发展、加快旅游业的开发、扩大旅游业相互之间和旅游业与相关行业之间的合作为目标所进行的策划。旅游招商已经成为加快旅游业发展的一个十分重要的途径，旅游招商策划也就成了旅游策划的一个十分重要的类别。

(10) 旅游资源整合策划

旅游资源整合策划是指以整合旅游资源，发挥资源整合作用为目标所进行的策划。旅游业的发展离不开资源，但任何一个地方、任何一个企业所拥有的旅游资源都是有限的，取长补短、整合旅游资源是促进旅游业快速发展的重要途径，进行旅游资源整合的策划可以起到一种很好的聚合作用。

(11) 旅游线路策划

旅游线路策划是指以整合、建设、推广、组织游客感兴趣的旅游线路为目标所进行的策划。旅游者进行旅游不管是随团旅游还是自助旅游，线路的选择总是必不可少的。为游客编排省时、省力、省钱的旅游线路是旅游业的重要职责，是旅游策划的重要内容。

4. 根据旅游策划所指向的对象划分

根据旅游策划所指向的对象,可以分为城市旅游策划、景区(景点)旅游策划、旅游饭店的策划、旅行社的策划等。

1.2.5 旅游策划的流派

按照策划人的背景、身份及他们所擅长的领域,我国的旅游策划流派可以分为政府官员派、学院派、专业机构派、经营一线派。

1. 政府官员派

在我国,旅游业是政府主导型产业,又是个关联度很强的产业。"政府主导"决定了旅游业的发展方向、发展目标、发展方式都是由政府决定的,政府必须对旅游业的发展有通盘的考虑,政府而且只有政府才能成为旅游业发展"最大的策划机构";"关联度很强",这又说明了旅游业的发展不是靠某一个单位的努力就能实现的,它需要全社会的共同努力,而旅游行政管理机关作为政府管理旅游业的专门机构,必须担负起这个协调的责任,协调就需要谋划,需要共同的行动达到共同的目标,这也决定了策划不但是政府旅游管理机构的法定之责,也是他们开展工作的必要手段。

正是因为政府在旅游策划中的这种独特性,决定了在政府管理机构中必然会产生一批优秀的旅游策划人员。从策划就是预设一种目标并为了实现这种目标进行谋划这个定义来看,应该说,政府领导和政府旅游主管部门的领导都是当然的旅游策划家:不策划,就不可能保证旅游业的正确的发展方向;不策划,就不可能协调旅游业与其他相关行业的关系。

由于政府及其主管部门担负着如此重大的旅游策划之责,一些政府官员除了完成政府本职工作之外,也把视野拓展到了本职工作之外的一些策划事项,从而形成了一个政府旅游策划流派。

政府派的策划重点是政府旅游发展的大政方针、行业发展的总体方向,事关行业发展的大型活动、大型旅游开发项目,以及政府对行业进行管理的策略。

政府派旅游策划人员的优势是背靠政府,能够准确把握政府的政治、经济走向;能够借助政府的权威,保证自己的策划方案的强力推进;能够方便地获取各种资料,保证策划的全面性、权威性;能够有效地协调各方面的关系,保证策划的效果。

政府派策划人员的不足是他们处于旅游业发展的高端,对行业的发展惯于采取一种俯视的角度,如果在策划的具体过程中不深入实际进行调研,就很容易与实际相脱离,从而使自己的策划难以实施。同时,由于政府派的特殊身份,除了是他们本职工作的策划外,政府策划派旅游策划人员虽然可以策划出许多好的方案,但他们却没有时间和精力去指导实施这些方案,有些十分精彩的策划方案也常常会因为这个原因而使实施效果受到影响。

2. 学院派

随着我国旅游业的发展,特别是随着我国旅游策划业的发展,一些旅游院校和旅游研究机构纷纷涉足旅游策划业,一些媒体也打起了旅游策划的主意,成立了专门的旅游策划部门。由于旅游院校、旅游研究机构和媒体大量介入旅游策划业,便形成了旅游策划的一个有实力的流派——学院派。

学院派策划的重点是大型旅游规划的前期策划,旅游目的地的形象策划与营销策划,旅游景区(景点)、旅行社、旅游饭店的管理策划等。

学院派的优势是背靠旅游院校和各类研究机构,策划人一般具有较好的理论功底;当旅游策划需要其他专业人才进行协作时,很容易找到帮助,具有较强的人才优势;利用学院和各类研究机构的平台,可以及时了解世界旅游业的发展动态,不但使自己的策划具有较高的水准,而且容易与世界接轨。

学院派的不足是长期置身于学院和媒体,与实践接触不多,策划容易与实践脱节;对理论研究得多,对现行政策的把握力度却并不强,策划容易与现行政策发生冲突;比较注重策划文本的格式化,但在策划文本的语言方面却往往不能通俗化,在一定的程度上会影响执行者对策划文本的理解,从而影响策划的效果。

3. 专业机构派

我国旅游策划的专业机构尽管从总数上看还不多,有的还打着别的策划机构的牌子,还有的只是在规划机构中分出了一部分人员来从事策划业务。但是,我国旅游策划机构毕竟已经有了一些,一些供职于专业策划机构的策划人员用他们的智慧服务于旅游业。他们的总体数量虽然还不多,在旅游业的发展中所起的作用也还不如政府官员派策划人员所起的作用那么大,但他们是中国旅游策划的希望之所在,最终将成为中国旅游策划的中坚力量。

专业策划机构的策划人员是以策划为自己的主业,他们中有的来自于大中专院校,有的来自于旅游管理机构或旅游企业,智慧的碰撞,使他们既拥有较深的理论功底,又能对实践有较好的把握。由于目前我国旅游策划的专业机构还不多,他们的业务主要是旅游规划的配套策划和旅游饭店、旅行社的营销策划等。

专业策划机构的专业性使他们在策划中可以更加清楚地看清委托方的优势和不足,使他们可以提出许多新颖而又切合实际的观点、方法,他们的策划对于提升委托方的形象、促进旅游业的发展具有十分重要的作用。

当前,我国专业策划机构的旅游策划也有不足:一是目前我国专业策划机构涉及的旅游策划的面还不够广;二是有些虽然是专业策划机构,但缺少专业的旅游策划人才,因而策划的质量并不高;三是有些专业策划机构的旅游策划人员在策划中由于经常碰到同类的问题,因此养成了"张冠李戴"的习惯,喜欢用一个"模子"来套策划项目，使得项目失去了特色和生气。

4. 经营一线派

旅游策划并不是什么神秘的事，旅游经营一线的人员同样具备策划之才，同样可以通过策划，上演一幕幕促进旅游业快速发展的大剧。经营一线派是对那些身处旅游景区（景点）、旅行社、饭店、旅游车船公司等行业一线的策划人员的统称，它包括这些单位有策划能力且经常进行策划实践的投资者、管理者和一线的旅游服务人员。

经营一线派身处旅游经营的第一线，他们最清楚旅游市场的需要，清楚自己所在单位的现状，他们的策划也大多是针对自己的单位而进行的，所以，他们的策划离实践最近，最具有现实意义。

经营一线派的策划存在的不足是：他们的策划主要是为自己单位服务的，所以，往往比较注重策划的实用性，而不太注重策划的全面性和综合性。同时，由于经营一线派的策划人员大多工作繁忙，他们对国际国内形势的总体把握与政府官员派和学院派、专业派相比，往往也有较大的差距，这样也会影响他们策划的高度和质量。

本章小结

所谓策划就是人们为了达到特定的目的，在调查分析相关信息的基础上，对未来的工作或事件进行科学、系统的筹划和部署的一种创造性思维活动。

对策划进行科学分类是策划学理论研究的一项基础性的工作，对策划实践也有重要的现实意义。策划分类取决于策划的存在形态、表现形态、应用领域。策划的形成和演进，本质上即是多种类型的历史文化、社会制度、国民心理结构、经济结构、产业结构、企业形态的一种具体而微的缩影。

旅游策划，即依托创新思维，整合旅游资源，实现资源、环境、交通与市场的优化拟合，实现旅游业发展目标的创造过程。策划学和旅游学构成了旅游策划最基本的理论基础。旅游策划的任务主要是针对明确而具体的目标，形成游憩方式、产品内容、主题品牌、商业模式，从而形成独特的旅游产品，或全面提升和延续老旅游产品的生命力，或建构有效的营销促销方案，并促使旅游地在近期内获得良好的经济效益和社会效益。

按照不同的标准，旅游策划可以分为不同的类型。按照层次可以分为总体旅游策划和深度旅游策划；按照时间的长短可以分为短期旅游策划、中期旅游策划和长期旅游策划；按照旅游策划所指向的对象可以分为城市旅游策划、景区（景点）旅游策划、旅游饭店的策划、旅行社的策划等。

> 目前,社会上从事旅游策划的人有很多。按照策划人的背景、身份及他们所擅长的领域,可将我国的旅游策划流派分为政府官员派、学院派、专业机构派、经营一线派。

课后思考

1. 旅游策划与旅游规划之间的联系与区别是什么?
2. 从事旅游策划的各个流派有什么优势与不足?
3. 旅游策划有着怎样的发展趋势?
4. 旅游策划在旅游业中的作用体现在哪些方面?

网络资料链接

1. http://www.lwcj.com/(绿维创景网站)
2. http://www.venitour.com/(成都来也旅游策划管理有限责任公司网站)
3. http://www.wzg.net.cn/(王志纲工作室网站)

推荐阅读材料

[1] 沈祖祥著. 旅游策划——理论、方法与定制化原创样本. 上海:复旦大学出版社,2007

[2] 皮力著. 策划时代——策划人时代. 南京:江苏美术出版社,2004

旅游策划实务

第2章 旅游策划的创新思维

> **本章导读** »
>
> 　　旅游业作为关联带动强、就业覆盖广、综合效益高、市场潜力大、涉及领域宽、辐射能力强的综合性产业,是新世纪国民经济发展的重要支柱,旅游创新也成为国内外学术界和实务界关注的新热点。现代的旅游业经历了资源的竞争、市场的竞争,已经逐渐步入了策划竞争的时代。旅游创新实质上也就是旅游策划的创新,策划的过程也就是思维创新的过程。旅游业的进一步发展和提升,需要创新思维。所谓创新思维就是在提出问题和解决问题的过程中,一切对创新成果起作用的思维活动。学过本章之后,你将能够:
>
> 　1. 了解什么是创新思维对象及其具有哪些性质;
> 　2. 了解谁是创新思维的主体,它有什么特征;
> 　3. 熟悉创新思维是怎样运行的;
> 　4. 了解什么是创新思维的枷锁,它有什么特点;
> 　5. 了解什么是从众型思维枷锁,它是怎样形成的;
> 　6. 了解怎样做才能弱化从众型思维枷锁;
> 　7. 了解什么是权威型思维枷锁,它是怎样形成的;
> 　8. 了解如何通过正确的审视权威,减弱其对思维的影响;
> 　9. 了解常用的思维创新技术有哪些;
> 　10. 掌握如何实现思维的互动。

2.1 创新思维的原理

跨入21世纪以来,创新已经成为了我们时代的一个主旋律。一般来说,一个完整的创新过程可以分为三个阶段:一是"问题",即发现了现实生活中需要解决的某个问题;二是"构想",即在头脑中构想解决这个问题的方法;三是"实施",即把头脑中构想的解决方案付诸实践,从而使问题得到圆满的解决。在创新过程的这三个阶段中,最重要也最困难的就是头脑中的"构想",即创新思维的阶段。旅游策划是依托创新思维,整合旅游资源,实现资源、环境、交通与市场的优化拟合,实现旅游业发展目标的创造过程。因此,创新思维是我们进行旅游策划的依托,是旅游策划方案产生的源泉。

2.1.1 创新思维对象的性质

在依托创新思维进行旅游策划的时候,首先要研究创新思维的对象。思维对象,就是人的思维所指向的目标,你在思考什么东西?你想解决哪方面的问题?你想改进哪一种产品?在这里,"东西"、"问题"、"产品"就构成了思维对象,你希望从对它们的思考中获得某种创新性的结果。从创新的角度来研究思维对象,其根本的特点就是"无穷多",这个特点表现在三个方面:无穷多的数量、无穷多的属性、无穷多的变化。

1. 无穷多的数量

在我们这个世界上,每时每刻都存在着无穷多的事物,产生着无穷多的现象。在自然界,大到日月星辰,小到尘埃微粒,无穷多的事物散布在我们周围;在人类社会,春种秋收,集会游行,工作生活,有无穷多的事件发生在我们周围;在思维领域也是这样,无穷多的概念、观点、理论学说储存在人类的头脑中。所有这些客观的事物和主观的现象,都有可能成为我们创新思维的对象。换句话说,创新的素材遍地都是,创新的机会是无穷多的,只要我们仔细观察,开动脑筋,思考任何一种事物或现象都能够产生创新。

对于创新思维对象数量上的无穷多,还可以从另一个方面来理解。当我们的头脑只思考一个问题或者一个事物的时候,也同样面临着数量无穷多的可供思考的对象。因为实际事物总是以这样或那样的方式相互联系着、制约着。比如一个商场,只要其对外营业,就会树立起自己的社会形象。请大家认真想一想,构成或影响一家商场的社会形象的因素有多少种?

第一,从商场的一般特征来说,其因素有经营历史、社会知名度、在商界范围的渗透程度、商场的目标市场等;

第二,从商场中的商品特征来说,其因素有品种齐全的程度、商品的质量、商品的适应性及其更新速度、商标名称的使用等；

第三，从商品的价格特征来说，其因素有总体价格水平、质量价格比、与同行业竞争者的比较等；

第四，从职员的服务特征来说，其因素有员工的仪容仪表、售货员的态度、业务技能、服务方式和设施、对消费者利益的关心程度、消费者的反应等；

第五，从商场的物质设施来说，其因素有商场建筑的外貌、所处市区和周围环境、内部装修水平、顾客的走道和升降设备、商品的布局和陈列、清洁卫生程度等；

第六，从商场的宣传特征来说，其因素有广告媒体的使用、发布商品信息的数量和速度、宣传的真实程度等。

设计或者重塑这家商场的社会形象，需要考虑的因素其实是无穷多的。

在旅游策划中，一个旅游地理论上拥有无穷多数量的旅游资源，每个旅游资源都有可能成为该地旅游形象创新或产品创新的来源，如地处四川省东部阆中市的阆中古城，是四川省唯一完整保存下来的古城，它和同为第二批国家历史文化名城的山西平遥、云南丽江、安徽歙县并称为"保存最为完好的四大古城"。该古城拥有3处国家级文物、10多处省级文物、200多处名胜古迹、5个朝代（唐、宋、元、明、清）的遗迹、8种文化、张飞镇守阆中7年并死葬于此的故事、落下闳在此创立了《太初历》和《浑天说》的历史、古民居街院、寺院楼阁、摩崖石刻、杜甫给予"阆州城南天下稀"的美誉、阆苑仙境和巴蜀要冲之美誉，以及体现了人、建筑、山川、江水和谐的唐代天文风水理论的布局结构……这其中的每一处古迹、每一种文化、每一个人物都有可能成为阆中古城旅游的创新要素。

2. 无穷多的属性

从整体上来说，创新思维的对象具有无穷多；从每一个具体的思维对象来说，它所具有的属性也是无穷多的。所谓"思维对象的属性"，也就是每一种事物或现象所具备的性质。这种性质使得一个事物区别于其他事物。当两个以上的事物在一起作比较的时候，它们各自不同的属性就能够充分地显示出来。

请想一想，一块普通的面包它有多少种属性呢？有长条型的、白面做的、温热的、烤黄的、松软的、有香气的、有甜味的、特定面包厂生产的、特级师傅做的、在特定季节、特定时候做的，等等。

再请想一想，在你隔壁房间的某个人，他有多少种属性呢？他是男性，是中等身材、高鼻子、黑头发，是平板足、态度和蔼，既是爸爸也是儿子，有时是学生有时是教师，是某女士的丈夫、某男士的朋友，还是乘客、旅客、顾客、观众、消费者、观者、某学会委员、某书作者等。

所有的事物和现象都具有无穷多的属性，正因为如此，我们能够发现，每一种具体的事物和现象都不同于任何别的事物和现象，都是独一无二的东西。

无穷多的属性在旅游策划创新中比较难把握，这需要策划者对无穷多的对象都有比较深入的了解,尤其是对对象本身。在进行旅游策划的时候,山水是我们经常使用的素材。山有山的走势,水有水的走势,山水是旅游策划永不枯竭的源泉。没有山水,就没有我们的血肉之躯;没有山水,也就没有了我们心灵的家园。"来自于尘土,又将复归于尘土"的人对于自然山水的钟爱是永恒的钟爱。对于旅游策划者来说,山水是永远也做不完的大文章。单就水而言,它有无穷多的属性,如深度、清澈、温度、落差、成分结构、水面宽度……每一种属性都为我们旅游策划创新提供了不同的视角。例如,作为1982年被国务院批准列入第一批国家级风景名胜区名单的富春江—新安江风景名胜区重要组成部分的新安江,两岸山色青翠秀丽,江水清澈碧绿,在山水之间还分布着许多名胜古迹。具体到新安江的江水,唐朝诗人孟浩然就有赞美新安江清澈的诗句"湖经洞庭阔,江入新安清";李白当年游览后则描绘道"清溪清我心,水色异诸水,借问新安江,见底何如此,人行明镜中,鸟度屏风里";南宋学者沈约曾以《新安江水至清见底》为题,赋诗纪胜道:"洞澈随深浅,皎镜无冬春。千仞写乔树,百丈见游鳞。"还有一位不知名的文人更把它刻画得温媚无比,秀色可餐:"皱底玻璃还解动,莹然绿碌却消醒。泉从山谷无泥气,玉漱花汀作佩声。"这些都说明了新安江之水的同一个属性,即清澈,不论深浅,都清澈见底;不管春夏秋冬,都皎洁如镜。

此外,新安江向有"奇山异水,天下独绝"之称,今有"清凉世界"的美誉,是一条闻名中外的"唐诗之路"。因得益于千岛湖的形成,新安江水常年保持在12℃~17℃的恒温,形成"冬暖夏凉"的独特小气候,而在炎炎夏日之中,新安江就像一只巨大的"冰箱"一般,晶莹冰凉,颇有奇趣。这就是新安江水的温度属性。

因此,在对新安江的旅游进行策划的时候,不论是"百丈见游鳞",还是"恒温如冰箱",都为我们提供了创新视角的例子。

3. 无穷多的变化

当我们眼盯着一件物品,想对它进行改良的时候;当我们面临一个棘手的难题,绞尽脑汁想解决它的时候,也许我们并没有注意到,这件物品和这个难题,是一直处在变动之中的。辩证法告诉我们,世界并不是由事物组成的,而是由过程组成的。那些乍看起来凝固不变的事物,其实都是漫长变化过程当中的一个小小的片断,其自身也在不停地变动。所以恩格斯说,辩证法不崇拜任何东西,具有彻底的革命性。

比如你面前有一张书桌,它稳稳地站立着,丝毫看不到变动的迹象。但是,辩证法告诉我们,它曾经不是书桌,而是一棵柳树;它以后也不再是书桌,而是一堆朽木。所以说,我眼前的这张光滑而明亮的书桌,不过是一棵绿树变为一堆朽木的漫长过程中间的一个短暂的阶段而已。

又如,你的面前站着一位权威,他金口一开,便"句句是真理",他巨手一挥,便横扫千军如卷席。但是,辩证法告诉我们,他以前曾经不是权威,只是一个普普通通的人,说过错话,办过错事;他以后也不会永远是权威,他的学说会陈腐,他的力量会消逝。目前的这位傲然而立的权威,不过是从一个普通人走向另一个普通人的过渡阶段而已。

任何事物都是处在不断发展变化之中的,其中的某个环节或某个时段的特征为我们旅游策划的提供了发挥空间,这些发展变化与时间呈现出一定的规律。这种发展变化在旅游策划中表现为两种情况,即周期性(季节性)和随机性。如位于北京西山东麓、距城20公里的香山,亦称静宜园,全园面积160公顷,因山中巨石形如香炉而得名,是北京著名的森林公园。园中种植有大量漆树科的乔木和灌木,其中黄栌近10万株,占地1 177亩,很是壮观。黄栌,春日抽枝长叶,叶形呈卵状,叶柄细长。春末夏初开花,每一枝头圆锥状花序上的小花呈黄绿色,孕花的花梗伸长为紫红色或粉红色的羽状毛。春夏两季,光照充沛,气候温热,光合作用促使叶绿素合成,叶呈绿色。深秋时分,天气渐渐转凉,当温度降至5℃~6℃时,叶绿素合成停止,绿色渐褪,叶片中的花青素、叶黄素、胡萝卜色彩显现,叶子呈红色。正是这种规律性的变化为香山旅游发展的策划提供了机会。因此,香山红叶在北京是非常有名的景观,每年观赏红叶的季节这里都是人山人海。此外,位于湖北省十堰市境内的武当山风景名胜区利用映山红的季节性变化策划旅游,也吸引了大量邻近省份的游客。利用事物变化随机性发展旅游的例子也很多,如沙漠中的海市蜃楼、特殊地点的流星雨等。

2.1.2 创新思维主体的特征

外界存在着无穷多的事物和问题,可以作为创新思维的对象。那么,由谁去思索这些事物和问题以便获得创新呢?这就是创新思维的主体问题。创新思维的主体,简单地说,就是人的头脑,是有理智、能思维、可以进行创新活动的司令部。科学实验和生活经验都已经证明,我们的头脑并不像一块"白板",而是更像一块调色板。头脑把外界输入的各类信息经过调色处理之后,画出一幅幅色彩鲜艳的图画。每个人的头脑都拥有许多种调色笔,其中较为重要的几种是实践目的、价值模式和知识储备。

1. 思考之前的实践目的

头脑中的实践目的,就是我们在思考事物或者解决问题时,所要达到的目标,其语言表达式就是:"为了……"。每个人在做任何事情的时候,都预先有一个明确的目的;这个目的指导着我们的思考和行为,自己能够意识到目的的存在,并能想象目的实现以后的美好情景。

你报名参加函授,是为了学到知识,或者是为了获得文凭;我投稿发表文章,是为了交流学术观点,或者仅仅是为了拿到稿费;他夜以继日地搞些小发明,是为了造福社会,也许是为了讨好女朋友……于是,我们的头脑就产生了"偏心眼":对于符合自己实践目的的事物和问题,将会给予加倍的注意;而对于那些与实践目的无关的东西,那就对不起了,一律拒之于千里之外。

请想一想,为什么"熟视"却"无睹"?某些事物一千次、一万次地出现在我们的视阈内,却"视而不见"。其根本原因就在于那些事物不符合我们的实践目的,头脑感到没有必要去理睬它们。再想一想,为什么"充耳而不闻"?某种声音一千次、一万次地回响在我们的耳畔,我们却听不到。原因同样在于,那种声音是实践目的之外的东西,头脑没有义务去感受它。

对于旅游者,每一次出行或旅游,都有其特定的目的,也就是旅游者在选择旅游地之前的实践模式。谈及旅游的实践目的,会有千种说法,万种答案。有人旅游是到旅游地去看风景;有人旅游是到旅游地以知名景观为背景拍照纪念,以便日后跟人谈及时可以此为证;还有人是为了体验,体验离家出门的每一步路,感悟大千世界的种种不同……作为一个旅游策划者,在进行旅游策划时就必须考虑到旅游者的这些实践目的。

2. 思考之前的价值模式

"价值"这个词听起来高深莫测,其实简单得很。每一个人都不是生活在真空中的,都必须与外界的事物和观念打交道,都会对外界产生某种需求。在各种各样的外界事物和观念中,有些能够满足我们的需要,对我们有用;而另一些则不能满足我们的需要,对我们没用。有用的东西,在我们看来,就是"有价值的",而没用的东西,就是"没价值的"。相应地,用处大的东西,其"价值"就大;而用处小的东西,其"价值"也就小。于是,头脑在对外界的事物、信息和问题进行接收和思考的时候,便依照其价值顺序进行排列:首先处理价值最大的,其次处理价值中等的,最后处理价值小的,而对于没有价值的东西则采取不理不睬的态度。

但是,常常会有这种情况:同一种东西,在你看起来很有用,价值大,但是在我看起来则没有用,毫无价值。这就是人与人之间价值观上的差异。当人们面临选择的时候,他就会把外界的事物或观念按照其价值的大小排列出一个顺序,也就是排列出一个主次、轻重、缓急的次序。这种次序,我们就称为"价值模式"。

价值模式的差异对于创新思维具有重要的意义。首先,人们的价值模式不同,对于同一个事物或者同一个问题就会产生不同的看法。有些时候,创新就是从那些不同的看法中出现的。其次,对于个人来说,价值模式的转变就意味着一种新创新的产生,意味着他面前的世界"旧貌换新颜",他的行为方式往往也会产生相应的改变。

对于旅游者而言,其思考之前的价值模式取决于其旅游的实践目的。最能满足旅游者实践目的的旅游地,对其来说价值就最大,第二位能满足其实践目的的旅游地,对其来说价值就次之……因此,旅游策划必须以旅游者的价值模式为基准。进行旅游策划的目的,不仅要让旅游地对旅游者具备一定的吸引力或部分地满足旅游者的实践目的,而且要让旅游地攀升到旅游者价值模式的顶端,成为最能满足其旅游实践目的的旅游地。

3. 思考之前的知识储备

在进行任何一项创新思维之前,我们头脑中总要有一些预备性的知识,头脑把这些知识当做铺垫或者跳板,然后构想出改进物品或解决问题的新方法。

著名物理学家费米在一次讲演中曾经提到这样一个问题:"芝加哥市要多少位钢琴调音师?"然后,费米自己解答说:"假设芝加哥有300万人口,每个家庭4口人,而全市1/3的家庭有钢琴,那么芝加哥共有25万架钢琴。每年有1/5的钢琴需要调音。那么,一年共需调音5万次。每个调音师每天能调好4架钢琴,一年工作250天,共能调好1 000架钢琴,是所需调音量的1/50。由此推断,芝加哥共需要50位钢琴调音师。"这是一个典型的"连锁比例推论法",在解决实际问题和获得思维创新的过程中经常被采用。在这种推论中,需要很多预备性知识作基础。比如,你应该知道"有钢琴家庭"所占的比例、调音师的工作效率、工作时间等。

值得注意的是,知识自身就隐含着某种价值观念,并构成一种特定的框架,从而对头脑的观察范围和思考偏向作了预先的规定。凡是与这种规定相吻合的,头脑就会予以加倍关注;而与这种规定无法沟通、风马牛不相及的,头脑就会毫不留情地把它们拒之于大门之外。

不懂日文的学生翻看日文书,会对其中出现的汉字特别注意,而对一连串的"假名"则无动于衷;同一则幽默故事,英国人听了能笑出眼泪,而日本人听了则莫明其妙,因为日本人不了解故事背后的历史和文化背景;北美洲的印第安人为了冬季取暖,需要大量的燃料,但是他们对于身边流淌的石油河却不予理睬。因为印第安人缺乏必要的知识,不懂石油的性能和提炼方法。所以,每个人头脑中所思考的事物和问题,都受制于自己的知识水平。正如每个人喜欢读的书不同,除了欣赏趣味之外,其差异点主要是由知识程度决定的——谁都不愿意去读一本自己根本就读不懂的书。

策划师需要广博的知识,尤其是旅游策划师。旅游策划的内容涉及经济、政治、文化、环境、地理、生物、气候、天文、心理等多个学科,旅游策划面向的对象是旅游者,他们拥有各种各样的实践目的。旅游策划者在策划旅游地之前,必须有旅游地相关的知识储备,如对古镇或古村落进行策划,需具备与其相关的民俗、古建筑、文化历史等方面的知识储备,而对宗教型旅游地进行策划需具备相应的宗教历史知识、宗教文化知识等。

2.1.3 创新思维的运行过程

在思维着的头脑之外,能够成为创新思维对象的东西是无穷多的,其中的每一个对象都具有无穷多的属性,并且处在无穷多的变化之中。面对着外界对象的三种"无穷多",我们的头脑怎么办呢?

要知道,"无穷多"是很难对付的东西,古今中外的诸多大思想家都对它徒呼奈何。当然,也许是思想家们的要求太高了,总想一劳永逸地解决"无穷多"的问题,建成"永恒真理"的大厦。其实我们的头脑有很多办法对付"无穷多"。前边已经讲过,头脑并不是一块被动的"白板",其中已经装填了"实践目的"、"价值模式"、"知识储备"等内容。头脑把这些内容当做武器,向外界对象的三个"无穷多"提出挑战,并把它们打得落花流水——使三个"无穷"变成了三个"有穷",顺利地吸收到头脑里,成为新的观念、创新、方法或解决问题的方案。

在这个过程中,针对外界对象的三个"无穷多",头脑采用了三种战术加以各个击破。这三种战术就是"对象选取"、"属性抽象"和"动态截取"。

1. 从无穷多的对象中选取一部分

面对周围无穷多的事物和观念,我们的头脑首先对它们进行筛选,每次只选取一个或少数几个对象,被选取的对象进入头脑参与思维。而其余没有被选取的对象,便遭到了摒弃。经过这样的处理,本来数量无穷多的可供思维的外界对象,就变成数量有限的少数几个对象了,头脑就能够对它们进行深入而细致的思考。

比如,几位学生坐在教室里,专心致志地听老师讲课。他们可以一边听课一边记笔记。当然,他们不可能把老师讲的每一句话都记下来。下课后,分别请他们复述一下老师在课堂上讲的内容。复述的结果也许会令你大吃一惊。你发现不同学生的复述差别很大。而且复述差别的程度,与学生之间在观念和文化方面的差别程度成正比。也就是说,学生之间的差距越大,他们的复述之间的差距也越大。这就是头脑对外界对象选择的结果。由于每个人在实践目的、价值模式、知识储备等方面不完全相同,因而个人对同一群对象的选取也不会完全相同。你认为老师讲的 A 观点很重要,因而留下很深的记忆;另外一位可能会认为,B 观点才是重要的,而 A 观点毫无独特之处,早把它忘得一干二净;还有一位也许会认为 A 和 B 都无足轻重,而 C 才是至关重要的观点……

从创新思维的角度来说,准确地选取与特定问题有关联的外界对象,是获得新创新的基本前提。毕竟我们的思维能力是有限的,不可能处理无穷多的信息。问题在于,我们的头脑应该牢记着,进入思维过程的对象并非所有的对象,还有无穷多的对象因为没有获得入场券而只能待在头脑之外。在一定的情况下,打破常规,扩大选取范围,把原先摒弃的对象重新纳入选取,则是创新思维的重要形式之一。据说,爱迪生在制作电灯泡的发光丝时,几乎试用了他能够找到的所有材料,包括人的头发。

从理论上讲,旅游地的每一类资源都有可能构成对旅游者的最大吸引。但是,在特定的时间、旅游者需求发展的特定阶段,各个资源对旅游者呈现出不同的吸引力。那么我们在策划旅游地的时候,就必须舍弃那些在当前吸引力弱、吸引范围小的资源,选择那些吸引力强、影响范围大的资源为核心进行策划。例如,浙江省的天台县在起初宗教旅游盛行的时候推出了佛宗——天太宗,在前几年生态旅游盛行的时候又推出了石梁飞瀑,作为策划的卖点。

2. 从无穷多的属性中抽象一部分

外界的事物是直接以个体的形式存在的。我们头脑所思维的每一种对象和问题,都具有无穷无尽的属性。但是没关系,头脑用"属性抽象"的方法来解决这个问题。所谓抽象,就是从每一对象所具有的无穷多的属性中抽取出一种或几种属性,头脑只思考这几种经过抽象而来的属性。这样一来,无穷多的属性就变为数量有限的属性了。

与抽象相对应的动作是"舍象",即舍去对象中其余未被抽取的无穷多的属性而暂时不予理睬。抽象和舍象是同一个思维行为的两种不同方法,抽象出某几种属性,也就意味着舍象了其余无穷多的属性。比如"饥不择食"中的极度饥饿者看见客观的食物,只选取了它的一种属性——充饥性,而对于食物的色、香、味、形等属性全都舍弃了,未纳入思维的范围。这是由饥饿者的实践目的和价值模式所决定的。

抽象是人们认识外界事物必不可少的手段,因为头脑无法处理具体事物无穷多的属性。抽象使得事物变得简单,不同事物之间的共同性便显示出来了。广而言之,任何两种以上的事物,无论其差别多么巨大,我们的头脑都能在它们中间找出共同点,也就是抽象出共同的属性。这也是创新思维经常使用的具体方法之一。另一方面,当我们能够把曾经舍弃的属性捡起来,重新加以认真思考的时候,往往可以发现一个新天地,产生新的创新。

从无穷多的属性中抽象一部分,在旅游策划中也是经常使用的。如位于中国东南沿海,作为浙江省省会、长江三角洲南翼中心城市、国家首批命名的重点风景旅游城市和历史文化名城的杭州市,素以"人间天堂"、"文化之邦"、"丝绸之府"、"茶叶之都"、"鱼米之乡"享誉天下。如今又提出了培育美食、茶楼、疗养、演艺、化妆、保健、女装、婴童、运动休闲、工艺美术等十大特色潜力行业。就杭州本身而言,其属性有很多,如观光、度假、休闲、美食、求学、居住、创业……但在旅游的发展中杭州抽象了其中的休闲属性。

3. 从无穷多的变化中截取一小段

外界的对象每时每刻都在发生着无穷无尽的变化,变化的速度使我们眼花缭乱,变化的延续使得事物成了一串长长的过程,以至于很难把握事物的本来面目。怎么办呢?我们的头脑采取了"动态截取"的手段,把连续变化中的事物一段一段地剖开,从一个或几个剖面来思考事物,从而把事物无穷的变化转化成了有穷的变化;把动态的事物凝固成了静态的事物。这样思考起来就方便多了。

对外界事物的"动态截取"还有一种含义，就是忽略其微小的变化。只要事物没有发生本质性的重大变化，我们都可以以为事物是静止的——尽管其中细小的变化一刻也没有停止过。这不失为一种简便而实用的方法。

究竟哪些变化属于"细小的"而可以忽略不计，哪些变化是"本质属性的"必须予以考虑呢？换句话说，我们头脑对处在变化中的事物的"截取点"应该定在哪里呢？创新思维就在这里出现了。如果能够打破常规，变更一种"截取点"，就会产生一种不同寻常的观念。客观事物的发展是持续不断的，而发展的阶段则是由头脑的思维来划分的。划分的标准变了，我们看世界的方式也就变了，创新的萌芽便显示出来。如浙江台州温岭市的石塘镇就是截取了"祖国大陆 2000 年的第一缕阳光"来大做旅游文章的。

2.2 创新思维需要破除的枷锁

2.2.1 创新思维枷锁的含义和特点

阻碍创新思维的因素有许多种，最主要的要数头脑中束缚思维创新的各种枷锁，也就是思维定式。在现实生活中，我们的头脑每时每刻都会遇到如潮水般涌来的信息，其中有各类客观事物、新产生的思想观念、需要解决的问题，等等。头脑在处理这些信息的时候，并不需要对每一条信息都想"我该怎么办"，而是像一台装着电脑程序的机器那样，能够"自动应答"。所谓"自动应答"，就是头脑在筛选信息、分析问题、作出决策的时候，总是自觉或不自觉地沿着以前所熟悉的方向和路径进行思考，而不必另辟新路。那种熟悉的方向和路径就是一个人的思维定式。思维定式的形成，与现实社会的文化传统和个人的独特生活经历有着很大的关系，它具有很大的惯性，一旦定型之后就极难改变，因为支撑思维定式的，是思维主体所具有的实践目地、价值模式和知识储备等内在因素。

创新思维枷锁就是一种思维定式，是存在于头脑当中的认知框架，也可以说，它是头脑所习惯使用的一系列工具和程序的总和，思维主体在加工处理来自外界的各类对象时，必定要使用这些工具和程序。一般来说，创新思维枷锁有两个特点：一是它的形式化结构；二是它的强大惯性。思维枷锁是一种纯"形式化"的东西，就是说，它是空洞无物的模型。只有当被思考的对象填充近来以后，只有当实际的思维过程发生以后，才会显示出思维枷锁的存在，显示不同定势之间的差异。可以说，没有现实的思维过程，也就无所谓思维定式。思维枷锁的第二个特点是，它具有无比强大的惯性。这种惯性表现在两个方面：一是新定势的建立；二是旧定势的消亡。一般来说，某种思维枷锁的建立要经过长期的过程，而一旦建立之后，它就能够不假思索地支配人们的思维过程、心理态度乃至实践行为，具有很强的稳固性甚至顽固性。

创新思维枷锁有许多种,对旅游策划影响较为普遍的是从众型思维枷锁和权威型思维枷锁。

2.2.2 从众型思维枷锁

1. 从众型思维枷锁的形成

从众,就是跟从大众、追随大伙、随大流,它是思维枷锁中最常见、最重要的因素之一。思维从众倾向比较强烈的人,在认知事物、判断是非的时候,往往是附和多数、人云亦云,缺乏自己的独立的思考和创新观念。在"从众枷锁"的指导下,别人怎样做,我也怎样做;别人怎样想,我也怎样想;用孔夫子的话说,就是"乡愿"之类的人物。

思维的"从众枷锁"是怎样产生的呢?人类是一种群居性的动物,喜欢一群人待在一起。这个"群"小到数十人(原始人的部落),大到数亿人(现代的国家)。从理论上讲,孤独的个人并非无法生存下去,像卢梭所设想的"高尚的野蛮人"那样,但是在现实中却极少有这种事例。

为了维持群体的稳定性,就必然要求群体内的个体保持某种程度的一致性。这种"一致性"首先表现在实践行为方面,其次表现在感情和态度方面,最终表现在思想和价值观方面。然而实际情况是,个人与个人之间不可能完全一致,也不可能长久一致。一旦群体发生了不一致,那怎么办呢?在维持群体不破裂的前提下,可以有两种选择:一是整个群体服从某一权威,与权威保持一致;二是群体中的少数人服从多数人,与多数人保持一致。本来,"个人服从群体,少数服从多数"的准则只是一个行为上的准则,是为了维持群体的稳定性的。然而,这个准则不久便产生了"泛化",超出个人行动的领域而成为普遍的社会实践原则和个人的思维原则。于是,思维领域中的"从众枷锁"便逐渐形成了。

思维上的"从众定式",使得个人有一种归宿感和安全感,能够消除孤单和恐惧等有害心理。另外,以众人之是非为是非,人云亦云随大流,也是一种比较保险的处世态度。你想,自己跟随着众人,如果说的对、做得好,那自然会分得一杯羹;即使说错了、做得不好也不要紧,无须自己一人承担责任,况且还有"法不责众"的习惯原则。

从众型思维枷锁对我国旅游业的影响也是非常明显的,主要体现在低水平的重复建设。前些年,各地一窝蜂建世界公园、蜡像馆、西游记宫,建来建去,大都因亏损关了门,现在又出现了野生动物园热。前不久到西双版纳,那里的朋友一见面就泼冷水:"不来版纳一辈子后悔,来了版纳后悔一辈子。"这并非朋友个人的调侃,不少业内人士也常常用这句话来形容旅游业开发前途堪忧。本来,奇异的热带雨林风光和浓郁的民族风情在蓝天丽日之下赋予了西双版纳动人的魅力,但是,尴尬的事实是:当人们满怀期待来到这个"美丽的地方"时,版纳所提供的旅游产品和服务多多少少让他们有些失望——景点内容雷同,开发层次较低,傣乡氛围淡化。近几年来,在云南省迅速跻身于全国旅游大省之列的同时,曾经作为王牌的版纳旅游业发展趋缓。"九五"规划前4年,版纳旅游业收入年均增长14.9%,低于计划增长目标6.5个百分点,接待游客总数在云南全省各地州中的排序,从第二位退居第三位;1999年在昆明世博会的拉动下,云南省比上年接待海外游客增长36.7%,接待国内游客增长31.5%,旅游总收入增长49.5%,而版纳州的上述指标分别为10.9%、15.4%、7.7%,远远落后于全省。造成这一局面的原因是复杂的,如交通瓶颈的限制、观念比较陈旧、旅游人才匮乏等。而其中一条最为重要的原因,从众型思维影响下的低水平重复建设大大削弱了版纳旅游业的整体竞争力。

2. 如何弱化从众型思维倾向

一般来说,创新思维能力强的人,大都具有思维反潮流的精神,而思维从众倾向比较强的人,也正是创新思维能力相对较弱者。根据国外的创新思维训练的成功经验,弱化思维从众倾向、增强思维反潮流精神,应该从以下几个方面入手。

(1) 相信真理往往掌握在少数人手中

不论生活在哪种社会、哪个时代,最早提出新观念、发现新事物的,总是极少数人,而对于这极少数人的新观念和新发现,当时的绝大多数人都是不赞同甚至激烈反对的。为什么会这样呢?

因为每个社会中的大多数人都生活在相对固定化的模式里,他们很难摆脱早已习惯了的思维框架,对于新事物新观念总有一种天生的抗拒心理。比如,哥白尼反对传统的"地心说"而提出"日心说",主张地球绕着太阳转。这种学说首先就遭到了普通民众的反对。因为过去的"地心说"给人以稳定安全的感觉,而"日心说"却使普通民众感到惶惶不安——脚下的大地不停地转动,我们地面上的人岂不要被甩出去了吗?地球要转到哪里去呢?转动的地球是一幅多么可怕的图景啊!

人类历史上的每一次观念变革都是这样的情况。必须过了很久之后,由极少数人所发现的真理才慢慢传播出去、普及开来,成了普通民众都接受的"常识"。所以,当我们在面对新情况进行创新思维的时候,就不必顾忌多数人的意见,不必以众人的是非为是非,这样才能真正打破封闭、开阔思路,获得新事物新观念。

求"新"是游客出游的众多动机之中非常重要的一个,这里的"新"有两个层面的含义:一是新开发的或者新型的旅游景区(景点);二是旅游者未曾到过的旅游景区(景点)。"真理往往掌握在少数人手中"在旅游策划中主要是指第一层含义,即在旅游资源逐渐开发殆尽和旅游正成为人们一种生活方式的现代,能够对旅游者构成强大吸引力的旅游地往往是少数几个新开发的或者新型的旅游景区(景点)。统计显示,近10年来,国内涌现出1 000多家旅游主题公园,但是有80%已经倒闭。幸存下来的约有70%处于亏损状态,20%持平,赢利的只有10%,超过2/3难以收回投资。10%赢利的主题公园正是那些最先开发的或者新型的主题公园,如锦绣中华、世界之窗、深圳欢乐谷等。

(2) 要有"光荣孤立"的心理准备

"反潮流"是要付出代价的。因为人类从本质上讲是一种喜欢群居的动物,并且时时刻刻都在为维护这种群居而努力。一旦发现某人在思想或行为方面"不合群"。大家便会采取许多方法排斥他、打击他,迫使他"改邪归正",重新回到整齐划一的"群"里来。

中外历史上能找到许多类似的事例。新观念的倡导者和新事物的发现者们,几乎都不同程度地有一种孤独寂寞、不被人理解的感觉,像著名哲学家尼采和伟大的文学家鲁迅等。在特别保守、特别反动的时代里,创新者则被大家当做洪水猛兽,受到群体的严重惩处。

因此,在思维和观念上的"孤立"并不一定是坏事,勇于创新的人们是不害怕这种孤立并以此为荣的。况且,与那些更不幸的创新先驱们相比,"孤立"只是对于思维创新的最微不足道的惩罚而已。在旅游策划过程中,很多情况下,你的方案提出时得不到他人的认同或认可,这会让你感到非常的孤立。此时,倘若换一个角度来思考,可能恰恰是你的方案突破了其他人大脑中那种统一的束缚,实现了创新。

(3) 承认"一致同意"并非好事

思维的从众定式有利于惯常思维,有利于群体一致的行动,这是它的优越性所在。但是,显而易见,从众定式不利于个人独立思考和创新意识。如果一味地"从众",个人就不愿开动脑筋,也就不可能获得创新。因此,对于一个团体来说,"一致同意"、"全体通过"并不见得是件好事,可能它的背后隐藏着"从众定式"。

在美国通用汽车公司的一次董事会议上,有位董事提出了一项决策议案,立即得到大多数董事的附和。有人说,这项决策能够大幅度提高利润;有人说,它还有助于我们打败竞争对手;还有人说,应该组织力量,尽快付诸实施。但是,会议主持人则保持了冷静的头脑。他说:"我不赞同刚才那种团体思考方式,它把我们的头脑封闭在一个狭小的天地内,这会导致十分危险的结果。我建议把这项议案搁置一个月后再表决,请每位董事各自独立地想一想。"一个月后,重新讨论那项议案,结果它被否决了。

旅游是一个综合性的产业,旅游项目所涉及的内容之广、部门之多是其他任何项目都无法比拟的。基于这样的前提,每个开发商或投资商都希望旅游项目的方案能够获得"一致同意",形成合力开发旅游。但是,作为旅游策划者要在欢呼自己的方案获得如此高认可的同时,在大脑中要保持一种"一致同意并非好事"的警醒。

(4) 做到众人皆醉我独醒

这位独自的清醒者将会怎么办?他在受到众人排挤打击的时候,应该用一种什么态度来对付?也许他会来到深林,找一个清静的地方隐居起来,脱离社会,不与大家打交道。这样,他的思想和行为就不可能影响到别人,也无法改造社会。另一方面,他会在这个社会里继续生活下去,大声疾呼,希望大家都改变自己的行为和观念,但是这样做的结果,往往使得大家团结起来,拼命地反对他,使得他发疯发狂。

所以,社会上的清醒者,那些最早起来创新的人,怎样使自己与周围的人群既保持一致,又使得大家不能扼杀自己的新思想,这是一个很困难的问题。如果你不和周围的人保持某种程度上的一致,那么,你就会很孤立,你的新思想就无法推行;如果你与周围的人群过分地保持一致,那么,你自己的新思想也就被忽略、被扼杀了。悉尼歌剧院的诞生也就是芬兰籍美国建筑师依洛·沙尔兰"众人皆醉我独醒"的结果。1956年,悉尼音乐学院的总监向政府提议建造一个歌剧院,作为城市的标志。澳洲政府采纳了他的意见,向海外发出了征集悉尼歌剧院设计方案的广告。丹麦37岁的年轻建筑设计师约翰·乌特松在看到女儿切开的橘子时突发灵感,将橘子瓣与悉尼港的帆船联系了起来,于是设计并寄出自己的设计草案,但在首轮筛选就遭到了淘汰。作为评选团专家之一,芬兰籍美国建筑师依洛·沙尔兰要求要看所有的方案,当他看到约翰·乌特松的方案后,立刻欣喜若狂,并力排众议,在评委间进行了积极有效的游说工作,最终确立了其优胜地位。试想,如果依洛·沙尔兰像其他的评委一样沉浸在最终的那几个独具匠心的构思和超群脱俗的设计里面,而没有做到"众人皆醉我独醒",现在的悉尼也就少了一个传世之作。

2.2.3 权威型思维枷锁

1. 权威型思维枷锁的形成

有人群的地方总会有权威,权威是任何时代、任何社会都实际存在的现象。人们对权威普遍怀有尊崇之情,在思维领域,不少人习惯于引证权威的观点,不加思考地以权威的是非为是非;一旦发现与权威相违背的观点或理论,便想当然地认为其必错无疑,并大张挞伐。这就是思维的枷锁中的权威型思维枷锁。

思维中的权威枷锁是从哪里来的呢?是思维的本性中所固有的吗?个人的思维中内在地需要一个权威来作为标尺和范围吗?我们探究思维的各种属性,并没有发现哪种属性与权威枷锁之间存在着必然联系。况且,外在社会中的权威,其自身也是经历一个长期的过程才逐步建立起来的,而不是先天固有的。因此,思维中的权威枷锁只能来自于后天的社会环境,是外界权威对思维的一种制约。根据我们的研究,权威枷锁的形成,主要通过两条途径:一是儿童在走向成年的过程中所接受的"教育权威";二是由于社会分工的不同和知识技能方面的差异所导致的"专业权威";三是由于权力的大小和职位的高低所导致的"领导权威"。

对于弱小而且无知的儿童来说,家庭、学校和社会都是不可抗拒的外在力量。这些力量构成了一个个的权威,这些权威们用一系列的"必须做……"、"应该做……"、"不能做……"来教育儿童。在有些场合,当后天教育与儿童的自然天性发生冲突的时候,儿童也会以各种方式加以反抗。但是反抗的结果往往是以儿童的失败而告终,这从反面又教育了儿童:权威的力量是不可逾越的,只能无条件地遵从。于是,从不敢反抗,到不愿反抗,进一步到根本想不起来去反抗……久而久之,在儿童的思维模式中,由教育所造成的权威定势就确立下来了。

权威型思维枷锁形成的第二条途径,是由深厚的专门知识所形成的权威,即"专业权威"。一般来说,出于时间、精力和客观条件等方面的限制,个人在自己的一生中,通常只能在一个或少数几个专业领域内拥有精深的知识,而对于其他大多数领域则知之甚少甚至全然无知。这就是"闻道有先后,术业有专攻"的道理。

权威型思维枷锁形成的第三条途径,是由权力的大小和职位的高低所导致的"领导权威"。所谓领导权威即影响力,由职务权威(权力)和信任权威(威信)构成。职务权威是组织和人民赋予的,具有强制性、外在性,它是由领导者的职位和社会观念决定的。对于一个领导者来讲,职务权威是外来的东西,当在其位时,它与人结合在一起,一旦职位解除,它就自然和人分离。信任权威则是领导者在实践活动中逐渐形成的,具有渗透性和内在性,是由领导者的品德、才能、实践经验、思想水平、群众关系、执政能力、工作方法等因素产生的。在一般情况下,职务是个常数,不论哪个领导者,只要是同一等级和同一范围的领导职位,就具备相同的权力、相同的职务权威。而信任权威则是一个变量,它可因领导者素质的不同而有所差异,也可以因一个领导者在不同时间和空间所具有的不同的政治素质和业务素质,而有所差异,所以决定领导权威大与小、高与低起的是信任权威,是人格的力量。

在多数情况下,人们按照专家的意见办事,总能得到预想中的成功;如果不慎违反了专家的意见,总要招致或大或小的失败。久而久之,人们便习惯了以专家的是非为是非,总是想当然地认为"专家不可能出错"。于是,在大家的思维模式当中,专家就形成了权威,形成了一道难以逾越的思维屏障。

不论是来自教育还是来自专家,归根结底,思维领域的权威枷锁根源于个人的有限性。个人知识上的有限,使我们崇奉强力者为权威;个人力量上的有限,使我们崇拜强力者为权威。我们试图通过权威的力量,把自身的有限性上升为无限性。

2. 如何审视权威

为了进行创新型思考,必须打破以权威为准的思维枷锁。根据国外成功的思维训练方案,要想弱化思维中的权威倾向,首先要对思考中所涉及的"权威"进行一番严格的审查,审查的具体内容包括以下五个项目。

(1)是不是本专业的权威

一个人只要在一个特定的专业里作出重大的贡献,就会被人们推崇为权威。而一旦被推崇为权威,他的影响力就会超出本专业领域,以致大家认为他的言论在他的专业之外也具有权威性,这种现象被称为"权威的泛化"。面对社会上这类权威漫天"泛化"的奇怪现象,我们在进行创新思考的时候,应该时刻提醒自己:他本来是哪个专业的权威?他对这个题目有深入的研究吗?他那些不假思索、脱口而出的话对于这个题目究竟有多大的价值?经过这样一番思考,我们能够发现,许多貌似"权威"的言论,其实不过是一些没经过深入思考的、不着边际的泛泛之谈。

(2) 是不是本地域的权威

即便是本专业的权威,我们还需要审查它的地域属性。因为每个地域都有自己的特殊情况,"橘生淮南则为橘,生于淮北则为枳",适应于此地域的权威性言论,不一定能够适应彼地域。比如,日本企业管理的权威,不一定能管理好中国的企业;美国人权专家的理论,不一定适用于中国的人权现状;沿海城市的规划专家,不一定能规划得好内地的城市等,都是因为不同地域的差异使得他们的权威性大大地打了折扣。所以,当我们听到某种权威性论断的时候,请想一想,那位权威是不是其他地域的?也就是说,他的论断是否同样适合本地域的具体情况?经过审查能够发现,不少的"权威性论述"仅仅适用于某些特定的范围,一旦超出这个范围,其"权威性"立刻就丧失殆尽。

旅游策划的对象是旅游地,它是一个复杂的综合体,向旅游专家传递着各种各样的信息。根据与旅游地的关系,我们可以将权威分为本地权威和外地权威。本地的旅游权威能够深入、准确地把握旅游地的自然地理、人文历史、社会经济等本体要素,但是也容易存在"不识庐山真面目,只缘生在此山中"的不足,且主观性较强。而外地的旅游权威怎能够"跳出旅游地看旅游地",具有更加宽广的视野和对市场更加客观的把握的优点,但也存在对旅游地本身的把握不够到位的缺陷。因此,在旅游策划的过程中要善于发挥各自的长处,使策划方案既切合本地实际又能适应市场发展。

(3) 是不是当今最新的权威

面对权威的时候,要审查一下他的时间性。如果他是几十年前甚至几百年前的权威,他的言论也许早已过时,只具有历史价值而不再具有权威价值,那么我们也就没有必要过分认真地对待那些已经失效的言论了。科技的进步、社会的发展速度都是惊人的,昨天公认的正确的结论今天可能就要修正,尤其是在医学、生物学等基础理论方面。权威的时效性对旅游的影响并没有像其对其他领域那么明显,但是旅游者需求的变化也要求旅游策划的权威人士要准确把握旅游发展的方向和旅游者需求变化的趋势。

辩证法告诉我们,从社会的发展上来说,任何权威都只是一时的权威,而没有永久的权威。"江山代有才人出,各领风骚数百年"。随着时间的推移,旧权威不断让位于新权威,今天的权威取代了昨天的权威,而明天的权威又将取代今天的权威。中外历史上都有这样的例子。牛顿曾经被看做是"科学的最高权威",是"物理学的顶峰",但是自从 19 世纪末发现原子放射现象以来,牛顿的权威性便黯然失色,被限制在一个很小的范围内。特别是最近几十年来,各门自然科学和社会科学都在迅猛发展,日新月异,新材料、新事实、新结论不断涌现,使得权威的"折旧率"也在不断加速,某个权威在"权威的宝座"上待不了多久,就会被新的权威赶下去。如果能注意到这一点,也许会大大减弱我们对各类权威的敬畏心态。

(4) 是不是借助外部力量的权威

权威的产生过程有时是很微妙的,在不少领域,被外界公认的权威往往并不是本领域中的顶尖人物,他们是借助某种外部力量才上升为权威的。比如,他可以借助政治的力量,在某一领域里身居要职,便很容易成为这个领域的权威;再比如,他可以借助经济的力量,凭借财大气粗采取全方位攻势,也能够很快地出人头地;还有,他可以借助新闻媒体的"宣传"、"包装",甚至借助投机钻营、拉帮结派等不正当的手段,在很大程度上也能够越过那些只懂埋头做学问的人,而登上"权威"的宝座。

所以,我们在审查某个权威的时候,别忘了审查一下他的历史,看看他能够成为权威,是凭借自身的学术实力,还是凭借非学术的外部力量。如果他是凭借非学术力量而成为权威的,那么他的言论的"权威性"就要打一个大大的问号。

在前面对权威的分类中,有一类是权力的大小和职位的高低决定的"领导权威"。在我国,旅游业是一个政府"主导型"的产业,政府的旅游导向、政府的旅游政策方针以及政府中某些官员的意志也就构成了旅游策划中的"领导权威"。我们在进行旅游项目策划的时候,不能不假思索地完全照搬,要正确理解和采纳这些权威人士的建议和意见。

(5) 其言论是否与权威自身利益有关

在现实生活中,每个人都存在于一定的社会关系中,都隶属于一定的利益集团。这种社会关系和利益关系必然会在每个人的思想和言论上打下深深的烙印。因此,即便是一位真正的权威,而且是在他的专业领域内发表意见,我们也需要审查一下,看看他的论断是否与他自身的利益有关。某位科学家发明了一种营养品,那么他自己对这种营养品的评价就失去了权威性,因为他与这种营养品之间具有割不断的利益关系。这和行政司法领域中的"回避制度"是同一个道理。权威并非不食人间烟火的神仙或圣人,他们也存在于各种各样的社会关系和利益关系之中,他们也具有主观性。现实中,存在少数专家利用自己的"权威"地位影响或左右策划方案,这是我们在创新思维中所必须考虑的。

总的来说,我们应该尊重权威,但是不能迷信权威。为了打破思维定式、保持头脑的灵活和思维的创新,我们必须对进入思考范围内的权威先来一番彻底的审查。

2.3 常用的创新思维技术

创新思维有许多技术层面的问题,为了打破思维枷锁、为了扩展思维视角、为了激发思维潜能,我们还需要一定的思维技术。

2.3.1 质疑思维

对每一种事物都提出疑问,这是许多新事物、新观念产生的开端,也是创新思维最基本的技术之一。我们每个人都有"良知",即天生的思考能力,人与人之间的这种思考能力并没有多少差别。上帝并不会偏爱这个人而多给他一些,也不会讨厌那个人而少分给他一些,就是说,思维能力极强或极弱的人都很罕见。那么为什么在日常生活中,人与人之间在思维和知识方面会产生明显的差距呢?

那是因为有些人没有正确地运用自己的"天赋良知",他们犯了方法上的错误。方法错了,思维的路径也就错了,在错误的道路上越努力,就离真理越远。为了获得真理,首先要端正方法。端正方法的第一步,就要运用"质疑的方法"审查一下头脑中已经拥有的知识和观念是否正确,避免习以为常、不加深思的惯性。该如何避免习以为常、不加深思的毛病?该如何养成遇事多思考,认识自己也认识别人的习惯?这就需要"质疑",创新思维的关键即在于此。

在旅游策划的过程中,质疑思维能够让我们保持清醒的头脑,大大地减少思维偏离目标的概率。从一开始策划,我们就需要时常反问自己:我们策划的旅游地形象能否吸引旅游者的注意力,我们设计的旅游产品能否激发旅游者的购买力,我们采取的营销组合策略能否最大范围地争取市场?

2.3.2 发散思维

日常生活中某些人在思维过程中跨度很大,能够海阔天空地联想;而有些人则缺少应有的思维广度,只能在一个问题的圈子中绕来绕去,思路总是打不开。从创新的角度来说,思维的广度是必不可少的。在许多场合下,把思维广度扩展一下,便会引出一连串的创意。所谓思维的广度,就是指当头脑在思考一个事物、观念或者问题的过程中,能够在多大范围内联想起别的事物、观念和问题,以及联想的数量有多少。

从思维的范围方面来说,我们确定了一个思考的对象,当然要围绕着这个对象来思考。但是,这个对象和哪些别的因素有联系呢?它总不会自己孤零零地存在着。这就要求我们在思考过程中,要破除各种思维定式,增加各种可采用的视角,扩大范围,把这个对象放在更广阔的背景里加以考察,从而有可能发现它的更多的属性。

同时，扩展思维的广度，也就意味着思维在数量上的增加，像增加可供思考的对象，或者得出一个问题的多种答案等。从实际的思维结果上看，数量上的"多"能够引出质量上的好，因为数量越大，可供挑选的余地也就越大，从中产生好创意的可能性也越大。谁都不能保证，自己所想出的第一个点子，肯定是最好的点子。从思维对象方面来看，由于它具有无穷多种属性，因而使得我们的思维广度可以无穷地扩展，而永远不能达到"尽头"。扩展一种事物的用途，常常会导致一项新创意的出现。

也许有人会认为，观察和思考某一个对象，就应该全力集中在这一个对象上，不应该扩大观察和思考的范围，以免分散注意力。而实际情况并非如此。科学研究已经表明，光、声、味、嗅等感觉，对于创新思维能够起到促进作用。由此可见，观察和思考的范围不能过于狭窄，这就需要发散思维。

发散思维是一种无定向、无规则的思维方式，发散思维可以理解为丰富的想象力。旅游系统是作为一个系统而存在的，是由相互联系、相互依存、相互制约的多个层次和多个方面，按照特定的结构组成的有机整体。认识这样一个整体，就需要有发散思维，从多个角度着眼，避免犯"盲人摸象"的错误。

2.3.3 横向思维

德波诺是一位世界知名的思维训练专家，在《新的思维》这本书中，他用"挖井"作比喻，论述了"垂直思维"和"横向思维"两种不同方法的关系。德波诺说，垂直思维从单一的概念出发，并沿着这个概念一直推进，直到找到最佳的方案或办法。但是，万一那个作为起点的概念选错了，以致找不到最佳方案的话，问题就麻烦了。这正像挖一口水井，费了很大的力气，挖了很深，但仍不见出水，怎么办呢？对于大部分人来说，放弃太可惜了，于是只有继续把这口井挖得更深更大。如果更深更大之后仍不见水，那么人们由于已经投入了如此多的时间和精力，而更加不愿意放弃，并且总是用这样的说法来鼓舞自己："快了快了，马上就会出水，现在放弃，岂不可惜，坚持下去就是胜利！"随着开挖工程的延续，人们一方面感觉到越来越失望，同时也感觉到希望越来越大。这就是典型的"垂直型思维"。而横向思维则要求我们，首先从各种不同的角度思索问题，然后再确定并找出最佳的解决方案。

眼睛只盯着一个问题领域，这往往会阻碍自己发现更新鲜、更充分、更漂亮的材料，因为思维的惯性很容易使自己在一个特定的问题领域中作循环思索。创造性洞见常常需要人们了解不同领域事物之间的间接关系。因此，我们可以有意识地进行横向思维，把由外部世界观察到的刺激牵强性地与正在思考中的问题建立起联系，使其相合。也就是将多种多样的或不相关的要素捏合在一起，以期获得对问题的不同创见。

横向思维还可以理解为，把两个或多个并列的事物交叉起来思考，从而把二者的特点结合起来，使之造成一个新事物。最便捷的办法是找某一领域的专家，并向他提出这样的问题:如果让他用其他某一领域的知识或技术来解决所涉及的问题,他会采取怎样的方法?简单地说,他怎样以其他领域的方法来解决同一问题?这样做,再一次遵循了把多种多样的元素组合在一起的原则。

经常进行横向思维训练能够提高思维的速度。创新思维是需要讲究效率的,在不少情况下,我们必须在限定的时间内想出对策和计划;超出了限定的时间,我们就有可能遭受某种损失。还有的时候,某种绝妙的点子,只能在一定的时间内施行才能取得良好的效果;超出时间范围,好点子有可能变得毫无价值。从应急型创新思维的角度来说,思维的快速推进主要靠横向转换,就是不断地从一条思路跳到另一条思路,直到找出合适的答案或者对策。横向转换与思维的广度有关,不断拓展思维的范围和数量。

在实际的思维过程中,人们经常是交替使用"横向"和"纵向"两种方式的。最好的顺序也许是先用"横向转换"找出合适的线索,然后,再采用"纵向进退"进行深入思考。

在旅游策划的思维中,横向思维是最常用的一种思维方式。例如,在根据旅游资源进行旅游产品策划的时候,首先我们要用横向思维来归纳所有的旅游资源,即旅游资源有哪些种类,然后针对各种旅游资源进行纵向思维,就每种旅游资源如何开发成具备吸引力的旅游产品进行纵向思维,然后再用横向思维来对旅游产品进行组合。

2.3.4 灵感思维

很多人都有这样的体验:面对一个难题,费了很大精力、搜肠刮肚也没有想出解决的办法,但是当你吃饭举起筷子的一瞬间却想到了一个绝妙的主意。这是怎么回事呢?这就是灵感。灵感思维与人的直觉是密不可分的,直觉是人的先天能力,往往是创意的源泉。很多人其实是靠直觉处理事情的。任何时候,人都会有预感,仅仅是时常忽视它,或当做不理性的无用之物,不信任直觉而已。大部分有创意的人都懂得直觉的重要性,他们先处理一些明显无用的信息之后,面对有矛盾的地方,他们就凭直觉下结论。看起来选择有点神秘,其实却正是创造力经由直觉发挥作用的最佳时机。

直觉较为丰富的头脑具有以下九个特点:①相信有超感应这回事;②曾有过事前预测到将发生什么事的经验;③碰到重大问题,内心会有强烈的触动;④所做成的事都是凭感觉做的;⑤早在别人发现问题前就觉得有问题存在;⑥也许有过心灵感应的事;⑦曾梦到问题的解决办法;⑧总是很幸运地做成看似不可能的事;⑨在大家都支持一个观念时,能够持反对意见而又找不到原因的人,是相信直觉能力的人。

什么时候灵感容易出现呢?科学研究发现,人脑每分钟可接受6 000万个信息,其中2 400万个来自视觉,300万个来自触觉,600万个来自听觉、嗅觉、味觉。

不少发明家体会到,在夜晚睡前或刚醒的时候灵感最容易光顾。因为在浓重的夜色中,闭目而思,几乎完全避免了来自视觉的信息对大脑思维活动的干扰刺激,静卧于床上又能将触觉信息对思维的干扰降低到最低程度。这十分有利于最大限度地发挥大脑思维潜力,使人对问题的思考易于突破,如果再加上偶然和特殊因素激发,还有可能使大脑潜力超常发挥,即可产生"灵感"。其次,人躺着时,由于大脑供血状况明显地得到了改善,这又为大脑活动提供了最佳的营养保证。如果一觉醒来,大脑在得到一段时间的休息后,又将进入精力充沛的状态,这些也为灵感火花在夜间爆发创造了有利的条件。脑研究专家们还通过脑电图的研究发现,绝大多数脑细胞的电活动在夜间易处于同步状况,这也为最大限度地发挥大脑潜能提供了难得的条件。

怎么激发人的灵感呢?有思维训练学者指出,撰写故事可以用来激发新的灵感,通过撰写与问题多多少少有点关联的简洁故事,可以激发创生一些新的想法。然后,对这些想法进行研究分析,并以此来创生解决问题的办法。其具体步骤如下。

(1) 以问题为根据来编造一个故事。故事的长度应限制在1 000字左右。在编撰故事的时候,应尽量避免直接把问题编入故事,而应使故事尽可能充满想象的色彩。

(2) 细致地考察故事情节,并把主要的原则、行动、性格、事件、主题、表达及物质等列出来。

(3) 以这些材料为基础,创想解决问题的办法。也可以把故事写在一张椭圆形表内。具体做法是让小组成员每人依次添加一个句子。另外一种可能的变式是让一个人独立编撰一个故事,然后让其本人对故事从头至尾加以解释说明。这个过程也可以以组为单位来完成。

这种方法具有丰富的思想资源。在绝大多数情况下,这些刺激是一些十足的无关信息。这样最易激发出独特的想法。而且,它也有助于导致在使用更为常规的技术时容易疏忽的创见或洞见。还有的思维学者认为,"荷花盛开法"也能够激发头脑中的灵感。这种思维技术是由日本人发明的。它以"核心思想"开头,该思想是观念拓展的基础。由此扩展开去,就会获得一系列环绕其周围的思想之窗或思想的花瓣。在中央,核心观念被八扇窗户包围起来。而每扇窗户又将成为其他一组八扇窗户的核心。每一种核心思想都起着灵感激发器的作用,由它来激发次级的八个核心思想。

灵感思维也曾在旅游创新中起到非常重要的作用。旅游策划中的灵感思维或源于一个偶然的事件,或源于别人不经意的一句话……叶文智巧为"定海神针"投保便是很好的一个例子。

1998年,叶文智筹资3 000万元人民币,支付了张家界旅游景点黄龙洞45年经营权的首期款。这个时候,他对如何经营一个旅游景点仍然没有明确的概念,也许正因为从来没有过规则,反而让他有了一种"无知则无畏"的勇气,"下定决心,就不怕牺牲"。"走,走,走,我们公司没有可以保的了,再保只能保黄龙洞里边的石头了。"一天,一个公司员工被一个来拉保险的业务员纠缠得很不耐烦了,一心想快点把他打发走,所以这样说。"石头我们也保!"对方情急之下蹦出这么一句极富敬业精神的话来。这一幕对话刚好被经过他们身旁的叶文智听到了,他默默地停下脚步,表情十分严肃。那个员工一看,更是赶快连推带请地把保险业务员"送"了出去。5分钟之后,他转身回来,惊奇地发现自己的老板仍旧站在原地,脸上还带着一抹很灿烂的微笑,好像刚从地上捡到了什么宝贝似的。

第二天,叶文智就跑去了黄龙洞,绕着里边的天然钟乳石转了一圈又一圈⋯⋯第三天,公司上下满座皆惊,老板竟然真要给石头保险,而且是那根黄龙洞里生长了19万年、高19.7米、名为"定海神针"的石笋;保险公司更没有想到,这个叫叶文智的人居然喊着要为这根石笋投保1亿元人民币了!

"给'定海神针'投保本身没有任何意义,按照自然力量,它不可能会倒,我看到的是我即将创造的一个世界第一——世界保险业第一次为石头进行保险,并且金额巨大。"叶文智自认自己是一个很快就能"入局"的人,如果这一点星星之火能点燃他的思维,他就能最快地让它发挥燎原的威力。

和保险公司举行为"定海神针"投保1亿元人民币的合同签订仪式,叶文智又再次令人匪夷所思,他不但没有邀请一家媒体参加,反而封锁了这一消息。

"要想让这条消息最广最有影响力地传播开来,两个渠道最快,一是新华社,二就是中央电视台。"叶文智心里早就布下了"连环阵",合同一签订,他就迅速把消息发到了新华社和中央电视台,几乎一夜之间,包括美国新闻周刊、俄罗斯塔斯社、国内各个城市晚报、各大卫视⋯⋯全世界2 700多家媒体相继转载(播)了这一消息。直到2004年,还有许多国内外游客一进黄龙洞就问:"那根价值上亿的'定海神针'在哪里?"

2.3.5 互动思维

在一个创新团体中,互动思维是相当重要的,当其中一个人的头脑活跃起来提出新想法的时候,就会对别人的头脑产生激发作用,使得大家的头脑都活跃起来。头脑风暴是一种集体创造性思考法,由美国企业家、发明家奥斯本首创。前面介绍的思维方法大都是从个体思维来考虑的,而头脑风暴法则是从群体思维来考虑的。它是目前在世界范围内应用最广泛、最普及的集体智力激励方法。

头脑风暴法,原意为用脑力去冲击某一问题。作为一种创造方法,它在韦氏国际大字典中被定义为:一组人员通过开会方式就某一特定问题出谋献策,群策群力,解决问题。这种方法的特点是:克服心理障碍,思维自由奔放,打破常规,激发创造性的思维活动,获得新观念,并创造性地解决问题。奥斯本创建此法最初是用在广告的创造性设计活动中,取得了很大成功。后经梁良良不断改进和泰勒、帕内斯、戈登等人的完善和发展，终于成为世界范围内应用最广泛、最普及的集体创造方法，在技术革新、管理革新、社会问题的处理、预测、策划、规划等许多领域都显示了它的威力。

1. 互动激发机理

头脑风暴法何以能激发创造性思维？根据奥斯本本人及研究者的看法，主要有以下几点。第一，联想反应。联想是产生新观念的基本过程。在集体讨论问题的过程中，每提出一个新观念，都能引发他人的联想。相继提出一连串的新观念，产生连锁反应，形成新观念堆，为创造性地解决问题提供了更多的可能性。第二，热情感染。在不受任何限制的情况下，集体讨论问题能激发人的热情。人人自由发言、互相影响、互相感染，能形成热潮，突破固有观念的束缚，最大限度地发挥创造性的思维能力。第三，竞争意识。在有竞争意识的情况下，人人争先恐后，竞相发言，不断地开动思维机器，力求有独到见解，新奇观念。心理学的原理告诉我们，人类有争强好胜心理，在有竞争意识的情况下，人的心理活动效率可增加50%或更多。第四，个人欲望。在集体讨论解决问题过程中，个人的欲望自由，不受任何干预和控制，是非常重要的。头脑风暴法有一条原则，不得批评他人的发言，甚至不许有任何怀疑的表情、动作、神色。这就能使每个人畅所欲言，提出大量的新观念。

2. 互动运行程序

这些程序应分为：准备、预热、明确问题、畅谈、对设想的加工处理五个阶段。

第一，准备。此阶段的工作有：一是选择理想的主持人，主持人应熟悉此技法。二是由主持人和问题提出者一起详细分析所要解决的问题。此方法不宜解决包含因素过多的复杂问题，只宜解决比较单一、目标明确的问题，或者能分解为单一明确的小问题的复杂问题。三是确定会议人选，一般以5~10人为宜，且保证大多数为精通该问题或具有某一方面专长的内行和专家，凡解题可能涉及的领域，都要有相应擅长的人参加。同时，还要有两位"外行领域"的专家参加。最后要尽量选择一定数量对运用此法有实践经验的人。四是提前数天将问题通知与会者，内容包括：日期、地点、要解决的问题及背景。

第二，预热。此阶段的目的和作用是使与会人员进入"角色"和造成激励气氛，通常只需几分钟即可，具体做法是提出一个与会上所要讨论的问题毫无关系的问题。

第三，明确问题。这个阶段的目的是通过对问题的分析陈述，使与会者全面了解问题，开阔思路，具体包括三个方面：一是介绍问题。主持人简明扼要地按最低信息量原则向与会者介绍所要解决的问题，简单讨论一下，全体与会者对问题的理解准确一致后转入下一步。二是重新叙述问题。即改变对问题的表述方式，对每一种表述方式都要用"怎样……"的句子来表达，切不可急于提出设想，要鼓励与会者提出尽可能多的问题。三是将提出的各种重新叙述的问题,按顺序排列。启发性强、最可能导致问题的创造性解决的重新叙述问题要排在前面。

第四,畅谈。这是与会者克服心理障碍,让思维自由驰骋,借助集体的知识互补、信息刺激和情绪鼓励,通过联想提出大量创造性设想的阶段。这是实质性阶段,此阶段结束时,由主持人宣布散会。同时,要求与会者会后继续考虑,以便在第二天补充其设想。

第五,对设想的加工整理。会上提出的设想大部分未经仔细考虑和评价,加工完善以后,才具有实用价值。此阶段包括以下三个步骤:一是设想的增加。在畅谈后的第二天由主持人或秘书用电话拜访的形式收集与会人员会后产生的新设想。二是评论和发展。评价最好先拟定一些指标,例如,是否简单?是否恰当?是否被人采纳?是否可以实现?是否成本较低?等等。根据这些指标来比较、评论、发展出若干最好设想。评论、发展设想的人员,可以是也可以不是设想的提出者,但应是对本问题内行的人,一般5~7人为好。

以上是应用头脑风暴法的一般程序,具体运用时,可依情况不同而变化,换句话说,程序不是固定模式,可以灵活运用。

3. 互动原则与要求

第一,会议原则:一是自由思考原则。要熟悉并善于应用发散性思维的方法,如横向思维、纵向思维、侧向思维、逆向思维等。二是禁止评判原则,又叫保留评判原则。过早地进行评判,就会使许多有价值的设想被扼杀。评判包括自我评判和相互评判,肯定性评判和否定性评判。三是谋求数量原则。在规定的时间内提出大量观点、设想,多多益善,以量求质。其中有些观点和设想可能是荒唐可笑的,但不管是什么样的设想,都必须无一遗漏地记录下来,以作为下一步专家组评论发展的依据。四是结合改善原则。这是指与会者要努力把别人提出的设想加以综合、改善并发展成新设想,或者提出结合改善的思路。

第二,会议要求:一是对会议主持人的要求。主持人应该平等地对待每一个与会者,不可制造紧张气氛。与会者提出的方案不论好坏一律记下,且按序编号,善于启发引导,掌握进程,能在冷场时,提出自己的独特设想,或者让大家安静酝酿一两分钟。二是对与会者的要求。与会者不许私下交谈和代表他人发言,始终保持会议只有一个中心,注意倾听别人的发言,设想的表达要简单,发言要有幽默感。三是对会议时间的要求。经验证明,独到性较高的设想通常要在15~20分钟以后出现,在30分钟左右可出现一个峰值。因此,会议以20~60分钟为宜。值得特别说明的是,会议持续时间只需主持者心中有数和灵活掌握,切莫在会议开始时向与会者宣布。

实践早已证明,头脑风暴法具有广泛而很高的实用价值。正如斯坦福大学教授阿诺德所说:组织创造活动,特别是创造集体的创造性活动的最实用的"手稿"之一,就是"头脑风暴法"。

在旅游中,有很多运用互动思维的例子,只不过是以另外的形式展开的罢了,比如旅游项目初期的基层座谈会、中期的研讨会、末期的评审会以及在这些过程中项目组内部或内外部之间的集体交流。

本章小结

现代的旅游业经历了资源的竞争、市场的竞争,已经逐渐步入了策划竞争的时代。旅游创新实质上也就是旅游策划的创新,策划的过程也就是思维创新的过程。旅游业的进一步发展和提升,需要创新思维。所谓创新思维就是在提出问题和解决问题的过程中,一切对创新成果起作用的思维活动。一般来说,一个完整的创新过程可以分为三个阶段:一是"问题",即发现了现实生活中需要解决的某个问题;二是"构想",即在头脑中构想解决这个问题的方法;三是"实施",即把头脑中构想的解决方案付诸实践,从而使问题得到圆满的解决。在创新过程的这三个阶段中,最重要也是最困难的就是头脑中的"构想",即创新思维的阶段。

在依托创新思维进行旅游策划的时候,首先要研究创新思维的对象。思维对象,就是人的思维所指向的目标,它具有无穷多的数量、无穷多的属性、无穷多的变化三个根本特点。我们已经知道,外界存在着无穷多的事物和问题,可以作为创新思维的对象。那么,由谁去思索这些事物和问题以便获得创新呢?这就是创新思维的主体问题。创新思维的主体,简单地说,就是人的头脑,是有理智、能思维、可以进行创新活动的司令部,它具有实践目的、价值模式和知识储备三个方面的重要特征。在创新思维的运行过程中,针对外界对象的三个"无穷多",头脑需要采用各种战术加以各个击破,它们就是"对象选取"、"属性抽象"和"动态截取"。

阻碍创新思维的因素有许多种,最主要的要数头脑中束缚思维创新的各种枷锁,也就是思维定式,其中对旅游策划影响较为普遍的是从众型思维枷锁和权威型思维枷锁。只要策划者相信真理往往掌握在少数人手中、有"光荣孤立"的心理准备、承认"一致同意"并非好事、做到众人皆醉我独醒,从众型思维枷锁对其影响就会减弱。根据国外成功的思维训练方案,要想弱化思维中的权威倾向,首先要对思考中所涉及的"权威"进行一番严格的审查,审查的具体内容包括以下五个项目:是不是本专业的权威;是不是本地域的权威;是不是当今最新的权威;是不是借助外部力量的权威;其言论是否与权威自身利益有关。

创新思维有许多技术层面的问题,为了打破思维枷锁、为了扩展思维视角、为了激发思维潜能,我们还需要一定的思维技术。常用的思维技术主要包括质疑思维、发散思维、横向思维、灵感思维、互动思维。

课后思考

1. 旅游业有哪些创新方式?
2. 结合创新对象的性质,如何理解景区形象策划中"无穷多的数量"?
3. 旅游产品的创新可以从哪几个方面来考虑?
4. 旅游市场营销创新的重点在哪里?

网络资料链接

1. http://www.cbsa.com.cn/(中国策划创新网)
2. http://www.cncx365.com/(中国创新能力网)

推荐阅读材料

[1] 梁良良主编. 创新思维训练. 北京:新世界出版社,2006

[2] 张淑媛、王佳、李青山编著. 思维创新与旅游实践. 上海:东华大学出版社,2007

[3] 卢明森编著. 创新思维学引论. 北京:高等教育出版社,2005

第3章 旅游地形象策划

本章导读 »

从消费者的消费行为来看,一般消费者首先是对产品产生注意,继而产生兴趣,再是激发购买的欲望,并记住其中的内容,最后是付诸行动。产品形象在此过程中起着非常重要的作用。同样,面对诸多特色各异的旅游地,在都不了解的情况下,哪一个旅游地能够脱颖而出首先跃入旅游消费者的眼帘,并激发起旅游消费者的旅游动机,甚至最终成为选择目标,旅游地形象起着关键的作用。旅游地形象是如何策划出来的,又是如何呈现在旅游消费者面前的呢?学过本章之后,你将能够:

1. 理解什么是旅游地形象和旅游地形象策划;
2. 了解为什么要进行旅游地形象策划;
3. 了解旅游者对旅游地形象的认知存在哪些共性;
4. 理解旅游地形象竞争中的遮蔽现象;
5. 设计旅游地形象现状调查问卷;
6. 对调查问卷的结果进行分析,并给出诊断;
7. 根据诊断结果,结合其他课程所学,对旅游地形象进行定位;
8. 围绕前面的定位,有针对性地设计出旅游地形象的宣传口号;
9. 运用所学的平面设计技术,对旅游地形象LOGO进行设计;
10. 制定切实可行的旅游地形象传播策略。

3.1 形象与旅游地形象

3.1.1 形象

所谓形象,乃形状相貌之意,这种形状相貌往往能够引起人的思想或感情活动。因此,形象是指能够引起人的思想或感情活动的形状或姿态。

小到个人,大到城市、国家,都存在形象问题。个人形象反映了一个人的本质、文化修养和气质等。城市形象反映城市的自然环境条件、历史文化传统、文化渊源、经济水平以及地域人文特征。形象是客观事物在人脑中的反映,它包含两个方面的含义:其一,形象是一种具体的形态、模样,是事物的外在表象,是有形的、可描述的,是一种客观的物质存在,具有客观性;其二,形象是通过人的主观感受体现出来的,人是形象的感受者,具有主观性。形象的客观性说明,客观物质存在本身是形象的基础,是形象的内在本质;形象的主观性说明,形象是人们认识客观物质存在的入口,是客观事物被人们了解、熟悉以致接受的关键。

客观事物总是不断发展变化的,其外部特征也随之变化。这决定了客观事物的形象是可以变化的,这种变化能够根据某种需要按照一定的发展轨迹进行,这就是形象的可塑性。形象的可塑性使得形象策划成为可能。

3.1.2 旅游地形象

1. 旅游者对旅游地的认知过程

通过思维活动认识、了解,即为认知。人们对任何客观事物的认识和了解,都不能一蹴而就,需要一个过程。同样,旅游者对旅游地的认知也要经历一个由浅到深、由片面到综合的过程。Clawson 与 Knetsch(1966)提出了"旅游经历连续谱(recreation experience continuum)",将旅游的过程划分为五个阶段:准备(anticipation)、去程(travel to the destination)、停留(on-site)、返程(return travel)、回忆(recollection),每个阶段旅游者的行为都是不同的,对旅游地的认知程度也不同。在此基础上,从旅游地认知的角度,可以将旅游者对旅游地的认知过程划分为本底认知、决策认知、实地认知三个阶段。

(1) 本底认知

现代旅游者是处于信息时代和地球村的人,在人生的全过程中不断地认识和了解外部世界。现代传媒和通讯技术的发展为信息的远程传播提供了强大的技术支持,使得现代旅游者较过去拥有更多和更丰富的旅游地信息。从理论上讲,人人都是潜在的旅游者,但在形成旅游地本底认知的时候,个人并不是作为旅游者或即将去旅行的人的角色发生的,而是只作为普通生活中的人,接受熏陶,形成知识;另一方面,在形成某旅游地认知的过程中,该地也并非以旅游地的角色为人们认知,传播媒介关于该地的信息也并非一定是直接的旅游信息,任何关于该地的信息都会影响人们对它的原有认知。

本底认知是长期形成的关于某一地理区域及其自然景观的总体认识,这种认识会影响人们的旅游决策。正是由于人们对地理区域的本底认知是在长期生活中潜移默化的结果,所以比较不容易引起人们的注意。虽然关于各个地方的自然与人文地理情况的资料和介绍已经借助现代媒介广泛传播,但这些信息究竟成为人们心目中的什么东西却不是那么容易了解,有的信息可能被人们遗忘了,有的信息可能被人们曲解了,留下来的沉淀和记忆构成了人们关于这个地方最基本、最牢固的本底认知。

(2) 决策认知

在每一次具体的旅游购买之前,旅游者总是要通过主动收集旅游地信息,如购买介绍旅游地的书籍、索取旅游地的图片资料、向去过该旅游地的人详细打听旅游情况、向旅行社咨询相关信息等,这些信息完全可以在旅游者脑海中形成一种比本底认知更加深的认知,即旅游地的决策认知,此时的认知带有很多预想和期望的成分。然而,旅游者要形成具有决策意义的旅游地认知,一般需要经历一个"旅游行为决策"的过程。这个过程类似于消费者对实物商品的购买决策过程,需要经历5个阶段(见图 3-1)。

旅游地名称	全部品牌组	熟知品牌组	考虑品牌组	选择品牌组	决策
Denver(丹佛)	⊙	⊙	⊙	⊙	?
Seattle(西雅图)	⊙	⊙	⊙	⊙	
Poland(波兰)	⊙	⊙	⊙	⊙	
San Diego(圣地亚哥)	⊙	⊙	⊙		
Phoenix(凤凰城)	⊙	⊙	⊙		
Tucson(图森)	⊙	⊙			
Albuquerque(阿尔伯客基)	⊙	⊙			
Las Vegas(拉斯维加斯)	⊙				
Reno(雷诺)	⊙				
San Antonio(圣安东尼奥)	⊙				

图 3-1 旅游者选择旅游地的决策过程①

也就是说,旅游者在面临旅游地选择时,要经过"全部旅游地→现实旅游地→考虑旅游地→选择旅游地→决策旅游地→最终确定旅游地"的过程,不同的阶段旅

---

① 李蕾蕾. 旅游地形象策划:理论与实务. 广州:广东旅游出版社,1999

游者对旅游地的认知深度是不同的。旅游者在旅游前的决策阶段,对旅游地的认知具有一次性、目的性、主动性、短期性、集中性、空间尺度逐渐缩小性、详细性、商业信息导向性、个体认知水平的影响性等特点。

(3) 实地认知

旅游者从离开居住地的那一刻起,特别是到达旅游目的地后,便开始了他对旅游地的直接认知。旅游地本身的客观条件千差万别,有的是天然禀赋,有的是人为而成,这些要素都向旅游者传达了其现实信息。旅游者通过各种感觉器官和知觉过程形成对旅游地实地的认知,即实地认知。从旅游者对旅游地认知的整个过程来讲,实地认知实际上是旅游者对本底认知的确认和决策认知的验证。旅游者通过将决策认知阶段对旅游经历的设想和实地旅游的体验进行对照,对此次旅游作出评价:是令人满意的旅游还是不满意的旅游,该旅游地是具有吸引力的旅游地,还是平淡的旅游地⋯⋯

2. 旅游地形象

经过本底认知、决策认知和实地认知,旅游者就会对旅游地有一个综合全面的认识和了解。在本底认知阶段,旅游者只是作为普通生活中的人对旅游地所在的区域进行认知,并不带有旅游的目的和动机。从旅游地进入旅游者的视野,到旅游者对其认知水平由本底层次上升到决策层次,以致最终选择该旅游地的过程,旅游地形象起着至关重要的作用。

关于旅游地形象,有多种提法,如旅游形象、旅游目的地形象、旅游景区形象、旅游区形象等。目前,对旅游地形象的理解,归纳起来主要有以下两种:

理解一,旅游地形象是旅游者为了旅游而主动收集、分析某旅游地相关信息后对其形成的一种期望。在《旅游地理学》(保继刚等,1993)中,与旅游地形象类似的"感知环境"的定义是:人们把进行旅游决策时收集到的各种信息摄入脑中,形成对环境的整体印象。人们在选择旅游地时受到"感知环境"而非客观环境的影响,这里的感知环境也就是旅游者在旅游前形成的有关旅游地的形象。

理解二,旅游地形象是旅游者在旅游活动结束后对旅游地的评价。《旅游辞典》(王克坚,1991)将旅游地形象定义为"旅游者对某一旅游接待国或地区总体旅游服务的看法或评价"。这也是旅游业中比较普遍的观点,旅游者在结束对某国或某地区的旅游活动后,一定会以其所付代价和自己所得到的服务进行比照,如果认为所付代价是值得的,形成满意感,也就是该国或该地区在旅游者心目中具有良好的形象,反之则形成不良形象。这里的"形象"一词主要是"印象"的意思,阐述的是旅游者在旅游后形成的有关旅游地的印象。

根据旅游者对旅游地的认知过程,前一种观点认为旅游地形象是在选择旅游地的过程中形成的,而其实质是在旅游活动发生前旅游者对整个旅游过程的一种期望和设想;后一种观点认为旅游地形象是在旅游活动完成后形成的,而其实质是旅游者对整个旅游过程的评价。这两种观点虽不能全面表述旅游地形象的含义，但却为策划旅游地形象提供了一种重要的信息源。

要想给旅游地形象下一个定义，首先必须搞清楚以下两个问题。

(1) 旅游地形象源于哪里

旅游地是指旅游资源同旅游专用设施、旅游基础设施以及相关的其他条件有机结合，供旅游者停留和活动并具有一定空间范围的地域综合体。正如个人的形象是个人的象征一样，旅游地形象是旅游地特色与精华的提炼与浓缩，其构成要素源于它所代表旅游地的自然地理、历史文化、特征要素、民俗风情或代表性社会事件等。

(2) 旅游地形象是什么

尽管目前有许多学者对旅游形象进行了研究，但从其对旅游形象的定义来看，更多的是侧重于学术层面。而对旅游形象策划的介绍，基本上都是套用了企业形象策划的模式，难免显得有些牵强附会。在旅游形象中，旅游企业形象和旅游地形象又是分析的重点。旅游地是一个地域综合体，而形象又是一个非常抽象的概念，因此难以用精准的语言将旅游地形象完全地表述清楚。纵观目前各个区市、景区、旅游区的旅游规划，不难发现大多数规划都有专门的部分进行旅游地形象策划，深究其内容主要包括旅游地形象定位、旅游地形象的口号设计、旅游地形象的标志设计、旅游地形象的宣传与推广四项内容。所以从行业和操作的角度，可以简单地把旅游地形象理解为：旅游地最能吸引旅游者并激发其旅游动机的信息的组合和抽象概括。这一概念包括以下几方面的含义：

① 旅游地形象的目标对象是旅游者，包括潜在的和现实的旅游者，即市场。

② 旅游地形象隐含有策划者对旅游地的期望，即策划者在旅游地特色和旅游业发展态势分析的基础上所策划的、想要传达给旅游者的未来的形象。

③ 旅游地形象可能是具体的景象，也可能是旅游地意境的抽象。吴必虎把旅游地形象宣传口号的策划分为三个层面：在旅游业发展的初期，主题宣传口号往往是对旅游资源现象学的提炼，具有直观、具体的景观指称，如北京的旅游形象口号"东方古都，长城故乡"；在此基础上提升出抽象的映象，既具有一定的物质形象，又体现一定的抽象理念，如甘肃碌县旅游形象口号"走进碌县，触摸高原透明的梦"；最高层面的是纯抽象的策划，表面上与当地的物质景象无关，但却能深刻体现旅游地的特点，如中国香港提出的"We Are HONG KONG"，口号中虽未涉及具体显示香港的物质景象，但却充分体现了香港回归后"是中国的一部分又不同于内地的社会主义，脱离了英国的统治却依然保持从前的西方模式"，使其在继续保留对全世界开放的同时，又增添了对内地广泛客源市场的旅游吸引力和可达性。

④ 旅游者的实地旅游是对旅游地形象的验证，在旅游之前，旅游者会根据所掌握的信息对旅游地产生一种期望，旅游经历与期望越接近，旅游者对旅游地的满

意度就越高。

3.1.3 旅游地形象策划

1. 旅游地形象策划的概念

与旅游地形象一样,对旅游地形象策划的概念也有着不同的界定,比较常见的有以下几种。

(1) 旅游地识别系统(Tourism Destination Identity System,TDIS)(苗红,2006),即受企业形象策划的启发,区域与城市形象设计与广告业的影响带动,以及国内旅游业的迅猛发展等综合因素的作用下产生并开始成长起来的,是在对旅游地和旅游景点的传统意义的认识基础上形成的一种全新的形象识别和营销系统。

(2) 旅游地形象设计,也称旅游地形象战略,即通过系统化的设计、公众参与、各种活动与传播媒介的力量,以强化旅游地的精神理念,累积其形成价值并增强目的地的凝聚力和吸引力,改善目的地发展的内外环境(张安等,1998)。

(3) 旅游地形象策划,即在旅游市场和旅游资源分析的基础上,综合对规划区域地方性的研究和受众特征的调查分析,提出明确的区域旅游形象的核心理念和外在界面(吴必虎,2001)。

这几种不同的观点为更加合理地界定旅游地形象策划提供了有益的借鉴。因此,作者认为,旅游地形象策划就是在旅游地吸引力要素和旅游市场分析的基础上,通过创造性思维,形成能够吸引旅游者并激发其旅游动机的旅游地独特的形象定位和形象识别的过程。

2. 旅游地形象策划的作用

(1) 引起旅游者的注意

从消费者的消费行为来看,一般消费者首先是对产品产生注意,继而产生兴趣,再是激发购买的欲望,并记住其中的内容,最后是付诸行动。形象在此过程中起着非常重要的作用。特别是现代社会产品的竞争已经从价格竞争、质量竞争向形象竞争转变,形象已经成为继人、财、物之后企业的第四种资源。

对于旅游地而言,形象是旅游地引起客源市场注意的关键,只有形象鲜明的旅游地才能更容易被旅游者感知和选择。面对激烈的市场竞争,形象驱动策略已成为旅游地提高自身吸引力和知名度,在众多竞争对手中被大众所识别和接受的重要途径。实际上,旅游地形象策划的作用在于展现旅游地的魅力,引起人们的注意,增加旅游地被选择的机会。

(2) 使旅游地的地位提升到旅游者形象阶梯的顶端

不论是美名远扬的形象还是臭名昭著的形象,都能够引起旅游者的注意。引起旅游者注意的只是旅游地形象策划的最基本的目标。让旅游者选择你所策划的旅游地是我们进行旅游地形象策划的最终目标。对于绝大多数旅游者而言,在决定要去哪个旅游地之前,其头脑中往往会有几个旅游地都是其想去的,如甲、乙、丙、丁四个旅游地。在潜意识里,旅游者对这四个地方想去的程度是不一样的,其最想去的是甲旅游地,其次是乙旅游地,再次是丙旅游地,最后才是丁旅游地。只有当去甲旅游地旅游无法实现的时候,旅游者才会选择乙旅游地;而当去甲、乙两个旅游地旅游都无法实现的时候,旅游者才会选择丙旅游地……也就是说,在旅游者心中存在着一个形象阶梯(见图 3-2),只有那些处在形象阶梯顶端的旅游地才最可能成为旅游者的选择。

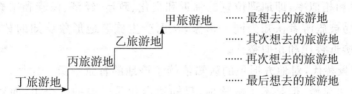

图 3-2 旅游地形象阶梯

旅游地形象策划的最终目的就是,经过策划,要让旅游地形象发展到形象阶梯的顶端位置,让旅游地成为旅游者的首选目的地。

(3) 有助于区域形象的塑造

旅游地形象是区域形象的一部分,在很多情况下,旅游形象可以代替区域形象。因此旅游形象的策划、塑造和推广有利于树立良好的区域形象,为区域发展创造"软"环境。同时,区域经济和社会的发展,反过来又能拉动旅游需求,促进旅游业的发展。

3.2 旅游地形象策划的理论基础

3.2.1 旅游地形象认知空间理论

旅游地形象认知的首要因素是来自于旅游地属于地理空间这一认知客体的属性,旅游地的空间认知因素是其最不可替代的因素,是旅游地形象策划和传播推广的基础。旅游者对旅游地的空间认知,首先是旅游者对旅游地所处位置的认知:它在哪里? 其次才会认知它是一处什么样的旅游地,有些什么样的旅游吸引物,是否就是自己心目中理想的旅游地,即对被认知旅游地与其他旅游地的空间比较认知。旅游者对旅游地形象空间的认知具有等级层次、距离衰减、地域分异的特点。

1. 等级层次规律

各种地域空间的等级层次性是人们认识地域的基本出发点。在大多数人的心中,已经形成了一种地理空间等级层次的阶梯,或者称为地理空间的"认知链"。认知链是由旅游地所从属的不同等级层次的空间构成的一个链条,每当提到一个地方,我们就会自觉地通过这个阶梯、链条来确定它的位置,而这种被意识到的位置,不仅仅是位置,还蕴涵着由于位置的确定所带出的有关这个地方的认知内容和对旅游地形象的指示意义。

地域空间的等级层次构成的认知链,是旅游者心中关于旅游地的一种形象阶梯,认知链上地域的上下级关系使旅游地形象离不开地理文脉,这便构成旅游地形象认知的背景率;而从被认知对象与其同级别的地域关系来看,旅游地形象的认知符合接近率和相似率,即地理位置的临近和文化、政治、经济、民族和宗教等方面的相似性,容易被旅游者认知为同一形象,从而产生旅游地形象认知的替代效应,即背景替代、接近替代和相似替代。

(1) 背景替代,对地方形象的认知依赖于该地的背景形象。比如,一个外国游客要到奉化去旅游,但是不了解该地,只知道奉化是宁波的一个市,而对宁波有一定的了解和认知,那么他往往就会以宁波的形象代替奉化的形象。

(2) 接近替代,如果两个同等级层次的旅游地在地理空间上相邻,则容易被认知为具有相似形象的旅游地。比如,我们并不了解某个旅游地,但是对与之相邻的那个旅游地非常熟悉,这个时候就容易将已知旅游地的形象认知为未知旅游地的形象。

(3) 相似替代,指由于政治、文化、民族、宗教等认知要素的相似,人们容易将已有的旅游地形象认知为与其具有某些相似认知要素的未知旅游地的形象。比如,中国的四大佛教名山,由于都是以佛教文化为主的山岳型旅游地,容易让人们形成相似替代,去过一个山之后,可能就认为其他几座山也与之相似。

2. 距离衰减规律

依据空间等级层次规律确立旅游地所处的阶梯位置,是旅游地空间形象认知的一般规律。但在旅游地形象的实际认知过程中,由于不同客源地的旅游者与被认知旅游地存在不同的位置关系,这种位置关系又会导致不同地域的旅游者对同一旅游地的地理位置的理解和认知产生差异。一般来说,距旅游地越遥远的旅游者对旅游地的认知水平就越低,甚至发生认知扭曲。反之,人们对所居住的地方及其周围地区的认知水平较高、较全面。距离衰减规律是一种自然界和人类社会中普遍存在的规律之一,旅游地形象的认知也存在距离衰减规律,目的地与客源地的空间距离越远,认知链就越长,旅游者对旅游地的认知程度就越低。

3. 地域分异规律

地理环境的地域分异不仅在自然界,而且在经济和社会人文方面都有表现。旅游景观也存在空间分异,这种分异意味着景观信息的存在,从观光旅游是景观信息的探索和景观的感知过程来看,旅游行为发生的一个重要因素就是人们对地域差异的好奇。正是由于旅游地在自然景观与社会文化等方面与旅游者所居住的地方存在差异,才吸引着人们前往旅游,特别是进行远程旅游。因此,旅游者在旅游前期望目的地具有不同于其居住地的地域性吸引力,而且在实地旅游时,也主要感知那些目的地独有的地方性要素,就是这些地方性的景观和文化使旅游地的形象突显出来,被识别和被认知。

3.2.2 旅游地形象认知时间理论

人们对旅游地形象的认知不仅受地域空间的影响,还具有一定的时间性,主要表现为阶段性、周期性和季节波动性。

1. 阶段性

我们将一次旅游活动的全部过程分为三个阶段,即旅游前、实地旅游、旅游后,不同阶段对应不同的旅游地形象认知,旅游地形象的意义也会有所不同,从而形成旅游地形象认知的阶段性。

(1) 旅游前阶段

当旅游者由于内心或外在的刺激,而产生强烈的旅游需求时,便出现了具体的旅游购买与消费问题的认定,即明确如何满足该次旅游的愿望。这时旅游者就会进入咨询搜集的阶段,或从头脑中的记忆、或通过各种各样的外在渠道来搜集本次旅游所需的信息,特别是可能的旅游目的地信息,然后对所得的信息进行评价,并作出购买决策,即选定旅游目的地。这一阶段旅游者依据对旅游地的间接认知进行选择决策。

(2) 实地旅游阶段

从旅游者离开居住地的那一刻起至其回到居住地的那一刻止,是旅游者购买与消费旅游产品、完成外出旅游活动的过程,也是旅游者旅游活动全过程的主体部分和核心内容。旅游者通过实地旅游获得对旅游地的直接认知,形成对旅游地形象的验证。

(3) 旅游后阶段

旅游者回到居住地后,还会在一段时间之内回想和评价本次旅游经历,形成满意或不满意的感受,并会将旅游后的感受传达给周围的其他人,或者沉淀为记忆,充实其脑中有关旅游地的旅游形象,从而影响其本人是否重游此地或他人未来的旅游决策。

2. 周期性

一般认为,任何一个旅游地不可能是长盛不衰的,都会具有一个从发生到消亡的过程,这就是所谓的旅游地生命周期。

旅游者对旅游地发展的不同阶段有不同的认知与评价,旅游者知道这是否是一个新开发的旅游地或成熟古老的旅游地,是否是正热的旅游地或温冷的旅游地……这些关于旅游地形象的认知随着旅游地生命周期的变化而变化的规律,可同构为旅游地形象的生命周期模式,对旅游地发展不同阶段的形象设计与传播具有指导意义。

3. 季节波动性

旅游地发展的季节波动性或淡旺季差异,往往是由于旅游地所处地理环境的气候变化影响到旅游需求的变化而产生的,因而在不同的季节,人们心目中的某一旅游地的形象会有所不同。那么在进行旅游地形象的设计和建设时,往往要突出某个季节的形象吸引力,离开季节宣传推广旅游形象,有时会产生形象偏差。

3.2.3 旅游地形象遮蔽理论

"旅游地形象遮蔽",指在一定区域内分布着若干旅游地(景区),其中旅游资源级别高、开发早、形象特色突出或产品品牌效应大或者市场竞争力强的旅游地(景区),在旅游形象方面也会更突出,从而对其他旅游地的形象形成遮蔽的现象。形象遮蔽的结果是,在一条旅游线路上,旅游资源级别高、旅游产品的吸引力强、市场需求最大的旅游地往往成为终极目的地,而其他旅游地会成为过境地。受可进入性和周围旅游产品组合的影响,游客在每一过境地的停留时间和购买行为差异较大,终极目的地会形成旅游产品供给中心,过境地形成非完全旅游产品供给中心。由于旅游地与被遮蔽旅游地在资源、区位、开发时间等方面的不同关系,形成了旅游地形象遮蔽的不同形式,主要包括生不逢地型、以大欺小型、先入为主型三种情况。

1. 生不逢地型

在同一区域内,两个或几个旅游地(景区)的资源级别、品质都非常高,但其中有一个旅游地略高一点,那么它就会对其他的旅游地(景区)形成遮蔽。但是单就其他旅游地(景区)来看,资源级别也很高,如果它生长在另外的区域,它的发展前景无可限量,投资潜力也很大。可它偏偏就与甲地生在了一起,根据旅游者的旅游行为规律,受时间、成本限制,乙地不在旅游者抉择、计划内,真可谓生不逢地了。

比如,西北的旅游景区中,甘肃敦煌吸引了大量的游客来游玩。在海外市场,尤其是日本市场,甘肃做得也很成功。而宁夏固原须弥山石窟却很少为世人所知。在海外市场特别是日本市场,敦煌将长期对宁夏固原须弥山石窟旅游形象产生遮蔽。在西北五省中甘肃的旅游资源和宁夏的最为相像。由于甘肃的旅游发展较早,其建立起来的旅游形象势必对宁夏的旅游形象产生遮蔽作用。这就使得人们想到西北旅游时,首先想到的是甘肃而不是宁夏。

2. 以大欺小型

同一区域内,不管旅游资源是否具有相似性,级别、品质高的旅游地(景区)对其他级别、品质低的旅游地(景区)形成遮蔽,这种形式的遮蔽称为以大欺小型。也就是说,在同一区域内,或者一条旅游线上,或者在邻近地区,同时存在甲、乙两个风景区,不管它们的资源条件是否相近,也不管它们的资源类型是否雷同,甲地在资源级别、品质上高于乙地,旅游者往往只选择级别、品质高的旅游地去旅游。

比如,都江堰是我们已熟知的国家级风景名胜区,已被评为"世界文化遗产"。与该景区一路之隔,在都江堰市城区旁就是灵岩山。灵岩山有如下几个资源特点:其一生态环境良好,山上是成片的桢楠、松树原始森林,达上千亩之多;其二,佛道合一,清代所建的佛教寺院和道观保存完好,古老的银杏树、紫荆树使寺院、道观庭院森森,近来又被新加坡一个团体视为"黄老先师"圣迹所在,每年还前来朝觐。从它的资源条件和区位条件来看,应是发展旅游的好地方。基于这样的认识,并考虑到都江堰每年超过400万人次的游客接待量,在20世纪80年代末,四川省文化厅下属一家公司投资5 000万元开发灵岩山。其规划创意在灵岩山光大佛教,建造了寺院和雕塑108尊形态各异的观音像(仿全国各地的著名观音像)。可实际情况是,投资建设后,游人寥寥,到目前仍血本无归。分析其原因,就因为灵岩山处于都江堰的形象遮蔽内,看起来每年有400多万人从门前走过,但就是没有多少人愿意上灵岩山,使它每年接待的游人数只有2万人左右。

3. 先入为主型

旅游资源特色相似,两者或更多的旅游地都可以用同一形象,就看谁率先树立起形象,抢先树立起形象者由于品牌效应就会对其他旅游地形成形象遮蔽。关于这种情形,最引人注目的要数"香格里拉"了。1997年9月,在紧锣密鼓的组织策划后,云南省迪庆藏族自治州中甸县(现改名为香格里拉县)召开了新闻发布会,向全世界宣布:香格里拉在迪庆!当天夜里,BBC(英国广播公司)就将这一惊人消息传遍了世界。在当年9月之前,迪庆藏族自治州只接待了50多万游客,到年底游客就达到近百万。到2000年,迪庆藏族自治州接待的游客已逾200多万人次。这个偏远的藏区小城,以意想不到的速度在发展、扩张。

两年后,四川省才想到了"香格里拉"。与迪庆藏族自治州接壤的四川甘孜州的稻城亚丁,从资源条件和环境来看,更像"香格里拉",资源品位有过之而无不及。迪庆藏族自治州的成功,使这边的甘孜州再也沉不住气了。2000年,甘孜州在谋划推出"香格里拉在稻城"后,结果是接待人数只有几千人(当然也有基础设施和接待设施不足的原因)。由于云南为促销"香格里拉"已投入了巨额资金,且中甸县已经国务院同意改名为香格里拉县,甘孜州以后的发展如果仍然以"香格里拉"作为旅游的主题形象,无疑将永远处于云南迪庆藏族自治州中甸县的形象遮蔽之下。两者的资源条件相差无几,谁"抢先注册",谁就在形象战略上占上风。最近云南、四川、西藏开始协同打造"大香格里拉"旅游区,但就香格里拉旅游而言,四川、西藏将长期处于云南的形象遮蔽之中。

3.3 旅游地形象策划

如果旅游者根本就不知道存在某个旅游地,那他绝不会选择这个旅游地;如果他知道这个旅游地,但在他的意识中,这是一个不好的旅游地,那么他也不会选择这个旅游地。因此,在对旅游地形象进行策划之前,必须要对旅游地形象的现状进行调查和识别。

3.3.1 旅游地形象调查

旅游地形象调查是获取旅游地形象现状信息的主要手段,是进行旅游地形象策划的前提和基础。旅游地形象调查主要包括三个方面的内容:首先要对旅游地形象的现状效果进行调查;其次要对旅游地形象构成的要素进行调查;最后还要对旅游者形成旅游地形象的信息来源进行调查。

1. 旅游地形象现状效果调查

旅游地形象现状效果调查就是要了解旅游者对旅游地的认识程度、喜好程度和是否会将其纳入自己的消费对象,即对旅游地的知名度、美誉度和认可度进行调查。

(1) 旅游地知名度

旅游地知名度,是旅游者(包括潜在旅游者)对旅游地识别、记忆的状况。旅游地知名度并不代表一定就是好的一方面,它也有坏的一面,但好与坏都可以提高知名度。其测算公式为:

$$旅游地知名度 = (知晓旅游地的人数 \div 被调查人数) \times 100$$

(2) 旅游地美誉度

旅游地美誉度,是旅游者(包括潜在旅游者)对旅游地的褒奖、赞赏、喜爱情况。其测算公式为:

$$旅游地美誉度 = (称赞旅游地的人数 \div 知晓旅游地的人数) \times 100$$

表 3-1 是深圳市 15 个景点知名度与美誉度的调查结果。

表 3-1 深圳市 15 个景区知名度与美誉度的调查[①]

编号	景区名称	知名度	美誉度
1	世纪之窗	96.3	72.0
2	锦绣中华	95.3	51.3
3	民俗文化村	94.1	64.5

---

① 李蕾蕾.旅游地形象策划:理论与实务.广州:广东旅游出版社,1999

续表

编号	景区名称	知名度	美誉度
4	野生动物园	84.7	49.1
5	香蜜湖度假村	84.5	40.9
6	大小梅沙	83.5	71.2
7	青青世界	73.5	46.5
8	仙湖植物园	68.3	51.9
9	银湖	66.2	34.9
10	观澜高尔夫球会	59.4	34.3
11	南澳	54.6	44.8
12	光明农场	53.9	25.7
13	石岩湖	52.9	28.7
14	凤凰山	41.8	36.1
15	羊台山	21.0	22.2

由此可见,在深圳市,世纪之窗、锦绣中华、民俗文化村三个景区的知名度最高,世纪之窗和大小梅沙两个景点的美誉度最高。

(3) 旅游地认可度

旅游地认可度,是旅游者(包括潜在旅游者)把旅游地的产品和服务纳为自己消费对象的程度。其测算公式为:

$$旅游地认知度=(行为人数÷知晓旅游地的人数)×100$$

2. 旅游地形象构成要素调查

对旅游地形象的调查,除了需要了解旅游者对某旅游地知道或不知道以及对该旅游地有好或不好的评价外,还要进一步了解该旅游地在旅游者心中究竟具有怎样的形象内容,旅游地本身有哪些要素使旅游者形成这样的形象内容,或者说,一提起该旅游地,旅游者心中会想起什么。表 3-2 是卡尔加里(Kalgary)旅游形象要素的构成情况调查结果(卡尔加里 1988 年举办过冬季奥运会)。

表 3-2 美国人对卡尔加里的旅游形象构成要素调查[①]

Image Expression(形象描述)	Answer(回答)(%)		
	1987 年	1988 年	1989 年
Olympics(奥林匹克)	17.2	77.4	6.4
Stampede(惊逃)	25.7	10.8	8.4
Hockey(曲棍球)	16.7	7.1	15.6
Cowboys,Houses(牛仔、木屋)	5.6	4.7	3.2
Rodeo(牛马集群)	11.4	4.4	6.2

---

① 李蕾蕾. 旅游地形象策划:理论与实务. 广州:广东旅游出版社,1999

续表

Image Expression(形象描述)	Answer(回答)(%)		
	1987 年	1988 年	1989 年
Skiing(滑雪)	—	4.1	5.4
Mountains(山)	2.2	3.5	6.0
Cold,Snow(寒冷、雪)	3.6	3.3	5.3
Western(西部的)	4.2	3.2	3.0
Friendly(友好的)	—	1.9	—
Oil(石油)	4.0	1.7	—
Beautiful(美丽的)	2.2	1.7	—
Football(橄榄球)	2.2	—	—
Cattle ranching(牧牛场)	2.0	—	—
American city(美国城市)	2.0	—	—

由此可见,美国人对卡尔加里的旅游形象的主要构成要素:1987 年为 Stampede(惊逃)、Olympics(奥林匹克)、Hockey(曲棍球)、Rodeo(牛马集群);1988 年为 Olympics(奥林匹克)、Stampede(惊逃);1989 年为 Hockey(曲棍球)。卡尔加里三年旅游形象的主要构成要素不同说明旅游地在旅游者心中的形象并不是固定不变的,而是处于动态变化之中,这就对旅游形象的更新提出了要求。

3. 旅游者形成旅游地形象的信息来源调查

不论旅游地在旅游者心中具有怎样的形象,它都是旅游者对旅游地信息认知的结果,而旅游地信息有时是旅游者主动搜集的,有时是旅游者无意获知的。不论何种情形,信息都有来源和传播的渠道,对其进行调查是旅游地形象传播策划的重要依据。表 3-3 是海外旅游者形成中国旅游形象的信息来源和渠道的调查统计结果。

表 3-3 海外旅游者形成中国旅游形象的信息来源和渠道[①]

旅游者		广告信息(%)	亲友介绍(%)	旅行商推荐(%)	其他媒介(%)	合计(%)
外国人		29.6	17.6	31.1	21.7	100.0
	团体	23.3	14.9	49.6	12.2	100.0
	散客	35.3	20.0	14.7	30.0	100.0
华侨		40.0	26.7	15.6	17.7	100.0
	团体	25.0	25.0	45.8	4.2	100.0
	散客	45.9	26.4	5.5	22.2	100.0
港澳同胞		52.7	16.2	8.7	22.4	100.0
	团体	32.7	11.7	45.2	10.4	100.0
	散客	54.9	16.7	4.7	23.7	100.0

---

① 李蕾蕾. 旅游地形象策划:理论与实务. 广州:广东旅游出版社,1999

续表

旅游者	广告信息(%)	亲友介绍(%)	旅行商推荐(%)	其他媒介(%)	合计(%)
台湾同胞	35.7	22.7	20.2	21.4	100.0
团体	28.9	19.1	41.4	10.6	100.0
散客	38.1	23.9	12.9	25.1	100.0
合计	38.1	17.6	22.4	21.9	100.0
团体	24.6	14.9	48.6	11.9	100.0
散客	44.6	18.9	9.9	26.6	100.0

由此可见,海外旅游者了解中国内地、形成旅游形象的基本途径是广告;其次为旅行商,分别占 38.1%、22.4%。约 1/5 的海外旅游者是通过"其他媒介"获得信息,但此次调查并没有列出"其他媒介"具体包括哪些媒介,因而难以了解所占比例较高的"其他媒介"的内涵。

3.3.2 旅游地形象诊断

旅游地形象诊断,即对旅游地形象的现状进行评价,判断现状形象对旅游者的影响效果和旅游地有哪些最能吸引旅游者的要素。

1. 现状形象对旅游者的影响效果

在对现状形象对旅游者的影响效果进行评判时,常常将旅游地的知名度和美誉度组合来对旅游地的形象进行评价,这样就形成旅游地形象的四种状态,如图 3-3 所示。

图 3-3 旅游地形象效果象限图

(1) 处于第 I 象限的旅游地具有众人皆知的良好形象,或者说美名远扬。对于这类形象良好的旅游地,形象策划的目标是保持和强化良好的形象。

(2) 处于第 II 象限的旅游地具有良好的形象,但知名度不高,影响的范围有限或者说知道的人都说好,只是知道的人不多。对于这类形象良好但不出名的旅游地,形象策划的目标是如何将旅游地的良好形象快速有效地传播出去。

(3) 处于第 III 象限的旅游地形象不好且不出名,或者说知道的人都说不好,幸亏知道的人少。对于这类形象不好且不出名的旅游地,形象策划的首要目标是改造不良的形象,然后有效地将改造后的良好形象快速有效地传播出去。

(4) 处于第Ⅳ象限旅游地具有众人皆知的差形象,或者说臭名昭著。对于这类臭名昭著的旅游地,形象策划的目标是如何重塑旅游地形象。

据此,可得到深圳市15个景区现状旅游形象对旅游者的影响效果,如图3-4所示。深圳市的景区知名度普遍较高,其中位于第Ⅰ象限中属于高知名度(>50)、高美誉度(>50)的景区包括世界之窗、民俗文化村、锦绣中华、大小梅沙和仙湖植物园,位于第Ⅱ象限中属于低知名度、高美誉度的景区没有,位于第Ⅲ象限中知名度和美誉度均低的景区包括凤凰山和羊台山,其余景区位于Ⅳ象限属于知名度高、美誉度相对较低的情况。

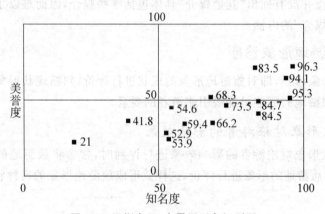

图3-4 深圳市15个景区形象识别图

2. 旅游地对旅游者的核心吸引要素

在对旅游地形象构成要素的调查中,有些景区、景点、景物或要素是游客提及最多或者给游客的印象最深,这些要素往往也就形成了旅游地对旅游者的核心吸引力。在进行旅游地形象策划时,就必须要将这些对旅游者最具吸引力的要素纳入其中,唯有如此才能实现旅游地形象展现旅游地的魅力、吸引人们的注意、增加旅游地被选择机会的功能。

3.3.3 旅游地形象定位

1. 旅游地形象定位

定位最本质的意思就是把事物放在适当的地方。旅游地形象定位就是挑选旅游地具有生气的局部形象进行强化和放大,突出个性,以争取公众的指定选择。旅游地形象定位不一定要大气磅礴、对仗工整、语言优美、富有底蕴,但是一定要能够深入游客的心,吸引他们前来旅游。它是旅游地形象设计的前提,它为形象设计指明方向。旅游地形象定位必须根植于当地文化背景，体现资源和地方特色，还要有一定的地域性和较强的排他性。旅游地形象定位的最终表述，往往概括为一句简短精练的文字或一句通俗易懂的话。

2. 旅游地形象定位的支撑要素

旅游地形象定位是旅游地形象策划的核心。准确的旅游地形象定位需要旅游资源本我特质的释放、旅游者的感知和认知、旅游地之间的空间竞争、旅游市场定位这四大要素的支撑。

(1) 旅游资源本我特质的释放

旅游资源的本我特质，即旅游资源自身所具备的价值（历史价值、艺术价值、文化价值、科学价值）、品质、特色，它决定了旅游资源自身的级别，是旅游地形象定位的基础。有的资源价值很大，但形不成风景，就更难以转化为旅游产品。因此，旅游资源只具备本我特质还不行，还应兼具本我特质的释放功能。旅游资源存在于这个世界上，以不同的方式释放自己、表现自己和展示自己。资源所表现出来的美感度，它的观赏性、参与性，它释放出来的气质往往决定了它的吸引力大小。旅游资源本我特质的释放，是旅游资源通过地形、气候、气象、山水等形式将其内在特质形象地表现出来，或雄奇、或隽秀、或幽深、或灵雅、或惊险、或神秘、或巧夺天工、或惊天动地，人们置身其景，能被其美丽的景观、迷人的风采、特有的气质所吸引。

(2) 旅游者的感知和认知

旅游者的感知是旅游者对旅游地资源所释放出来的本我特质的印象。就单个旅游者而言，这对旅游地形象的确立也许无足轻重，而且每个游客对旅游地的印象因其经历、修养、素质的不同而各有差异；但正是基于旅游资源自身的特色和品质，以及对这些特色、品质的形象表述，才使得经过长年累月、上百越千年来众多游客产生了"共性感知"，这些共性感知经过提炼，就成为旅游地形象。

认知是比感知更高一级的认识形式。感知停留在感受、知觉层面上，对被感知对象的认识往往止于印象层面。尽管这种感知印象离理性认识还有差距，但恰恰这一感知印象对对象的感觉很可能切中要害，这正是感知的价值所在。认知比起感知要理性的多，它是在感知对象之后，在游历过程中和旅游行为结束之后，对旅游地这一对象的属性、特性、品质的深入而理性的认识。经过认知阶段后，旅游者容易在大脑中对旅游地的印象最终定格。这一阶段包括了游历过程中的深入考察、思考，游历结束后的回忆和翻阅大量资料对自己的印象加以判断。所以，认知是对旅游地属性、特色、品质的理性认识，它容易提炼出旅游地形象，即对旅游地形象进行抽象的总结。

(3) 旅游地之间的空间竞争

旅游地的空间竞争是指在一定的地域空间范围内，分布着若干的旅游地，由于旅游者的行为规律决定了不可能将这一区域内的所有旅游地作为自己的旅游目的地,因而客观上这些旅游地之间存在着市场竞争,市场竞争首先表现为旅游地之间的形象竞争,其次是产品竞争。

旅游地之间的空间竞争决定了旅游地之间存在着形象竞争。形象竞争的核心是使旅游地自身与其他旅游地的形象区别开来,进而使自身的产品特色与其他旅游地的产品特色区别开来。掌握空间竞争的规律,针对这种空间竞争规律拿出一套可操作性强的方案,是旅游地形象策划能否成功的关键。

(4) 旅游市场定位

旅游市场定位就是确定旅游地的目标市场群,对客源市场进行细分,以便有针对性地进行营销,并开发出适应目标市场需求的旅游产品。旅游市场定位对旅游地形象定位的影响主要在于旅游市场定位决定了旅游地产品特色定位,产品特色定位在某种程度上就会影响甚至改变旅游地形象定位。这一切都是由市场的需求决定的。这种情况在旅游地之间发生竞争时和老旅游地发展到一定阶段时,就表现得特别明显。

3. 旅游地形象定位的方法

旅游地形象定位常用的方法有领先定位、比附定位、逆向定位、空隙定位和重新定位。

(1) 领先定位(领导定位,抢先定位)

领先定位即领先法则,它是营销学里的一个著名法则,其基本意思是人们只会记住同一类型的事物当中最领先的那一个,也就是说大家一般都会把注意力放在第一性的东西。比如说,我们可能会记得一个省考的状元是谁,他考几分,而对第二名、第三名等就不太了解了;我们知道北京大学是中国最古老的大学,而对第二古老、第三古老的大学就不太清楚了。

领先定位的方法告诉我们,一个地方的旅游想做好做大,一定要在某个方面有特色和领先的东西。领先定位是最容易的一种定位方法,适宜于那些独一无二、不可替代的事物,比如中国的长城、埃及金字塔等,不需要花大力气就能使形象保持不衰的地位。但如此绝对领先、形象稳固的旅游地毕竟不是多数,大部分要依靠其他方法进行形象定位。

延伸阅读

东方古都,长城之邦——北京市旅游形象定位[①]

北京,中国的首都,世界性的城市。与西方旅游城市相比,它有自己独特的地方性,即丰富的古代文化遗存和日新月异的现代城市风貌并存。在许多国外旅游

---

① 吴必虎. 北京市旅游发展总体规划(旅研网专用). 北京:北京大学旅游研究与规划中心,1999

者心目中,北京是一座古老而充满活力的发展中国家的大都市。在国内旅游者心中,北京给他们以这样一种印象:首先,北京作为首都,是全国的政治、文化中心,具有崇高的神圣地位;其次,北京是一座拥有悠久历史的古都,文化积淀深厚;第三,北京正处于欣欣向荣的发展阶段,是一座现代化大城市,这一点对于那些来自中小城市及乡村的游客来讲尤为深刻。但是,在对北京的具体认知上,不论是国外旅游者还是国内旅游者,都将天安门、故宫和长城视为北京的形象代表。因此,天安门、故宫、长城在体现北京地方性,塑造北京旅游形象方面有着不可动摇的龙头地位。

根据上述北京市地方性和旅游者认知分析,可以发现,北京的旅游形象与以下因素密切相关:三千年悠久历史的古都,东方文明的精华所在,日益开放和进步的现代化国际城市,幅员广大人口众多的国家的首都。值得注意的是,在外国旅游者眼里,北京的古老文明最为突出;在国内旅游者眼里,北京的首都地位最为突出,是全国政治、经济、文化等各项活动的中心,现代化建设日新月异。因此,1995 年编制的《北京市旅游发展总体规划》将北京的旅游形象定位为:东方古都,长城之邦。

【问题启示】 在对北京的具体认知上,天安门、故宫和长城都具有领先性,为什么在北京市的旅游形象定位中只采用了长城这一项?

(2) 比附定位

比附定位,是一种紧跟行业领导者的战略,其主要发生在业内竞争品牌领先位置相当稳固,原有位序难以打破重组的情况下,或自己品牌缺乏成为领导品牌的实力和可能的情况下采取的一种定位策略。这种定位方法在旅游形象定位中采用的越来越多,旅游地形象可以通过与原有的根植于人们心目中第一位的形象相比附,确定"第二位"的形象,比如,牙买加的旅游形象定位为"加勒比海中的夏威夷",海南三亚的旅游形象定位为"东方夏威夷",甘肃的甘南藏族自治州的旅游形象定位为"中国小西藏",宁夏的旅游形象定位为"塞上江南"等。这种定位策略能使得自己的品牌与领先品牌发生一定的比附性关系,一般有以下三种形式。

① 甘居"第二",就是明确承认同类中另有最负盛名的品牌,自己只不过是第二而已。这种策略会使人们对公司产生一种谦虚诚恳的印象,相信公司所说是真实可靠的,同时迎合了人们同情弱者的心理,这样较容易使消费者记住这个通常难以进入人们心智的序位。如美国阿维斯出租汽车公司定位为"我们是老二,我们要进一步努力"之后,品牌知名度迅速上升,赢得了更多忠诚的客户。

② 攀龙附凤,其切入点亦如上所述,首先是承认同类中已卓有成就的品牌,本品牌虽自愧弗如,但在某地区或在某一方面还可与这些最受消费者欢迎和信赖的品牌并驾齐驱,平分秋色。如内蒙古的宁城老窖,宣称是"宁城老窖——塞外茅台"。

③ 高级俱乐部,公司如果不能取得第一名或攀附第二名,便退而采用此策略,借助群体的声望和模糊数学的手法,打出限制严格的俱乐部式的高级团体牌子,强

调自己是这一高级群体的一员,从而提高自己的地位形象。如可宣称自己是XX行业的3大公司之一,10家驰名商标之一,50家大公司之一,等等。美国克莱斯勒汽车公司宣布自己是美国"三大汽车公司之一",使消费者感到克莱斯勒和第一、第二一样都是知名轿车,从而收到了良好的效果。

在采用比附定位方法对旅游地形象进行定位的时候,需要注意的是,与被比附的旅游地之间应该具有不同的客源市场。否则,由于人们在面对同类事物时,习惯选择位于"第一"的事物,在同类旅游地中也会选择知名度较高的旅游地,即被比附者。因此,非但不能借助著名的旅游地提高自己的知名度,反而会使人们觉得此旅游地是其所比附旅游地的"仿制品",结果失去吸引力和美誉度。

延伸阅读

西部企业,深圳速度——"蒙牛现象"解读[①]

1999年初,蒙牛奶制品公司成立,凭借筹集的1 300多万元资金,开始了市场运作。当年,蒙牛的销售额就达到了0.44亿元。到2002年,公司销售额飙升至21亿元,增长了48.6倍,以1 947.31%的成长速度在"中国成长企业百强"中荣登榜首,并连续3年创造中国乳业"第一速度",在中国乳制品企业中的排名由第1 116位上升为第4位,创造了在诞生1 000余天里平均一天超越一个乳品企业的营销奇迹!"蒙牛现象"被称为"西部企业,深圳速度"。蒙牛创造的奇迹,固然有多方面的原因,但其品牌定位策略在企业发展过程中起了关键的作用,那就是比附定位策略。

蒙牛从产品的推广宣传开始就与伊利联系在一起,从蒙牛的广告和宣传册上可以解读出蒙牛的品牌定位是一种比附定位策略,如蒙牛的第一块广告牌子上写的是"做内蒙古第二品牌";宣传册上闪耀着"千里草原腾起伊利集团、蒙牛乳业……我们为内蒙古喝彩";在冰淇淋的包装上,蒙牛打出了"为民族工业争气,向伊利学习"的字样,这与阿维斯出租汽车公司强调"我们是老二,我们要进一步努力"的定位策略是一致的。蒙牛利用伊利的知名度,无形中将蒙牛的品牌打了出去,提高了品牌的知名度。而且,蒙牛这种谦逊的态度、宽广的胸怀,让人尊敬、信赖,获得了口碑。

蒙牛认为,一个品牌并不单单是一种产品的问题,而是一个地域的问题,内蒙古就是一个大品牌。因而蒙牛没有把目光局限在自身的成长上,而是高瞻远瞩,根据呼和浩特人均牛奶拥有量全国第一、牛奶增速全国第一的状况,提出了"建设我们共同的品牌——中国乳都·呼和浩特"的倡议。从2000年9月起,蒙牛投资100多万元,投放了300多幅灯箱广告,广告正面主题为《为内蒙古喝彩》,下书:

---

① 张祥建,郭岚.解读"蒙牛现象"的成功之谜.企业活力,2003(11):44~45

"千里草原腾起伊利集团、兴发集团、蒙牛乳业;塞外明珠辉照宁城集团、仕奇集团;河套峥嵘蒙古王;高原独秀鄂尔多斯……我们为内蒙古喝彩,让内蒙古腾飞。"背面的主题为《我们共同的品牌——中国乳都•呼和浩特》。蒙牛把自己和内蒙古的一些著名企业放在一起,提出共建中国乳都,这与"高级俱乐部策略"的思想是一致的。其实,蒙牛当时无论从历史、地位和规模上都不足以和这些著名品牌相提并论,然而蒙牛把自己和他们放在一起,是想让消费者认为,蒙牛和它们一样,也是名牌。而且"建设中国乳都"、"为内蒙古喝彩"这样的宽广视野和高尚情操又体现出蒙牛的博大胸怀,为内蒙古积聚了巨大的无形资产,不仅不会招致反对,反而会提高人们对蒙牛的好感,提升了品牌的美誉度。

【问题启示】 比附定位方法适合于旅游地发展的哪一个阶段?

(3) 逆向定位

逆向定位这一策略,来自"逆向思维"的启发,即在定位时,一定要有反其道而想的能力。如果每个人都往东走,想一想,往西走能否找到自己想要的东西。逆向定位强调并宣传定位对象是消费者心目中第一位形象的对立面和相反面,同时开辟了一个新的易于接受的心理形象阶梯。例如,美国的"七喜"饮料就宣称自己为"非可乐",从而将所有的软饮料分为可乐和非可乐两类,"七喜"则自然成为非可乐饮料中的第一位了;深圳野生动物园的定位也属于逆向定位,它将人们心目中的动物园形象分为两类:一类是早已为人熟识的普通笼养式动物园,在中国,这类动物园以北京动物园最著名,动物种类最丰富;另一类为开放式动物园,游客与动物的活动方式对调,人在"笼"中,动物在"笼"外,从而建立起国内第一个城市野生动物园的形象。

延伸阅读

Think Small(想想还是小的好)——德国大众汽车公司"甲壳虫"车定位[①]

运用逆向定位策略取得成功的案例,当推世界广告发展史上的经典之作——德国大众汽车公司的金龟车(俗称"甲壳虫")进军美国市场时采取的定位——"Think Small"(想想还是小的好)。

在1973年发生世界性的石油危机之前,底特律的汽车制造商们多年来都强调更长、更大、更流线型、更豪华美观,因为汽车在很大程度上是身份、财富和地位的象征。针对这种情况,金龟车将美国的工薪阶层作为自己的目标市场,迎合普通工薪阶层的购车欲望,推出自己小的更好、更实惠的市场定位宣传,消除了消费者的疑虑,坚定了消费者购买实惠车的决心。金龟车定位实在,正好嵌入消费者对经

---

① http://hugang.mellnet.com/?/=detail&news=4429

济、实惠、小巧车型的需求心理,"想想还是小的好",金龟车也正是凭借其科学而准确的逆向定位,成功地打入了美国这个汽车王国的市场。

【问题启示】 什么情况下,旅游地应该采用逆向定位方法?

(4) 空隙定位

比附定位和逆向定位都与游客心中原有的旅游地形象阶梯相关联,而空隙定位全然开辟了一个新的形象阶梯。空隙定位的核心是分析旅游者心中已有的形象阶梯的类别,发现和创造新的形象阶梯,树立一个与众不同、从未有过的主题形象。与有形商品相比,旅游点的形象定位更适用于空隙定位,尽管旅游点的数目也呈现爆炸性增长,特别是同类人工景点相互模仿,促使景点数量剧增,但仍然存在大量的形象空隙。旅游者期待着个性鲜明、形象独特的新类型景点出现。例如,中国第一个小人国"锦绣中华"的建立,使国内旅游者心中形成了小人国旅游景观的概念,并随着各地微缩旅游景观的大量兴建,产生小人国旅游点形象阶梯,显然,"锦绣中华"比后来者处于强势地位。

延伸阅读

新天下之中——湖北旅游形象定位[①]

湖北省位于中国的中部,长江中游的洞庭湖以北,故称湖北,简称鄂,素称"荆楚",是楚文化的发祥地。湖北省的地理特征主要表现在区位条件和水的独特性。湖北省位于华中地区,是中国经济文化的几何中心,它西通四川盆地,东接长江流域,北临华北平原,南面华南大地,会聚四面,吐纳八方,区位条件得天独厚。而水是湖北省的灵魂,三峡、洪湖、长江、汉水以及众多的温泉为湖北赢得了千湖之省的美称。在历史文化沉积方面,湖北也有其独特的优势。在我国文化历史中,唯一能与中原"正统文化"并驾齐驱的唯有楚文化。楚文化素以浪漫著称,从古老的凤图腾崇拜到屈原的《离骚》、《楚辞》无一不闪烁着浪漫主义的光彩,以至被冠以浪漫楚文化之誉。湖北省的民族特性和民俗学特性来源于与周围区域交融共生而形成的"大杂烩"。由此可以看出,湖北省会聚八方的区域特征也为它带来了地方性挑战。

意境是外部物质空间在人类大脑中的精神反映。湖北省天然的意境流是"水与浪漫"。三峡、二坝、洪湖、清江、东湖、温泉和浪漫的楚文化一起构成了湖北的本底意境流。但由于湖北省经常发洪水,公众对水的亲和性不够。最近武汉市人大代表联名建议在南岸嘴建一个大广场,使之成为临江的公共空间,这就强调了水的亲和性,同时突出了水的特色,美化了城市环境。但仅有"水与浪漫"的本底意境流是很难在旅游市场中获胜的。因为江南很多地方也兼具水与浪漫的特质,而且已

---

① 吴必虎,宋治清.湖北省旅游形象初探——新天下之中.人文地理,2000(15):1~4

经在这方面发展了比较成熟的旅游业,所以必须创新。考虑到湖北省的地方性特点,尤其是湖北省的区位条件,将湖北旅游形象定位为"新天下之中"。湖北省的旅游产品很少是自己独有的,几乎都与周边的省份共生。譬如三峡的一大半是在湖北,可是在很多人的心目中,三峡是重庆的,加之重庆是直辖市,行政级别和知名度都很高,比湖北具有更多的优势,是与湖北竞争三峡旅游的强劲对手。再如大别山、秦岭,分别有安徽、陕西和河南的挑战,在民俗学方面,土家族文化已经被湘西开发了,也很难有突破。由此可以看出,湖北省的边缘地带都已被周围省份或瓜分或共生,不具独特性,在这种条件下,要想有所突破,就必须突出中心,将武汉作为重点,利用湖北省的区位条件确立武汉的城市形象:新天下之中。洛阳是古天下之中,王权集中于此,中原会聚,但现在洛阳的天下之中的地位已经衰败,武汉作为中国经济文化的几何中心,可以以新天下之中的姿态取而代之。

【问题启示】 空隙定位中的空隙有哪些方面?

(5) 重新定位(再定位)

市场不是静止的,形象的定位也不能一劳永逸,也许一个形象在市场上最初的定位是适宜的,但当"消费者爱好偏移"或"竞争品牌逼近"时,它可能不得不面对重新定位的问题。严格说来,重新定位并非一种独立的定位方法,而是原旅游地采取的再定位策略。旅游地的发展都会经历产生、成长、成熟、衰落各个阶段,由于旅游地的发展存在生命周期,如何面对衰落,一直是旅游经营者的一大难题。重新定位,不失为一条可选之路。

重新定位,是目前大多数旅游地采用的定位策略。现在,许多老的旅游地已在旅游者心中建立起稳固而清晰的老形象,再去宣传老形象,已不能适应旅游需求的变化,更难以生发号召力和吸引力,人们总是希望用新的东西去替代旧的东西,重新定位可以促使新形象替代旧形象,从而占据一个有利的心理位置。比如,美国加利福尼亚在旅游者心目中早已浓缩、简化为空洞的概念——游泳池、沙滩、金门大桥、好莱坞,而且这些形象描述不断为其他旅游地借用,需要重新对其形象进行定位。加州紧紧围绕其在地理、气候、人种、文化等方面的"多样性"这个核心特点,将其形象定位为"那些加利福尼亚"。

延伸阅读

山水甲天下,魅力新桂林——桂林市旅游形象再定位[①]

桂林位于广西壮族自治区东北部,"湘西走廊"南端。桂林自古享有"山水甲天下"之美誉,是中国乃至世界重要的旅游目的地城市,有着被国务院确定的国家重

---

① http://www.guilin.com.cn/cn/Government/tourLayout/200507/242.html

点风景游览城市和历史文化名城两项桂冠,被誉为国际旅游明珠。桂林风景秀丽,以漓江风光和喀斯特地貌为代表的山水景观,有山青、水秀、洞奇、石美"四绝"之誉,是中国自然风光的典型代表和经典品牌。"千峰环野立,一水抱城流",景在城中,城在景中,是桂林城市独具魅力的特色。

桂林市的原有形象定位是"桂林山水甲天下",这一形象早已深深地扎根于国人的头脑中。对境外旅游者而言,来桂林主要是以自然景观的观光游览为主要目的。"桂林山水甲天下"本身并没有限定旅游的类型,可以是观光、休闲度假、会议,也可以是体育活动,以及学生的科学营地和活动。这些旅游类型都适宜风景如画、平和的桂林。但由于长期以来在桂林开展的旅游类型单一,以观光旅游为主,因此,桂林的形象逐渐固定为传统的风景观赏为主。这样的认知形象将使桂林旅游发展难以适应未来旅游形式日趋多样化和专项化的趋势。此外,"桂林山水甲天下"中的主题词"桂林"是山水的限定词,对应的最直接、最抢眼的实体是桂林市区,但目前的桂林市区形象不够好,一方面没有一个核心城市的明晰而独特的形象,甚至山水城市的形象都不足;另一方面也没有一个历史文化名城的形象。

为了更好地顺应旅游业的发展趋势和旅游者的消费需求变化,桂林市对其旅游形象进行了重新定位。未来桂林应该是一个独立的大旅游目的地。它由世界自然遗产级的独特喀斯特山水风光、梦幻般神奇的石灰岩溶洞、本土特色的少数民族居民点和传统地域文化,以及走向现代化和新世纪的历史文化名城等旅游资源共同组成。由于大桂林之独特旅游资源种类并不单一,难以用单一的概念来界定桂林旅游地,因此,桂林的旅游形象定位可以考虑使用一般化的概念,如大桂林、新桂林等进行基本定位,然后在此基础上结合不同客源市场对桂林的认知和旅游需求进行相应定位,以突破人们原有对桂林旅游形象的单一认识,以此塑造一个新世纪的全新桂林——山水甲天下,魅力新桂林。

【问题启示】 在对旅游地形象进行重新定位的时候,如何实现新、老形象定位之间的衔接?

3.3.4 旅游地形象宣传口号设计

旅游地形象宣传口号是旅游地形象策划的重要组成部分,也是旅游地理念核心的精辟表达。要搞清楚旅游地形象宣传口号的设计要求,首先需要了解它的作用机理。在实际工作中,我们发现,一条优秀的旅游地形象宣传口号,即使在宣传和促销过程中最大限度地接触到了目标旅游消费群,也往往只能促使其中很少的一部分最终完成购买行为。那么,是什么抑制了众多目标旅游消费者的购买呢?

实际上,我们所有人的头脑中都存在着"屏蔽"或"过滤器"[①],它们会压制大多

---

① [英]维克多·密德尔敦著,向萍等译.旅游营销学.北京:中国旅游出版社,2001

数信息,而只强调其中少数的特定部分。为了更清楚地了解旅游地形象口号作用中的"过滤器"衰减机理,李燕琴和吴必虎引用了维克多·密德尔敦在《旅游营销学》中的一个例子,并针对旅游形象口号的宣传进行了修正。

如图 3-5 所示,假设,一条旅游形象口号已通过多种形式在目标旅游消费者中进行了充分的宣传和促销。柱 A 表明,旅游形象口号将首先面临"接触屏障"的挑战,也就是说,由于各种各样客观原因的存在,整个目标群体可能只有 75% 的人能够通过宣传单、报纸、杂志、电视、电台等多种媒体接触到该口号。但是,并非所有读者都会耐心地阅读完所有内容,并注意到这条口号,即使注意到或听到过也很可能很快就忘记了,所以柱 B 表明,人们识别信息时大脑中存在着"认知屏障",经过这一层过滤,可能只剩下 30% 的目标旅游消费者对该形象口号产生认知,并能在一定时段内回想起该口号。回想起该口号的目标旅游消费者,也不一定都对该旅游地产生兴趣,并考虑到此地旅游,旅游消费者不同的个性使其对旅游地有着各自不同的偏爱,柱 C 表明,通过"个性屏障"的过滤,大约只剩下 20% 的目标旅游消费者仍然对该旅游地保持兴趣。除上述屏障外,现实生活中还存在着各种各样的"客观屏障"的作用,比如时间、财力。柱 D 表明,由于这些"客观屏障"的作用,最终真正成行,也就是实现旅游购买行为的可能只有 12%。而在这 12% 的购买者中,又有约一半的人属于原本就对该地感兴趣,即使未接触到该宣传口号,也准备去旅游的忠实旅游者,所以旅游地形象口号宣传真正争取到的旅游者可能只有目标旅游消费者的 6%。

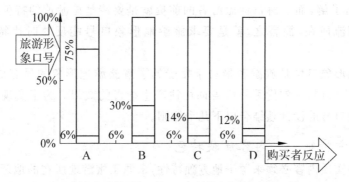

A:75% 的人接触到该口号;B:30% 的人能回想起该口号;
C:20% 的人产生兴趣;D:12% 的人购买

图 3-5 旅游形象口号宣传中的"过滤器"

从图 3-5 我们可以看到,旅游地形象口号在作用到目标旅游消费者群后,会经历若干"过滤器"的衰减作用,要尽量减少信息损失,就要针对每一阶段,提出具有针对性的设计要求。为了提高 A 阶段的百分比,要求降低旅游地形象口号的文字难度。设计时应避免使用生涩的字词,特别是偏文言的词汇,口号要易于读懂,易于识别。通常,在遇到可读性很差的语句时,读者会不自觉地将其跳过,从而使得接触到口号的人群比例下降。此外,在 A 阶段还要注意在传播旅游形象口号的时候,选取目标旅游消费者较为偏好的媒体。增加 B 阶段的百分比,则要求尽量缩短旅游地形象口号的文字长度。形象口号必须易于记忆,所以字数不可过多,通常以控制在 10 个字以内为宜,最多不超过 15 个字,读起来要给人以朗朗上口的感觉,以便在经过一段时间后,仍然有较多的读者回想起这条宣传口号以及与之紧密联系的旅游地。要使旅游地形象口号的宣传真正奏效,除识别和记忆之外,还必须引起目标消费群足够的注意和兴趣。因此,C 阶段要求所设计的口号最好能切合目标群体的某种需求,如对自然、对精彩生活、对别样风情的一种向往,并通过具有震撼力、吸引力、号召力和启发性的口号体现出来。特别强调的是,旅游地形象口号的设计要避免跟风,否则不但不能正确反映旅游地的资源特色与目标消费群的特点,而且还会引起消费者的厌恶情绪。C 阶段的潜在消费者要真正实现其购买行为,在 D 阶段要求旅游地形象口号的宣传维持相应的密度,并与其他促销手段相配合,激发潜在购买者的购买动机。

根据旅游形象口号在宣传中的"过滤器"衰减机理,我们首先必须了解目标旅游者头脑中的"过滤器",至少要了解其中主要的"过滤器",然后按目标旅游者最乐于接受的方式设计旅游地形象宣传口号。这些"过滤器"会受到多方面的影响,主要包括目标购买者的人口统计特征、社会地位、经济收入、兴趣、性格等,因此,要设计出优秀的旅游地形象宣传口号,首先要求设计者对旅游地的目标旅游者有充分的了解,而了解目标旅游者的前提就是要清楚旅游地的特色,并把握整个时代的潮流所在,简言之,就是要求旅游地形象口号能反映时代特征和地区特色。

旅游地形象口号是旅游者最易于接受的了解旅游地形象的最有效的方式之一,它好比广告词,一句优秀的广告词往往产生神奇的效果。为了实现这种效果,旅游地形象口号的设计须结合以下几个原则。

1. 地方特征——内容反映特色

口号的实质内容必须来源于地方独特性,来源于旅游地所在的地理文脉,唯有充分挖掘和深刻分析旅游地的地域背景,发现和提取地方性的元素充实到口号中,才能避免过于空泛。特别是对于平淡无奇的旅游地或城市,能够反映地方特性的旅游形象口号可以达到出奇制胜、回味无穷的效果。

2. 行业特征——表达针对旅游者

旅游地形象口号的制定必须充分了解游客的心理需求和偏好,要体现旅游行业的特征,要使旅游者轻易地认识到这是旅游地形象口号,而不是政治口号、招商口号等其他口号,如表 3-4 所示。

表 3-4　部分旅游地形象宣传口号设计

序号	旅游地名称	旅游地形象宣传口号
1	湖北省	游三峡,探神农,登武当,逛武汉
2	四川省	天下四川,熊猫故乡
3	广东省佛山市	狮舞岭南,传奇佛山
4	浙江省	诗画江南,山水浙江
5	山东省济宁市	运河之都,北方水乡
6	四川省都江堰市	拜水都江堰,问道青城山
7	陕西省西安市	龙在中国,根在西安
8	贵州省	梦幻之旅,神奇贵州
9	宁夏回族自治区	雄浑西部风光,秀美塞上江南
10	中国香港	动感之都:就是香港

3. 时代特征——语言紧扣时代

旅游地形象口号在表达方面还要反映时代特征,要有时代气息,要反映旅游需求的热点、主流和趋势。

4. 广告效果——形式借鉴广告

旅游地形象口号首先必须能够打动旅游者的心、激发旅游者的欲望,要为旅游者留下永久而深刻的记忆,能够广泛迅速地传播,即要有广告效应。因此,旅游地形象口号要具有广告词的凝练、生动和影响力。商品广告词的创意设计已经越来越超越商品自身,而成为一门艺术,旅游地形象的口号创意也要借鉴这种广告艺术。用浓缩的语言、精辟的文字、绝妙的组合构造一个有魅力的旅游地形象。

延伸阅读

黑龙江旅游形象宣传口号设计

黑龙江省,系由境内最大河流黑龙江而得名,位于中国的东北部,是中国位置最北、纬度最高的省份。北部和东部隔黑龙江、乌苏里江与俄罗斯相望,西部与内蒙古自治区毗邻,南部与吉林省接壤。全省土地面积 45.4 万平方千米。

黑龙江省旅游资源特色鲜明,冰雪资源堪称全国之最,滑雪期长达 120～140 天,雪质好、降雪多,山区降雪可达 100～300 厘米,山体坡度适中,适于建大型滑雪场的地方有 100 多处。林地面积 19 万平方公里,森林覆盖率 41.9%,绝大多数为天然林,是开展森林旅游的好地方。全省江河纵横,水资源居北方各省之首,黑龙江、松花江、乌苏里江、嫩江和绥芬河五大水系,镜泊湖、五大连池等江河湖泊气势宏大。丰富多彩的人文资源别具一格,民俗、民情浓郁,少数民族历史源远流长,唐代渤海国、金上京会宁府、龙泉府遗址保存完好。围绕黑龙江、乌苏里江两大界河开展的对俄边境和跨国旅游是该省重要旅游产品,哈尔滨、大庆、伊春等一批城市都具有浓郁的北疆都市特色,秀美山川、森林草原、湿地、江河湖泊提供了开展生态旅游的资源基础。此外,还有东北虎园、丹顶鹤栖息地、北极光、火山口森林以及大厂矿、大农业、大油田等工、农业旅游资源,这些都是发展特色旅游的物质基础。全省已建自然保护区84处(其中国家级7处,省级17处),总面积230万公顷,占全省面积的5.05%。

黑龙江省距离北京较近,有着得天独厚的资源优势、区位优势和人脉优势。北京人非常熟悉黑龙江冰雪旅游,形成了非常好的市场基础。为了抓住机遇再度唱响黑龙江夏季旅游,让北京成为冬夏旅游的重要客源地,黑龙江省旅游局在2007年初专门研究部署了针对北京市场的宣传促销,确定了继续保持冬季旅游优势、加快开拓夏季旅游市场的总体原则。围绕"黑龙江清凉世界,养生度假天堂"的旅游地形象定位,以感情为纽带,突出区位和产品优势,提出"黑龙江——北京清凉的后花园"的宣传口号,分别从旅游身心体验优势、旅游产品品质优势、旅游社会经济优势等角度出发,提出了"黑龙江——悠远、清凉、自由、奔放的旅游胜地"、"黑龙江——天然氧吧,绿色佳园,清凉世界,养生天堂"、"沐浴龙江山风水韵,感受天人合一神怡境界"等若干令北京人眼睛为之一亮的黑龙江旅游形象宣传口号,通过媒体宣传、活动广告、电视播放、现场推介等方式,全方位推介给北京市民,让北京市民全面深入领略黑龙江夏季旅游的新形象、新风采。

【问题启示】 旅游地形象定位与旅游地形象宣传口号之间有怎样的关系?

3.3.5 旅游地形象LOGO设计

1. LOGO与LOGO设计

LOGO,即标识、商标或标识语,指易于辨认且清晰明了的名字、标志或商标,包括文字、图形、字母、数字、三维标志和颜色组合,以及上述要素的组合。不同于古代的印记,LOGO是现代经济的产物,并承载着企业的无形资产,是企业综合信息传递的媒介。在企业形象传递过程中,它是应用最广泛、出现频率最高,同时也是最关键的元素。LOGO作为企业形象识别系统(Corporate Identity System, CIS)战略的最主要部分,企业强大的整体实力、完善的管理机制、优质的产品和服务,都被涵盖于LOGO中,通过不断的刺激和反复刻画,深深地留在受众心中(见图3-6)。

LOGO设计就是将具体的事物、事件、场景和抽象的精神、理念、方向通过特殊的图形固定下来,使人们在看到LOGO标志的同时,自然地产生联想,从而对企业产生认同。LOGO与企业的经营紧密相关,是企业日常经营活动、广告宣传、文化建设、对外交流必不可少的元素,随着企业的成长,其价值也不断增长。曾有人断言:"即使一把火把可口可乐的所有资产烧光,可口可乐凭着其商标,就能重新起来"。具有长远眼光的企业,十分了解 LOGO 的作用,重视 LOGO 设计。在企业建立初期,优秀的设计无疑是日后无形资产积累的重要载体,如果没有能客观反映企业精神、产业特点、造型科学优美的标志,等企业发展起来以后再作变化调整,将给企业带来不必要的浪费和损失。例如,中国银行进行标志变更后,仅在全国范围内拆除更换的户外广告,就造成了 2 000 万元的费用。

图 3-6　部分旅游地或旅游企业 LOGO 设计

2. 旅游地形象 LOGO 设计

旅游地形象 LOGO,也称旅游地视觉识别(Tourism Visible Identity,TVI)。旅游地形象 LOGO 设计,就是将旅游地具体的景象、节庆、风俗和抽象的体验、意境通过特殊的标识固定下来,使人们在看到 LOGO 的同时,自然地产生联想,从而对旅游地产生兴趣,甚至萌发旅游的动机。统一的旅游地 LOGO 设计有利于旅游地品牌的传播。旅游地形象 LOGO 设计主要包括标准字、标准色、旅游地形象象征图形三个方面的内容。

(1) 标准字

标准字就是规定好的字体,为的是保证一个旅游地对外的形象统一,在任何地方都使用这种字体。标准字种类繁多,运用广泛,也是旅游地形象 LOGO 设计的基本要素之一。作为一种视觉符号,标准字也能表达丰富的内容。无论是含意韵味丰富的拉丁字母各种字形,还是风格多样、变化无穷的汉字书法或美术字,在标准字的设计中都要求精细独特,在线条粗细、笔画搭配、字距宽窄、造型均衡等方面有周密的安排,使之具有美感和平衡。旅游地形象 LOGO 标准字的内容大多为旅游地形象的宣传口号。

(2) 标准色

标准色就是代表旅游地的颜色,以后无论应用于哪个方面,都是这几种颜色。标准色设计尽可能单纯、明快,以最少的色彩表现最多的含意,达到精确快速地传达旅游地信息的目的。同时,标准色设计也应体现旅游地的特性和适合旅游消费者的心理。比如,以自然生态旅游为主的旅游地形象 LOGO 的标准色宜用绿色,而以激情活动为主的旅游地形象 LOGO 的标准色宜用红色等。

(3) 旅游地形象象征图形

旅游地形象象征图形,是指如实地将旅游地最富魅力的旅游吸引物直接呈现给旅游者或者借助实地旅游者的体验间接向旅游消费者展现旅游地吸引力的图形。旅游地形象LOGO象征图形设计的表现手法主要包括直接展示法、间接表现法和抽象表达法三种。

① 直接展示法。这是一种最常见的运用十分广泛的表现手法。它将旅游地某一个或几个独具性的景象作为LOGO的象征图形,如实地将旅游地最富魅力的旅游吸引物直接呈现给旅游者,使旅游消费者对该旅游地产生一种神往的感觉。它要求抓住和强调旅游地与众不同的特征,并把它鲜明地表现出来,将这些特征置于LOGO的主要视觉部位或加以烘托处理,使观众在接触LOGO的瞬间即很快感受到这些特征,对其产生注意和发生视觉兴趣。那些具有绝对垄断性资源的旅游地适于采用这种表现方法,如"山水经典,诗画之源"的湖南张家界的旅游地形象LOGO(见图3-7a)。

② 间接表现法。间接表现法是比较内在的表现手法,即LOGO的象征图形上不出现旅游地的任何景和物,而是借助于其他有关事物来表现该旅游地带给旅游者的欢乐,如旅游者的感受。这种表现手法往往将实地旅游者的体验、感受、表情等略加夸张,作为LOGO的象征图形,用于展示该旅游地的魅力,如以徐静蕾为形象大使的斯里兰卡的旅游地形象LOGO(见图3-7b)。这种表现手法更多的适用于那些以节事活动、主题游乐为主要吸引物的旅游地。

③ 抽象表达法。运用抽象表达法设计的旅游地LOGO象征图形,往往来源于自然形态并经过提炼得到。通过把形态的"神"紧紧抓住并加以强调,舍弃具象的"形",抽象是对具体形象的高度概括与升华,抽象的形象更集中,且富有启发性,如广东佛山的旅游地形象LOGO(见图3-7c)。

(a)直接展示法　　　(b)间接展示法　　　(c)抽象展示法

图3-7　旅游地形象象征图形设计

3.3.6　旅游地形象的传播策略

旅游地的发展必须着眼于对潜在旅游者实施有效的促销和引导,并向旅游目标市场提供长期、有效、有吸引力的旅游感知形象,以诱发旅游者的出游动机、增强旅游者的购买信心、缩短旅游者的旅游决策时间。向旅游目标市场提供旅游感知形象的过程,实际上是旅游地形象的传播过程,成功有效的传播需要切实可行的传播策略,常用的策略有形象广告、公关宣传、网络宣传、节事推销等。

1. 形象广告

广告是一种高度大众化的信息传递方式,传播面积广、效率高、速度快。因此,通过广播、电视、报纸、书刊等传媒进行宣传,是目前旅游地树立和强化旅游形象的首要途径。要利用好报纸电视的专题报道、专题片的宣传效应,充分利用画册、明信片、挂历、邮票、宣传材料的传播效应,通过组织报纸或电视采访、影视剧的拍摄、有关书籍的出版、户外广告的展示和宣传资料的分发来促进旅游地形象的有效传播。

2. 公关宣传

公共关系是一种促进与公众建立良好关系的方式,其影响面广、影响力大,有利于迅速塑造并传播良好的旅游地形象。因此,要积极参加、组织各种与旅游有关的展览会、交流会、研讨会、演出会、招商引资会、新闻发布会等形式的公关活动,邀请专家学者、旅游企业的管理人员、著名作家、有广泛影响的新闻媒介的记者前来旅游地旅游参观,以扩大旅游地的知名度。

3. 网络宣传

网络宣传是目前传播信息和文化交流最有效、最便捷的手段之一,网络能把旅游地形象信息丰富、翔实、图文声像并茂地传播开来,因此,越来越多的旅游地和企业开始使用电脑建立和传播自己的旅游形象和旅游服务信息。网络是不容忽视的旅游信息传播手段。在采用此手段时,旅游地要建立自己的主页,并力争进入各主要网络搜索引擎,与热门站点建立友情链接,利用电子邮件发送传播能树立旅游形象的电子宣传品。

4. 节事推销

节事活动一般来说活动范围大,内容多,旅游者的参与面广。因此,在旅游地形象的塑造和传播中,节事可以达到其他策略难以达到的效果。如,悉尼的"绿色奥运会"为悉尼乃至澳大利亚塑造了可持续发展的积极形象。澳大利亚旅游委员会认为,悉尼奥运会使澳大利亚的形象塑造向前推进了 10 年。

3.4 旅游地形象策划实训

实训目的

本实训旨在考查学生对本章所学内容的理解和掌握情况,培养学生旅游地形象策划的技能。

实训要求

请同学们根据所提供的材料,按照已经列出的提纲,完成目标旅游地旅游形象的策划过程。同学们也可另选目标旅游地作为实训对象,另列提纲,但内容需涵盖提纲给出的内容。

实训背景材料

天台县位于浙江省东中部,东连宁海、三门,西接磐安,南临仙居、临海,北界新昌,地处北纬 28°57′02″～29°20′39″,东经 120°41′24″～121°15′46″。东西长 54.7 千米,南北宽 33.5 千米,总面积 1 420.7 千米^2。全县拥有人口 55.663 1 万,整个行政区域下辖赤城、始丰、福溪 3 个街道,白鹤、石梁、街头、平桥、坦头、三合、洪畴 7 个镇,三州、龙溪、雷峰、南屏、泳溪 5 个乡,包括汉、蒙、回、苗、壮、满、侗、傣、畲、布依、朝鲜等 11 个民族。

天台县几乎所有的旅游资源都被纳入到驰名中外的国家级风景名胜区天台山,天台山以佛教天台宗发祥地和济公活佛的故乡而著称于世。天台山集诸山之美,其最大的特点是古、幽、青、奇。明代大旅行家徐霞客足迹遍天下,三上天台山,并将《游天台山日记》赫然标于《徐霞客游记》篇首。

天台山的自然景观得天独厚,人文景观悠久灿烂。这里既有汉末高道葛玄炼丹的"仙山"桃溪,碧玉连环的"仙都"琼台,道教"南宗"圣地桐柏,天下第六洞天玉京;又有佛教"五百罗汉道场"石梁方广寺,隋代古刹国清寺,唐代诗僧寒山子隐居地寒石山,宋禅宗"五山十刹"之一万年寺和全国重点寺院高明寺;还有那画不尽的奇石、幽洞、飞瀑、清泉,说不完的古木、名花、珍禽、异兽,因而获得"佛宗道源,山水神秀"的美称。

天台山共分为 13 个景区:国清景区、赤城景区、佛陇景区、石梁—铜壶景区、华顶景区、百丈—琼台景区、桐坑溪—万年寺景区、桃源景区、清溪景区、开岩—紫凝景区、寒山湖景区、明寒岩景区和九遮山景区。各景天然成趣,别具一格,各擅其胜,美不胜收。其中尤以石梁飞瀑、华顶归云等景致为最。

石梁飞瀑是自然界的一大杰作。丛山苍翠中,一石横空,双涧争流,急流从梁下四十多米高的峭壁上呼啸而下,色如霜雪,势若奔雷,极尽雄伟奇丽之致。华顶是天台山脉的主峰,仨立山顶,四顾峰峦,层层围裹,状如含苞欲放之荷花。峰顶四周常有云涛翻腾,白云苍狗,变幻莫测,置身其中,恍若仙境。华顶现辟为国家森林公园,是浙东南地区著名的夏季避暑胜地。坐落在天台山麓的规模宏大的国清寺,被认为是天台宗的祖寺。而天台山的胜迹,也主要集中于国清寺附近,称为"国清风景区"。除此之外,天台山还有许多很有魅力的景点,如九遮秀谷,一步一景,移步换形,青山遮不住,毕竟景色秀。又如寒山湖,地处交通要冲,衔接浙东、浙中,西可达金华、兰溪、衢州,东可达宁波、奉化、台州、雁荡。高峡平湖,碧树千山,银波万顷,不亲临不知其幽,不目睹不知其秀。

  调查显示,来自台州的本地游客是目前天台山份额最大的客源市场,占33.2%。其后依次是杭州、宁波、上海和苏南城市,共占天台山游客总量的46.7%。加上台州本地市场份额,长三角地区游客累积占79.9%。近八成游客集中在长三角地区,但也有少量北京、江西等地游客,说明天台山旅游的吸引力范围主要是长三角区域,但在远距离市场也有少量客源。到访天台山的游客中,仅有9.6%的团队游客。非团队游客中,家庭出游的比例占41.2%,与朋友出游的游客占34.7%,单位组织出游的占14.5%。

实训过程

天台县旅游形象策划

1. 总体概况
  1.1 社会经济发展分析
  1.2 旅游资源特色分析
  1.3 区域竞争情况分析
  1.4 天台县旅游形象的推广回顾
2. 天台县旅游形象的调查
  2.1 问卷设计
  2.1 调查实施
3. 调查结果分析与评价
  3.1 被调查游客基本情况
    3.1.1 游客构成
    3.1.2 性别构成
    3.1.3 年龄构成
    3.1.4 职业分布
    3.1.5 学历构成
  3.2 游客行为特征
    3.2.1 旅游目的
    3.2.2 旅游方式
    3.2.3 旅游频率
    3.2.4 信息渠道
  3.3 游客对天台县旅游形象的认知
  3.4 游客对天台县旅游形象的感知
  3.5 游客对天台县形象代表物的联想
  3.6 游客对天台县旅游形象的总体评价

4. 天台县旅游形象认知差异及问题分析
5. 天台县旅游形象策划
   5.1 天台县旅游形象的重新定位
   5.2 天台县旅游形象宣传口号设计
   5.3 天台县旅游形象LOGO设计
   5.4 天台县旅游形象推广新思路

本章小结

所谓形象,乃形状相貌之意,这种形状相貌往往能够引起人的思想或感情活动。旅游地最能吸引旅游者并激发其旅游动机的信息的组合和抽象概括,即为旅游地形象。

旅游地形象认知的首要因素是来自于旅游地属于地理空间这一认知客体的属性,旅游地的空间认知因素是其最不可替代的因素,是旅游地形象策划和传播推广的基础。旅游者对旅游地的空间认知,首先是旅游者对旅游地所处位置的认知,其次才会认知它是一处什么样的旅游地,有些什么样的旅游吸引物,是否就是旅游者心目中理想的旅游地。旅游者对旅游地形象空间的认知具有等级层次、距离衰减、地域分异的特点。同时,旅游者对旅游地形象的认知还具有一定的时间性,主要表现为阶段性、周期性和季节波动性。

如果在一定的区域内分布着若干旅游地(景区),其中旅游资源级别高、开发早、形象特色突出或产品品牌效应大或者市场竞争力强的旅游地(景区),在旅游形象方面也会更突出,从而对其他旅游地形成遮蔽。由于旅游地与被遮蔽旅游地在资源、区位、开发时间等方面的不同关系,形成了旅游地形象遮蔽的不同形式,主要包括生不逢地型、以大欺小型、先入为主型三种情况。

旅游地形象策划就是在旅游地吸引力要素和旅游市场分析的基础上,通过创造性思维,形成能够吸引旅游者并激发其旅游动机的旅游地独特的形象定位和形象识别的过程。旅游地形象策划的主要任务是:在对旅游地知名度、美誉度、认可度、形象构成要素、信息获取渠道等调查的基础上,对旅游地现状形象的效果和旅游地的核心吸引要素进行诊断,据此对旅游地形象进行定位,并设计出具有震撼力的形象宣传口号和富有视觉冲击力的形象LOGO,制定新颖独特的手段将其有效传播出去。

课后思考

1. 如何处理旅游地形象策划过程中的形象"替代效应"?

2. 如何克服旅游地形象遮蔽问题？
3. 简述网络营销对旅游地形象传播的作用。
4. 简述城市形象与城市旅游形象的关系。
5. 影响旅游地形象塑造的因素有哪些？

网络资料链接

1. http://www.mingya.net/ch/（铭雅国际旅游策划网）
2. http://www.color7.cn/（全彩形象咨询网）
3. http://www.edgecis.com/（上海边缘国际策划网）

推荐阅读材料

［1］秦启文. 形象学导论. 北京：社会科学文献出版社，2004
［2］李蕾蕾. 旅游地形象策划：理论与实务. 广州：广东旅游出版社，1999
［3］杨振之. 旅游原创策划. 成都：四川大学出版社，2005

第4章 旅游产品策划

本章导读 >>

产品是任何一个消费市场、任何一个产业发展的基础,旅游产品更是旅游业与旅游者发生联系的根本性纽带。对于旅游者来说,好的旅游产品必须满足其旅游需求,使其获得难忘的旅游体验;对于旅游企业而言,旅游产品更是企业一切经营管理活动的起点和中心,企业正是通过策划、生产、销售能满足旅游者需求的旅游产品,来获得生存和发展所必需的收益。那么,什么样的旅游产品才能满足旅游者需要?如何才能策划出满足旅游者需求的旅游产品?通过学习本章你将能够掌握:

1. 定义什么是旅游产品;
2. 区分旅游产品的三个层次;
3. 掌握旅游产品的特性,以及这些特性给旅游产品策划提出的特殊要求;
4. 根据策划的需要,选取合适的旅游产品分类方式;
5. 了解竞争力理论和产品生命周期理论及其在旅游产品策划中的应用;
6. 掌握旅游产品策划过程中的关键环节;
7. 分析每一个关键环节中开展策划的着手点;
8. 通过案例分析,评价优秀旅游产品的成功之道;
9. 通过实训练习,掌握旅游产品策划的内容与方法。

4.1 旅游产品

要做好旅游产品策划,当然要了解好的旅游产品应该是什么样的,这是策划的目标。要明确这一目标,首先要了解何谓旅游产品,它分为哪些层次和类型,具有什么特点,这些特点对产品策划提出了什么样的要求。

4.1.1 旅游产品

产业必须生产产品、服务或产品和服务的组合。产品,是开发、制造、种植或提炼出来的某种物品,其目的是供购买者消费或使用。例如,一台电脑、一辆汽车或一盒点心都是产品。服务,是使某人受益的一项活动或行为。例如,我们因为感冒看医生,我们就是在购买服务。

很多产业要么生产产品,要么生产服务。但旅游业比较特殊,同时生产产品和服务。当旅游者向旅行社购买包价旅游产品时,他们不仅购买了景区、饭店、餐馆、航班等的暂时使用权,他们也同时购买了许多服务——旅行社为他们制定游览线路、安排宾馆和交通,沿途为他们提供帮助等,事实上,旅游者决定向旅行社购买包价旅游产品,而不是选择自助游,目的就是为了得到这些服务。

我们可以从两个角度理解旅游产品的概念。

从旅游者的角度看,旅游产品是指旅游者为了获得物质与精神上的满足和实现旅游过程,支付一定的货币购买的有形的物质产品和无形的服务。

从旅游供给的角度看,旅游产品是指能够提供给客源市场并引起人们的注意、获取、使用或消费,以满足人们的旅游欲望或需要的任何东西。它包括各种有形物品、设施设备、地点、服务、组织和想法。

无论从哪个角度看,旅游产品都既包括旅游资源和设施,也包括各种服务。资源、设施和服务的组合共同构成了旅游产品。因此,旅游产品的策划既包括了通常作为核心旅游吸引物的旅游资源的开发策划,也包括让旅游者充分体验旅游资源魅力的配套设施设备的策划,当然还包括贯穿于旅游活动始终、构成旅游体验重要部分的旅游服务的策划。

4.1.2 旅游产品的层次构成

旅游产品包括资源、设施和服务这三项构成要素,那么,旅游者真正需要的是不是这三项要素的组合呢?这需要我们从四个层次上研究旅游产品:核心性产品(Core Product)、配置性产品(Facilitating Product)、支持性产品(Supporting Product)和扩展性产品(Augmented Product)(见图4-1)。

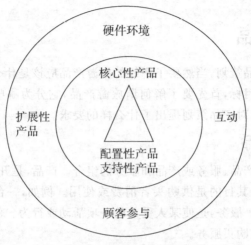

图 4-1　产品的层次构成

1. 核心性产品

旅游者真正需要的是什么？这就是旅游产品最基本的层次——核心性产品。正像所有成功的牛排馆都深谙的经营之道："别卖牛排，卖呲呲声"。对于旅游而言，旅游者真正需要的不是美妙的景观，也不是舒适的服务，而是因美妙景观而产生的审美愉悦，是由舒适的服务而感受到的轻松惬意。产品策划必须能够识别旅游产品给旅游者带来的核心利益。

但是，如果没有美妙的景观和恰到好处的服务，旅游者的审美愉悦从何而来？旅游产品的核心利益必须依托有形的旅游资源才能得以外显，这个资源叫做旅游吸引物。旅游吸引物是指一切能够对旅游者产生吸引力的旅游资源及各种条件，它是旅游者选择旅游目的地的决定性因素，也是一个区域能否进行旅游开发的先决条件和构成旅游产品的基本要素。旅游吸引物可能是物质实体，如名山大川、文物古迹；也可能是某个事件，如蒙古族的那达慕大会；还可能是一种自然或社会现象，如黄山云海。旅游吸引物的区位、数量和质量等因素的综合很大程度上决定了旅游产品的市场规模。

2. 配置性产品

配置性产品是那些在旅游者使用核心性产品时必须提供的物品或服务，没有配置性产品，旅游者就无法消费核心性产品或者旅游体验会大受干扰。例如，一个游乐场必须配备足量的清洁工、厕所、售货点、餐饮店和广播站等配套设施，而一个生态旅游区只需要清晰的道路标识、安全的营地和及时的救援服务。在策划产品时，除了需要了解目标市场对产品核心利益的期望，还需要了解他们对配置性产品的要求。

3. 支持性产品

支持性产品是针对核心性产品所追加的代表额外利益的产品,它起到与竞争产品相区别的作用。一项旅游产品一定包含有核心性产品和配置性产品,这样才能使旅游者充分体验其核心利益,但旅游产品并不都包含支持性产品。例如,豪华商务饭店中在某些楼层设入住登记和结账台,以加快为商务客人办理入住和结账手续的速度,这就是一项支持性产品,它可以帮助饭店招徕客人。

配置性产品和支持性产品的界限并不总是很清楚,对不同的目标市场,在不同的产品竞争中,它们可以相互转化。例如,在宽带网络刚刚进入办公场所和家庭时,饭店客房提供宽带上网服务是一项支持性产品,它可以吸引更多需要方便上网的商务人士,饭店提供这项服务就是为了支持作为核心性产品的客房。今天,当大多数高档商务饭店都提供此项服务时,商务客人认为这个档次的商务饭店必须配置这项服务,导致支持性产品转化为配置性产品。

理想的产品策划必须为核心性产品设计具有竞争优势,并且不容易被竞争对手复制的支持性产品。同样重要的是,还应该有专业的水准保证这些支持性产品的质量。提供非专业性的支持性产品,有可能导致画蛇添足、弊大于利。例如,一些提供客房送餐服务的中档饭店,根本不具备客房送餐的基本条件,没有足够宽敞的地方置放服务餐车,没有一位协调员来接电话和开票,也没有单独的客房送餐服务人员,必要的设备和人员都是在接受客房订餐的那一刻临时抽调的,结果可能是灾难性的。接电话的人没有接受过专门训练,不知道该问些什么问题:比如,牛排应该做得老一些还是嫩一些,客人喜欢哪种程度的辣味,需要配置些什么样的餐具,等等。临时找来的送餐人员可能是门童、餐厅服务员、客房服务员等,由于没有接受过专门的训练,他们很可能丢三落四。更常见的是,客人用餐完毕后,便将托盘堆放在房间里,甚至过道里,直到第二天早晨客房服务员打扫卫生时才把它们收走。

要确保支持性产品发挥竞争优势,就必须周密计划并实施到位,它们必须满足甚至超过顾客的期望,才能收到积极的效果,真正履行支持性产品在产品整体中的功能——提供更多的竞争优势。

4. 扩展性产品

扩展性产品包括可进入性、氛围、旅游者与服务人员的互动、旅游者参与,以及旅游者之间的互动等可以强化旅游体验的因素。产品策划应尽力强化扩展性产品的功能,但有很多因素不受企业的直接控制,有时甚至是计划外的产品内容,例如,旅游团队中两位一见如故的旅游者,因为意外获得了友谊,而对此次旅游有深刻的印象和美好的回忆。

从策划的角度看,核心性产品提供了产品策划的焦点,它是产品存在的基础;

配置性产品是将产品核心价值转移给旅游者所必不可少的;支持性产品是竞争市场中使产品保持竞争优势的重要内容。根据营销专家克里斯蒂·克劳恩鲁斯的说法,核心性产品、配置性产品和支持性产品决定了旅游者能得到什么,但不能决定旅游者怎样得到它们,而扩展性产品将提供什么与如何提供联系到了一起。

4.1.3 旅游产品的类型

旅游产品是一个以旅游者需求为中心的整体概念,旅游是一种综合性的活动,一般来讲,包括吃、住、行、游、购、娱六个组成要素。需求不同,对旅游产品的功能要求不同,对六要素的组合要求不同,于是形成了不同类型的旅游产品。

1. 旅游产品的功能分类

按照产品功能,旅游产品可划分为观光旅游产品、度假旅游产品、文化旅游产品、商务旅游产品和宗教旅游产品。

(1) 观光旅游产品

观光旅游产品是指旅游者以观赏和游览自然风光、名胜古迹、城市风光等为目的的最基本的旅游产品,它构成了世界旅游产品的主要部分。通过观光旅游可获得美的享受,愉悦身心,有利健康。观光旅游产品又可分为传统观光旅游产品和新兴观光旅游产品两种,前者主要有自然风光、城市风光、名胜古迹等,后者主要包括国家公园、主题公园、野生动物园、海洋观光、城市观光等。

(2) 度假旅游产品

度假旅游产品指旅游者利用假期进行休养、消遣和娱乐的旅游产品。强调休闲和消遣,可以消除紧张与疲劳,调节身心健康。要求度假旅游地自然景色优美、气候温和宜人、住宿设施令人满意、娱乐设施齐全完善、餐饮富有特色、交通便捷、通讯便利等。度假旅游有海滨度假、乡村度假、森林度假、野营度假、滑雪度假、高尔夫度假、游艇度假等众多种类,已成为国内外深受旅游者欢迎的旅游产品。

(3) 文化旅游产品

文化旅游产品指以旅游者了解异国他乡文化为目的的旅游产品,通常蕴涵着较为深刻而丰富的文化内涵,旅游者一般都具有相当高的文化素养、造诣和特殊的兴趣。文化旅游可使旅游者对异国他乡的文化艺术、风土人情、生活方式进行比较全面的了解,以扩大视野、丰富知识。产品种类繁多,主要有民俗旅游、艺术欣赏旅游、博物馆旅游、怀旧旅游、修学考察旅游等。

(4) 商务旅游产品

商务旅游产品指满足人们经营洽谈、商务活动或交流信息等需要的旅游产品类型。它强调旅游设施和服务的舒适、便捷和档次,活动计划性强。包括参加会议、奖励旅游、大型商业性活动、公务出差等众多类型。商务旅游产品是传统性比较强的产品类型,但随着现代旅游经济的发展,商务旅游越来越频繁,商务旅游设施和服务也迅速向现代化发展。目前,商务旅游在现代旅游产品结构中占有重要地位。

(5) 宗教旅游产品

宗教旅游产品指旅游者以朝圣、拜佛、求法、取经或宗教考察为目的的旅游产品类型。满足精神需要为其首要目的,旅游服务和设施要尊重宗教教义,各种活动也与宗教密切相关。主要包括宗教观光旅游、宗教文化体验等类型。

2. 旅游产品的组成要素分类

旅游产品是一种综合性产品,由饭店、餐馆、景区、旅游交通企业等生产的单项产品组合而成。旅游者在根据自己的需要购买旅游产品时,既可以选购整体旅游产品,也可以购买组合产品中的不同的单项产品。按照综合性旅游产品的组成要素,可将旅游产品分为餐饮产品、住宿产品、交通产品、游览产品、购物产品和娱乐产品六类。

(1) 旅游餐饮产品

旅游餐饮产品有两个层次的功能,首先是为了满足旅途中的基本生理需要,更进一步地还包含着品尝异国他乡的风味美食,体验不同地区、不同民族的饮食文化差异的需要。中国人自古认为"民以食为天",饮食文化历史悠久、源远流长,民众基础深厚。在策划餐饮产品时,应当注重地方特色饮食文化的开发,使其对旅游者产生文化吸引力,实现第二个层次的功能。

(2) 旅游住宿产品

旅游住宿产品主要是为了满足旅游者休养身心、恢复体力等基本生理需要。但在现代旅游活动中,住宿设施在满足旅游者基本生理需要之外,还设有购物、康体、娱乐等丰富多样的服务项目,以满足旅游者精神享受的需要。特别是在度假旅游中,度假饭店通常是旅游者活动的中心点,它通常向旅游者提供多种选择的综合性旅游产品。一些著名的度假饭店本身就是一个独立的旅游吸引物。

住宿设施的多少和服务质量的高低,往往成为评价一个国家或地区旅游接待能力的重要指标。旅游需要的多层次性决定了旅游住宿设施也是种类多样的。就使用特点而言,旅游住宿设施分为汽车旅馆、商务饭店、会议饭店、度假饭店、公寓式饭店等;按质量等级分,我国有从一星级饭店到五星级饭店五个档次,它们有严格的星级质量标准,不同星级的饭店所提供的服务项目也存在较大的差异。

延伸阅读

位于印度尼西亚巴厘杜阿岛的巴厘凯悦大饭店,被商务旅游杂志誉为"世界最佳度假酒店"。它以巴厘传统风格建筑、丰富的娱乐活动和大会议中心闻名全世界。

度假饭店的建筑仿照巴厘村庄的模式，组成了4个带有各自主题和庭院的分散的建筑群，一条条清静明亮、景色优美的小路将这4个建筑群与水上宫殿般的主楼正厅连接起来。遍布这里的瀑布、池塘、环礁湖及荷花池更增添了水上宫殿的特色。民族特色餐馆、巴厘大街市场、精品时装屋、戏院、印度寺院、零售画廊、文化中心、工艺品制作示范、巴厘风俗表演及特色展品等各种娱乐设施和活动遍布在度假饭店27.1公顷的土地上，让游客沉浸在永恒的巴厘传统气氛中。

(3) 旅游交通产品

旅游交通产品为旅游者提供由常驻地到旅游目的地的往返服务及在旅游区内往返的服务，其核心功能是帮助旅游者实现空间位移。旅游者购买旅游交通产品，是购买了从一地安全地到达另一地的交通服务，而不是交通工具本身，旅游交通部门在旅途过程中为旅游者提供的特殊体验也构成了交通服务产品的一部分。一个国家或地区的旅游交通产品越丰富越优良，就越有利于旅游业的发展。

(4) 旅游游览产品

旅游游览产品主要指旅游吸引物。游览观光是旅游活动的核心内容和主要目的，游览观光的对象就是各种景区景点，即旅游吸引物。旅游资源是旅游吸引物的基础条件，一个国家或地区的旅游业兴旺与否，一方面取决于它客观上拥有旅游资源的丰富程度，另一方面还取决于它在主观上开发、利用和保护这些旅游资源的程度和合理性。旅游者的兴趣爱好多种多样，其旅游动机也各不相同，单一的旅游资源、单调的游览产品难以满足旅游者的多种需要，因此，进行多元化旅游资源开发和旅游景点建设是一种趋势，这主要表现在两个方面：一是强调自然资源、人文资源的综合开发；二是强调相关互补的旅游景点组合。

(5) 旅游购物产品

旅游购物产品指旅游者在旅游活动中所购买的对旅游者具有实用性、纪念性、礼品性的各种物质形态的商品，也称为旅游商品。旅游者到达旅游目的地后大都要购买一些旅游纪念品、工艺美术品、土特产品及生活用品。这些商品大部分在旅游结束后留作纪念、欣赏或使用，或作为馈赠亲友的礼品，具有某种纪念意义。旅游购物产品在某种意义上是旅游活动的延伸。在吃、住、行、游、购、娱等旅游收入中，前四项收入是"有限"消费，而旅游购物产品是"无限"消费。只要旅游者喜欢，他的购物消费是没有上限的。从这点看，旅游购物产品可挖掘的经济效益潜力巨大。因而世界上旅游业发达的国家和地区都十分重视发展旅游购物，鼓励旅游者在短暂的旅游期间购买本国或本地区的产品，以增加整体的经济效益。

(6) 旅游娱乐产品

旅游娱乐产品指满足旅游者在旅游活动过程中娱乐需要的产品。旅游者在旅途中，特别是晚间，需要通过娱乐来放松精神，加深旅游者之间的交流。因此，旅游娱乐产品成为大多数旅游者的一种基本需要。娱乐产品的多样化、新颖化、趣味化和知识化,可以充实旅游产品的内涵,从而更广泛地吸引具有各种爱好的旅游者,为旅游目的地增加旅游效益。

4.1.4 旅游产品的特点

与大多数产业的产品相比,旅游产品具有几个明显不同的特性。这些特性使得旅游产品的策划也具有与其他产品策划所不同的侧重点。

1. 无形性

大多数产业的产品是有形的。它们看得见,摸得着,有时还能被闻到,被品尝。有形产品有重量,占有空间。一辆汽车、一双鞋、一盒牛奶都是有形产品。而旅游产品是无形的,它们看不见、摸不着。旅游产品包括乘坐飞机飞行、乘游船观光、夜间住酒店、参观艺术博物馆、观赏名山大川、在俱乐部娱乐休闲等体验,这些体验一旦产生,就只能保存在旅游者的记忆里。旅游者热衷于在旅游过程中拍照留念,就是为了使这份体验有一个物质的载体,日后可以与人分享,勾起回忆。

虽然飞机的舱位、饭店的床位、餐厅的餐位和食物等都是有形的物体,但它们是用来辅助创造旅游体验的,它们决不是旅游者所追求的目标。旅游者希望从旅游中得到的是由旅游体验所带来的无形收益:快乐、放松、方便、兴奋等。在旅游中购买有形产品只是为旅游者得到他们所追求的无形体验提供一条通道而已。

无形性要求旅游产品的策划必须重视产品的核心利益,而且要用有效的方式尽量将其效用和优点形象地展示出来。同时,还必须认识到,同样的旅游产品对于不同的旅游者产生的体验可能是不同的。例如,商务旅游者把入住饭店看做完成工作任务的必要组成部分,而休闲度假者把它看做是逃离日常生活环境的一次体验。

2. 生产和消费的同时性

大多数旅游产品是在相同的地方同时生产和消费的。当飞机飞行时,乘客正同时消费飞行旅游产品;当饭店客房租给客人过夜时,客人就同时使用了饭店客房这个旅游产品;当景点导游讲解时,游客也正在消费这一景区产品。这些旅游者参与到了同时生产和消费的环节之中。旅游产品生产和消费的同时性促使旅游企业和旅游者之间相互依赖,彼此之间的互动关系塑造出旅游体验。

这一特性使得旅游产品的质量很难严格控制,产品生产过程很难完全实现标准化管理。因为,不同旅游者的需求、偏好、个性各不相同,使每位旅游者都满意的旅游产品不可能是同一个质量标准的。所以,在当前旅游需求个性化的发展趋势下,旅游企业和服务人员需要针对不同的需求提供不同的个性化产品,以提高顾客满意度。为了保证旅游产品能获得一个稳定的顾客满意度,旅游产品策划将面临更高的质量要求和更加灵活的质量监控技术。

3. 不可储存性

生产和消费的同时性使旅游产品不存在独立的生产过程,由此具有另一个重要的特性——不可储存性。只有当旅游者购买并消费时,旅游资源、设施与服务相结合的旅游产品才得以存在。有形产品有一个相当长的保存期限,在这期间它们能够被销售,旅游产品不可能像有形产品那样能够被不断生产并储存起来,这意味着旅游产品在生产时,就需要考虑怎样同时将其消费掉。饭店每晚都有一定数量的客房供出租,如果晚间还有剩余客房无人入住,则销售这些客房当晚使用权的机会将永远失去,这一产品在这一时间可能带来的利润也随之永远消失了。因此,产品策划时要充分考虑产量相对于旅游者数量的适当弹性。

4. 季节性

许多旅游产品都会受到季节性的影响。季节性是指旅游需求在一年中的不同时间段呈现的波动状态。冬天,居住在东北的人们为了逃避严寒的天气纷纷聚集到阳光明媚、气候适宜的海南岛,那么海南岛的旅游产品如饭店客房的需求就会大幅上升;夏天,东北人则呆在自己家乡享受凉爽的气候,对海南岛的旅游产品的需求就会下降。

虽然季节性常常是指旅游产品受气候影响的结果,但它也涉及一个国家或地区休假制度的影响。我国每年共有115天法定节假日,其中包括春节、国庆节两个各为期一周的黄金周假期,以及元旦、清明节、劳动节、端午节、中秋节五个为期三天的小长假,平常忙碌工作和学习的人们往往选择在这一时段集中出游,给旅游产品的供给带来较大的压力。

旅游产品策划面临的挑战就是要使产品能在淡季获得收益。为了使产品的需求量保持比较平稳的状态,使旅游企业便于配置设施设备和服务人员,宜在淡季策划一些活动刺激需求。例如,在冬季,北方城市并不因为寒冷的气候而无所作为,他们通过举办冰雕节、滑雪节、狗拉雪橇大赛等活动吸引成千上万的旅游者。

5. 独特性

一些旅游目的地、旅游景区拥有竞争对手无法复制的垄断性资源,比如长城景区、故宫博物院,它们给旅游者带来了其他地方无法提供的独特的旅游体验。虽然标准化的产品和服务确实能吸引一些旅游者,但仍有许多旅游者被非标准化的旅游产品所吸引,比如有着独特风味的乡村旅馆。

旅游产品策划应尽可能地强调产品的独特性,这将有助于潜在旅游者识别产品独特的吸引力和利益,也有助于他们把此类产品从类似产品中清楚地区别开。

6. 同质性

当然,不是所有的旅游企业和旅游地都有幸拥有垄断性资源,大量的旅游产品,尤其是饭店、餐馆产品,具有很高的同质性。各竞争的旅游企业之间、竞争的旅游城市之间提供基本相同的产品。如果饭店客人不看客房内的饭店标识,他可能不知道自己正住在哪家饭店。旅游企业和旅游城市如何使旅游者选择自己的产品而不是竞争对手的产品呢? 为了使旅游产品在市场上取得成功,旅游产品策划必须非常重视同质性问题,关键在于使你的产品与竞争对手的产品有所区别,即使这种区别并不具有实际的意义。

但是,除了旅游资源的垄断性带来的产品差异外,旅游产品的其他差异往往能够被很快地复制,比如优秀的服务、特殊的活动。所以旅游产品策划还需要建立一个长期的、不断更新的旅游项目库,以维持产品的差异性。

7. 互补性

旅游者很少只购买单个旅游产品。即使是旅行社包价旅游的购买者,他们通常也另外购买旅游纪念品、一些特殊项目的门票等。对一个旅游产品的购买会引起一连串的购买行为,例如,到旅游景区的游客很多,则光顾景区附近农家餐馆、购物点的游客也会很多。虽然这些旅游企业的所有权是不同的,但它们的命运紧紧相连。旅游产品之间的这种密切关系就是互补性。

旅游企业和旅游目的地越来越意识到这种互补性在市场竞争中的重要作用,越来越多的旅游产品策划在跨区域、跨企业、跨行业合作的背景下开展,他们联合策划产品,联合进行市场推广。例如,经常入住某品牌连锁饭店的常客,如果得到足够积分,可以免费享受出租车或机票打折待遇;景区与附近农家乐旅游点串连起来,欣赏优美风景和体验农家民俗组合起来,丰富游客的旅游体验,增强产品的竞争力。

4.2 旅游产品策划的理论基础

旅游产品策划虽然远未形成系统的理论,但策划过程涉及不同学科的众多理论,例如竞争力理论、生命周期理论、利益相关者理论、可持续发展理论、门槛理论等,这些重要理论所提供的思考方法在旅游产品策划中起着非常重要的作用,构成了旅游产品策划理论的重要组成部分。其中最为重要的有竞争力理论和产品生命周期理论。

4.2.1 竞争力理论

一般认为,竞争力是指竞争主体在竞争过程中实现竞争目标的能力,如企业获得顾客的能力、占有和控制市场的能力。从经济学的角度而言,竞争力的本质是企业竞争中的比较能力,即比较生产力。

竞争力理论形成的标志是迈克尔·波特所著的《竞争战略》、《竞争优势》和《国家竞争优势》三本书。波特以创造性的思维提出了一系列竞争分析的综合方法和技巧,为理解竞争行为和指导竞争行动提出了较为完整的知识框架。竞争理论的精华主要体现在产业的五种竞争力量、三种基本竞争战略和价值链三个方面。

1. 竞争力理论

(1) 产业的五种竞争力量

迈克尔·波特的竞争力理论提出,一个产业内部的竞争状态取决于五种基本竞争作用力:潜在进入者、替代品的威胁、供方侃价能力和同业竞争者(见图4-2)。这些作用力汇集起来决定着产业的最终利润能力。企业要想在同业内形成战略优势,必须进行准确定位,并根据自己的意愿来影响这五种竞争力。迈克尔·波特认为,企业要获取超过行业平均水平的利润,要从两个方面入手:以比竞争对手更高的价格,或者以比竞争对手更低的成本来实现。

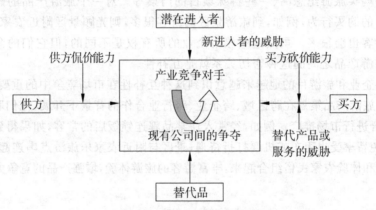

图4-2 驱动产业竞争的力量

(2) 三种基本竞争战略

迈克尔·波特认为,在与五种竞争作用力抗争中,有三种基本战略可能使公司成为同业中的佼佼者:总成本领先战略(Overall Cost Leadership);差异化战略(Differentation);目标集聚战略(Objectives Focus)。总成本领先战略是通过采用一系列针对本战略的具体政策在产业中赢得总成本领先;差异化战略是通过提供差异化的产品或服务,形成一些在全产业范围中具有独特性的东西;目标集聚战略是产品专门针对某个特定的消费者群、某产品系列的一个细分区段或某一个地区市场。三种基本战略之间的区别如图4-3所示。这三个战略实质是使企业与竞争对手产生差异,实现竞争力量的对比。但要理解产业差异的实质,必须把企业看做是各种经营活动组成的价值链。

(3) 价值链

价值链的概念在迈克尔·波特的《竞争优势》一书中首次被提出来。一定水平

图 4-3　三种基本竞争战略

的价值链是企业在一个特定产业内的各种活动的组合。竞争者价值链之间的差异是竞争优势的一个关键来源。迈克尔·波特利用价值链对竞争优势的各种来源进行研究。企业所从事的物质上和技术上的界限分明的活动都是价值活动,可以把企业创造价值的过程分解为一系列互不相同又互相联系的经济活动,或者称之为"增值活动",其总和构成了"企业的价值链"。每一项经营活动就是价值链上的一个环节。迈克尔·波特将价值链分为两大部分:与商品实体的加工流程相关的"基本增值活动"和支持或服务于基本增值活动的"辅助性增值活动"。

迈克尔·波特关于企业竞争优势的思想确实对丰富企业竞争力理论和实践作出了贡献。但同时,该理论也存在许多不足之处。第一,迈克尔·波特过多地从产业角度说明竞争力的来源,而忽略了竞争力的其他来源;第二,迈克尔·波特认为竞争优势来源于成本、差异和集聚,将竞争力归纳为成本和差异化显得过于简单,忽略了政府的竞争者政策和创新机制对企业竞争力的作用;第三,迈克尔·波特在分析价值链与企业竞争优势的关系上忽略了核心能力的问题。事实上,一个具有竞争优势的企业,其优势并非来自价值链上的所有环节,而是来源于某些特定的环节,即价值链的战略环节;第四,迈克尔·波特对企业竞争力的分析倾向于财务学和市场营销学,这一点集中体现在它的三个基本战略上,利用经济学和管理学知识工具显得不足。企业竞争力是个综合的范畴,离开经济学和管理学将难以建立一个真正的理论体系。

2. 核心竞争力理论

(1) 核心竞争力的概念

核心竞争力(Core Competitiveness)是伴随着知识经济而产生的一个新的概念,是传统意义上竞争力概念的深层次发展。鲁开垠、汪大海(2001)将核心竞争力定义为"企业独具的、长期形成并融入企业内质中的支撑企业竞争优势,使企业能在竞争中取得可持续生存与发展的核心性竞争力"。核心竞争力是核心能力的外在表现,是企业、产品相互竞争时核心能力所表现出来的比较优势;核心能力是本质的、固有的能力,是核心竞争力的基础和依托。所以,核心竞争力的研究,本质问题是核心能力的研究。

(2) 核心竞争力的特征

① 价值优越性。它能为消费者提供其他企业所不能提供的价值,或向消费者提供比其他企业更好的产品或服务,即"人无我有,人有我优"。如海尔集团的核心竞争力是五星级的销售和优良的售后服务体系,长虹集团的核心竞争力则是低成本和规模优势。当顾客注重购买方便和售后服务时,海尔是最佳选择;但当顾客的首选是低价格时,长虹则是最优选择。核心竞争力的价值优越性主要体现在价值保障、价值提升和价值创新三个方面。价值保障是向顾客传递价值的过程,它保证产品的价值不受影响;价值提升是价值增值的过程,是对现有产品和服务不断改进以提高其价值含量;价值创新是一个创造过程,通过开发新产品、提供更新更优良的服务来满足消费者新的需求。

② 异质性。每个企业都具有特殊性,不同企业的核心竞争力也必然不同。核心竞争力是企业的特定组织结构、特定企业文化、特定企业员工群体综合作用的产物,是企业在长期经营管理实践中逐渐形成的,是企业个性化的产物。值得注意的是,衍生出"异质性"特性的核心能力中难以用语言、文字、符号表征的部分内容,更造成了核心竞争力的不可交易与不可模仿。

③ 不可仿制性。核心竞争力不仅包括独特的技术技能、操作技巧等技术特性,还包括了企业文化、管理模式等软性特征,它是企业所独有的、不易为竞争对手学习或模仿,具有很高的进入壁垒。一般来说,企业的核心竞争力对竞争对手有越高的进入壁垒,其核心竞争力结构中的智能化成分所占的比重就越大,企业便可凭借核心竞争力获得长期的竞争优势。

④ 难以替代性。核心竞争力在市场上的地位是其他企业所不能取代的。若能被其他企业取代,那么该企业就不能确立其在市场上的竞争优势,即没有竞争力,更谈不上核心竞争力了。核心竞争力所具有的价值优越性、异质性、不可仿制性等特征要求它具备"难以替代性"这一特征。

⑤ 延展性。核心竞争力的延展性是指在原有竞争领域中保持持续的竞争优势的同时,围绕核心竞争力进行业务的拓展,通过创新获取该市场领域的持续竞争优势。核心竞争力的延展性可提供进入多种产品市场的潜在途径。也就是说,一项核心技术能力可使企业在多个产品上获得竞争优势。如摩托罗拉公司建立在无线电通讯技术专长基础上的核心竞争力,不仅使其在核心业务交换机等通讯市场上享有持久的竞争优势,而且在手机、双向移动无限装置等产品领域也遥遥领先。

(3) 竞争力与核心竞争力的联系和区别

竞争力包含了核心竞争力,而核心竞争力是竞争力的根本。核心竞争力渗透在竞争力之中,更具有内隐性。核心竞争力主要来自两个方面:技术和组织。技术方面的核心竞争力要通过产品的设计、制造和销售来实现,通过构成竞争力的主要因素,如功能、质量、服务、成本和环境保护等集体要素来实现。来自组织方面的核心竞争力使企业的整体功能大于部分功能的简单相加,强调资源、技术和人才等的协同效应。

竞争力和核心竞争力又有一定区别。其一,竞争力是在竞争中优于竞争对手的表现,核心竞争力是竞争力之本,具备核心竞争力的企业具备同类企业的所有基本能力,而具备所有基本能力的企业不一定具有核心竞争力。要想长期发展,永远立于不败之地,就要依靠核心竞争力,因为核心竞争力具有持久性、难以模仿性和动态性。其二,决定和影响竞争力的大多数因素具有可比较性和很大程度的可计量性,竞争力研究的努力方向之一就是力图将竞争力各因素尽可能地进行量化,从而进行比较。其三,竞争力因素具有一定程度的可交易性(或可竞争性),即竞争力的许多因素是可以通过市场过程获得的,或者可以通过模仿形成。而核心竞争力则通常是指具有不可交易和不可模仿的独特的优势因素,往往是难以直接比较和难以直接进行计量的。每个企业都或多或少具有一定的竞争力,否则就不能在市场上生存,但并不是每个企业都具有核心竞争力。其四,竞争力是企业经营层次战略,核心竞争力是企业公司层次战略。企业经营层次战略考虑的是各项业务如何在选择的市场中进行竞争,而公司层次战略考虑的是整个公司发展方向的确立以及经营业务的选择。

虽然竞争力和核心竞争力理论已经成为企业和区域研究的热点,而且这一理论也被引入到旅游研究中,但很少有旅游企业在产品策划中就产品竞争力或核心竞争力进行探讨。事实上,旅游产品策划的目的在很大程度上就是提高旅游企业、旅游目的地的竞争力,竞争力理论为产品策划如何提高旅游企业的竞争力提供了理论支撑。旅游产品策划是必须考虑选取合适的目标市场,一项旅游产品不可能对所有人都具有吸引力。低成本是所有旅游产品都必须考虑的策略,特别是面临同类产品竞争时更是如此。但开发独具特色的产品将是旅游产品策划的普遍目标,这就需要策划者在把握各种条件的基础上,进行独特的创意。和其他产业相比,旅游资源在旅游景区、旅游目的地竞争力的构建中占据了非常重要的地位,因此旅游产品的策划必须立足于对旅游资源的详细分析,从中挖掘出自身特色,并结合市场需求发展趋势,策划出具有竞争力的旅游产品。

4.2.2 旅游产品生命周期理论

"生命周期"最早是生物学领域中的专业词汇,用来描述某种生物从出现到最终消亡的演化过程。后来该术语被许多学科如市场营销、国际贸易,也包括旅游开发等借用来描述与生物相类似的演化过程。

1. 旅游产品生命周期理论

产品生命周期理论是现代营销管理中的一个重要理论。这一理论运用于旅游产品策划,对于旅游企业有效利用资源、开发特色旅游产品、制定营销策略具有重要的指导意义。

所谓旅游产品生命周期理论，是指旅游产品从进入市场到最后被淘汰退出市场的过程。典型的旅游产品生命周期是呈 S 型正态分布的曲线，如图 4-4 所示，包括投放期、成长期、成熟期、衰退期 4 个阶段。

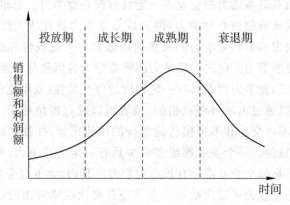

图 4-4　旅游产品生命周期曲线

（1）投放期

投放期指旅游产品刚刚进入市场的时期，这一时期的旅游产品的设计与生产都有待于进一步完善，旅游服务质量不稳定。在这一阶段，旅游者对旅游产品还不甚了解，旅游者的购买行为不够踊跃，只有少量追求新奇的旅游者可能作尝试性购买，旅游产品的销售量很低、增长速度缓慢。而且，由于旅游产品在这一阶段的生产成本以及对外广告与宣传的销售费用大，该阶段旅游企业的利润较低，甚至存在一定程度的亏损。

（2）成长期

成长期指旅游产品逐渐被旅游者接受，销量迅速增长的时期。这一时期的旅游产品设计与生产都已趋完善，服务质量大大提高，旅游企业的利润大幅度提高，同时旅游广告费用也随着产品的畅销而降低。但是，可能会出现其他竞争者。

（3）成熟期

进入成熟期，旅游产品在市场上普遍达到销售的饱和状态，旅游产品已经成为名牌产品或老牌产品，在旅游市场中享有较高的知名度，旅游产品的销量逐渐达到顶峰而趋于饱和，成本降至最低点，旅游企业的利润也达到最高水平。在这一阶段，竞争者大量涌现，旅游企业间的竞争日趋激烈。

（4）衰退期

进入衰退期，旅游产品逐渐退出旅游市场，旅游产品的内容与形式都显陈旧，其他更为先进的旅游产品层出不穷，旅游者对原旅游产品的兴趣已经下降，转而倾向购买其他类型的产品，因此旅游产品的销量大幅度下降，旅游企业的利润甚微，甚至在市场竞争中被淘汰。

在旅游产品真实的市场过程中,并非每种产品都呈 S 型的生命周期。在多种影响因素的作用下,生命周期可以呈现出如图 4-5 所示的变化。

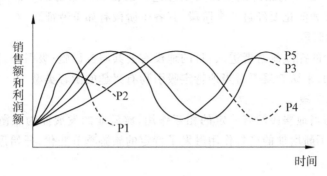

图 4-5　旅游产品生命周期种类示意图

在上图中,P1 曲线所示旅游产品刚进入投放期便很快夭折。旅游企业虽然花费了大量的费用和精力,但由于市场定位的错误或者旅游产品的质量不为旅游者所认可,因而未能进入成长期便被迫退出市场,此时旅游企业利润可能为负值。例如,我国在 20 世纪 90 年代后半期兴起主题公园开发热潮,由于产品策划缺乏对旅游消费宏观形势的把握,投资者存在急功近利的思想,全国各地一下子涌现出两千多座"宫""殿""馆""寨"等人造景观,结果造成供给过剩的局面,许多主题公园从开业便开始亏损,很快就关门停业。

P2 曲线所示旅游产品一进入旅游市场即热销,但产品生命周期很短,这类旅游产品一般属于时尚产品,像特殊的旅游活动(如"世界小姐"评选大赛、"迎接新世纪的第一缕曙光"活动)或特殊节庆活动(如庆祝名人诞辰)。

P3 曲线一般用于描述旅游产品种类的生命周期,例如观光类旅游产品,其成熟期很长,几乎看不出衰退期。当然这种情况也是相对的。

P4 曲线所示的旅游产品投放旅游市场后,销量迅速上升,进入成熟期后销量下降得也很快,但由于旅游企业投入更多的广告费用、采用降价或优惠等价格策略,使旅游产品的销量又重新出现迅速增长的趋势,出现再循环的变化。

P5 曲线也称多次循环曲线,旅游企业在旅游产品进入成熟期后,在产品销量未下降之前,企业通过进一步重新树立产品形象和调整营销策略,使产品销量由一个高潮走向另一个高潮,这种情况实际是产品生命周期的延长,对旅游企业是十分有利的。

有关旅游产品生命周期的理论包含了以下几层含义:第一,不同类型的旅游产品,其生命周期的长短是不同的;第二,旅游产品在投放市场到退出市场的过程中,不同阶段有不同的特点;第三,针对旅游产品在不同阶段的不同特点,旅游企业必须策划不同的营销组合策略。我们在旅游产品的策划中,应该充分考虑到生命周期的客观存在,使产品尽量延长生命周期或缩短投入期,延缓衰退期。

2. 旅游地生命周期理论

目前,被学者们公认并被广泛引用的是1980年由加拿大地理学家巴特勒(R. W. Butler)建立的旅游地生命周期理论。巴特勒的旅游地生命周期理论认为旅游地的发展和演化要经过6个阶段,其各个阶段有如下特征。

(1) 探索阶段

只有很少的探险旅游者进入;目的地没有公共服务设施;吸引来访者的是当地的自然吸引物;来访者属于对当地特定吸引物有兴趣的游客类型。

(2) 参与阶段

旅游者与当地居民间有一定的相互作用,旅游业的发展能为旅游者提供一些基本的服务;不断增加的广告作用触发了特定的旅游季节变化;开始形成一定的地区性市场。

(3) 发展阶段

旅游设施的开发在增加,促销工作也在加强;旅游贸易业务主要由外地客商控制;旺季游客远超出当地居民数,诱发当地居民对游客的反感。

(4) 稳固阶段

旅游业成为当地经济的主体,但是增长速率在下降;形成了较好的商业区;一些陈旧的设施沦为二流水准;当地的人们力争延长旅游的季节。

(5) 停滞阶段

游客的数量和旅游地的容量达到高峰;已经树立了很好的旅游地形象,但是该形象已不再时兴;旅游设施移作他用,资产变动频繁。

(6) 后停滞阶段

有5种可能的发展选择,极端情况是或者迅速衰落,或者快速复兴。

巴特勒模型虽然是针对旅游地提出来的,但是对于旅游目的地产品的策划同样具有重要的指导意义。

3. 旅游产品生命周期的影响因素

旅游产品生命周期的变化,既受外部因素如自然生态、政治政策、社会经济、社会文化等的影响,也受到内部因素如旅游资源、服务、设施和管理等因素的影响。总的来说,旅游产品的生命周期主要受以下因素影响。

(1) 旅游产品的吸引力

旅游产品的吸引力主要来源于旅游吸引物即旅游资源本身。一般来说,富有特色、内容丰富、具有深厚文化底蕴的旅游资源,其生命周期较长。如我国的长城、九寨沟、张家界等世界遗产,对海内外旅游者都有强大的吸引力。而资源等级较低、缺乏特色、替代性强的旅游产品生命周期则不会太长。

(2) 旅游目的地的环境状况

旅游目的地环境包括自然与生态环境、经济社会与社会文化环境两大方面内容。优美的自然环境、良好的生态环境、便捷的交通设施、良好的住宿条件、居民的好客程度等,这些因素共同营造了旅游活动良好的氛围。如果旅游目的地环境污染、社会治安状况下降,会使旅游客源萎缩,引起旅游产品生命周期缩短。因此,从某种程度上说,旅游产品的竞争也是旅游环境的竞争,因为旅游产品的生命周期依赖于旅游大环境。

(3) 旅游者需求的变化

旅游活动是旅游者寻求"心灵体验"的活动,因此旅游者的购买行为受旅游者心理因素的影响很大。旅游者需求可能因消费观念的改变或随时尚潮流的变化而变化,也可能因收入、带薪休假制度等因素的改变而改变。

(4) 旅游市场经营状况

现代旅游市场竞争日趋激烈,旅游新产品不断涌现,导致原有产品的生命周期不断缩短。因此,任何旅游产品要想在旅游市场中保持竞争优势,只有不断地对产品进行创新并提高服务质量,树立特色,以尽可能地延长旅游产品的生命周期。

(5) 旅游经营管理

旅游产品的生命周期过程,在一定程度上就是旅游企业对旅游产品的经营管理过程。旅游企业针对旅游产品不同的生命周期阶段,采用不同的经营管理手段,可以使旅游产品的生命周期延长。因此,诸如旅游服务质量的高低,广告与宣传力度的强弱,旅游产品组合状况,旅游产品定位的正确与否,都直接影响旅游产品的生命周期。

4.3 旅游产品策划的内容与方法

产品生命周期理论告诉我们,任何旅游产品都有从投放市场到退出市场的过程。为了规避风险,旅游企业除了不断开发新产品以外,还同时经营多个产品项目,以形成产品组合。因此,旅游产品策划包括单项产品策划和产品组合策划。

4.3.1 旅游产品策划

旅游产品策划是一项理性的思维活动,它基于翔实的市场调查,始于创意形成,经过创意筛选、市场定位、概念成型和市场可行性分析,为产品开发做好先导工作。

1. 创意形成

产品策划始于创意形成,即系统地捕捉新的创意。在旅游企业中,好的创意往往要在很多普通想法中去发掘。寻找创意的过程应该系统化,并不是几个随意产生的"点子",否则企业就要在寻找创意的过程中冒风险,因为有些"点子"可能与企业的业务类型或者市场的需求结构不协调。

为了得到源源不断的产品创意,作为一项系统的工作,企业必须选择几个好的创意源泉。

(1) 旅游资源

旅游资源是旅游产品的原材料,是衡量旅游产品对旅游者吸引力大小的重要因素,制约着旅游产品的功能和开发方向,因而是产品创意的重要基础。在旅游产品的创意策划中,挖掘资源本身固有的特色十分重要,它使得旅游产品通过承袭和彰显具有比较优势的资源特色,从而获得市场竞争的优势。例如,峨嵋天下秀、青城天下幽、华山天下险,这"秀"、"幽"、"险",既是它们的资源特色,也因在产品中得到很好的体现而转化成了产品优势,使得这三座山始终保持着我国旅游名山的地位。

但要引起注意的是,旅游资源的特色是资源自身特有的属性,并不一定能转化为产品特色,即使转化为产品特色,也不一定得到市场认可。故产品创意还不能只是分析旅游资源的特色,还要根据市场需求、分布区位、可进入性、竞争状况等各个要素综合考虑,将这些特色与市场需求相匹配,形成市场卖点。

延伸阅读

云南瑞丽市的旅游淘宝场位于云南省中缅边境的瑞丽市弄岛以西约6.5公里处,占地60万平方米。这里是世界著名的宝玉石成矿带,也是历史悠久的宝玉石生产和交易地,沿清澈的南姑河绵延10多公里是宝玉石富集的地区。

到旅游淘宝场进行淘宝是瑞丽市旅行社向旅游者推出的一项新产品,旅游者可使用统一的采淘工具,将淘到的宝石原矿交给特聘的缅甸宝石加工师鉴定,并可现场加工成各种首饰,或拼成其他工艺制品。这一产品一经推出,就受到众多游客的喜爱,成为云南旅游的又一热点。

淘宝游显然适应了现代旅游的一个新时尚:不仅要看,而且要干。亲自动手、独立操作,带有某种期盼和梦想,这对旅游者自然是很有吸引力的。值得注意的是,现在太多的旅游产品都缺少参与性,这是一大缺憾。参与性有三大好处:一是突出了活生生的旅游生活,再也不是看书、看电视或看电影;二是增强了记忆,能给游客留下美好的回忆;三是延长了游客的逗留时间,能为区域旅游业提供商机。

淘宝游是旅游,并不是淘宝,其旅游属性非常重要。旅游者追求的是一种经历和生活体验,并不是为了发财,所以旅行社将其作为旅游产品推出时,应该注意食、住、行、游、购、娱的配套服务,注意旅游服务的品位,以及游客安全和环境保护等问题。

(2) 旅游需求

几乎有28%的产品创意来自对顾客的观察和询问。通过旅游者调查,可以了解旅游者的需求和欲望。旅游企业通过分析旅游者的问题和投诉,可以发现能更好地满足旅游者需求的新产品。管理人员和营销人员可以通过观察或与旅游者直接交谈、向旅游者发放调查问卷来听取他们的意见和建议。旅游者常常会产生对旅游体验的期望,这些期望常常就包含着新产品的创意。发现这些创意,企业就可以把它们推向市场,并从中获利。

延伸阅读

Pillsbury's 通过它每年的食品烘烤比赛得到许多可以投入使用的配方。Pillsbury's 的四种做糕饼用的盒装现成配料和几个衍生品种就直接来自比赛的获胜者的配方。

一家乡村旅馆的老板为她的朋友举办了一次宴会,她请客人都各自带来几种他们最喜欢的菜以及尽可能多的菜谱,作为回报,每一位客人都可以得到一份菜谱抄本。这不仅是一个有趣的夜晚,而且还给乡村旅馆提供了几款菜单创意。

许多豪华饭店每周都为一些特殊的客人举办接待鸡尾酒会。总经理和各部门经理亲自服务。这给总经理提供了向客人征求建议的非正式机会,他们可以询问客人饭店应如何继续提供出色的服务等问题。由于这些客人几乎走遍了世界各地的饭店,又往往是各自领域的佼佼者,因此,他们的意见和想法很有价值,常常蕴涵着很好的产品创意。

(3) 竞争者

大约 27% 的产品创意来自对竞争对手的分析。许多旅游企业都专门派人购买竞争对手的产品,借以了解其产品内容、质量水平和市场反映,以判断自己产品的竞争能力和市场地位,并决定自己是否要开发新产品。旅游企业也非常关注竞争对手的广告和其他渠道传出的竞争信息,这些都是获取产品创意的线索。当采用竞争对手的创意时,企业应该保证至少做得和竞争对手一样好。

(4) 内部来源

旅游企业可以通过正式的调查与分析过程来发现新的创意。有研究显示,超过 55% 的产品创意来自企业内部。旅游企业的一线服务人员和销售人员都是很好的创意来源,因为他们每天都与旅游者或公司客户直接接触,他们非常清楚旅游者需求的变化动向。旅游企业的管理人员专门到其他同类企业消费,如餐厅管理人员常常到其他餐厅就餐,景区管理人员常常到其他景区考察,以便激发更多创意。

(5) 分销商与供应商

分销商与市场联系紧密,能接触大量的旅游企业和客源市场,他们有许多可能引发创意的最新信息。在旅游业中,旅行社是最常见的分销商。对于景区而言,旅行社通常也是他们获取竞争对手和客源市场信息的最方便的渠道。供应商能告诉企业一些新概念、新技术和新材料,这些可用于开发新产品。如饭店装修公司能告诉饭店其他饭店正在进行什么风格的装修,灯光工程公司能告诉景区其他景区的迷人灯光效果是如何产生的。

(6) 其他来源

企业还应该保持与行业杂志、展览、研讨会、政府机构、专业咨询机构、广告公司、营销调研机构、大学及科研机构等的接触,他们通常也会是企业的创意源泉。

2. 创意筛选

不是所有创意都能转化为产品,也不是所有创意产品都能为企业带来经济效益。创意形成阶段的目的在于促进各种想法的大量涌现,而创意筛选却是要减少想法的数量,准确地抓住能转化为市场效益的好创意,尽可能剔除那些没用的、甚至可能给企业带来高风险的想法。

筛选创意需要一个合理的标准,企业需要对产品、目标市场、竞争状况分别进行分析,并对市场规模、产品价格、产品开发时间和成本以及回报率作一些粗略的估计,此外还需考虑:这个创意与企业的战略目标是否吻合?企业有没有足够的资源(包括人力、设备、资金等)来保证创意的实现?

在创意筛选阶段,正好应该仔细地审视一下产品线的关联性问题。在策划新产品时,一个常见的错误是策划了一个与企业原有产品组合关联性不高的产品。为了加强策划中新产品与原有产品组合的关联性,我们需要考虑这项产品:是否符合企业的战略目标?是否保护和促进企业的核心业务?是否强化了企业与重要客源的联系?是否更有效地利用了现有资源?是否提高了现有产品组合的竞争力?

延伸阅读

美国餐馆营销集团的产品创意筛选方法

一、定性筛选

1. 被建议的新产品＿＿＿＿＿＿＿＿＿＿＿＿＿＿＿＿＿＿＿＿＿＿＿＿＿＿。
2. 一般性描述＿＿＿＿＿＿＿＿＿＿＿＿＿＿＿＿＿＿＿＿＿＿＿＿＿＿＿。
3. 将满足的公司目标＿＿＿＿＿＿＿＿＿＿＿＿＿＿＿＿＿＿＿＿＿＿＿。
4. 将扮演的角色:□新的主要品种　□次要品种　□新的产品类型
5. 关键的优势或机会＿＿＿＿＿＿＿＿＿＿＿＿＿＿＿＿＿＿＿＿＿＿＿。
6. 关键的劣势和威胁＿＿＿＿＿＿＿＿＿＿＿＿＿＿＿＿＿＿＿＿＿＿＿。
7. 对销售额的预期影响:□增加销售额　□提高购买频率
　　　　　　　　　　　□提高购买价格　□吸引新顾客　□增加人均消费
8. 年销售目标＿＿＿＿＿＿＿＿＿＿＿＿,盈利目标＿＿＿＿＿＿＿＿＿。
9. 将引起自相残杀的商品＿＿＿＿＿＿＿,到何种程度＿＿＿＿＿＿＿＿。
10. 目标顾客＿＿＿＿＿＿＿＿＿＿＿＿＿＿＿＿＿＿＿＿＿＿＿＿＿＿。
11. 对工作时间的影响＿＿＿＿＿＿＿＿＿＿＿＿＿＿＿＿＿＿＿＿＿＿。
12. 目标价格＿＿＿＿＿＿＿＿＿＿＿＿＿＿＿,目标标准分量＿＿＿＿＿。

13. 关键成分 _____。
14. 预计食物成本 _____。
15. 预期的必要生产条件 _____。
16. 当前必要的设备 _____。
17. 必要的新设备 _____。
18. 必要的空间 _____。
19. 必要的劳动力 _____。
20. 需增加的雇员 _____。
21. 必要的特殊培训 _____。
22. 对当前生产的消极影响 _____。
23. 对员工的消极影响 _____。
24. 类似的竞争产品 _____。
25. 竞争对手的可能反应 _____。

二、定量筛选表

标准	等级	权重	总和
形象			
菜单方法			
公司			
总体目标			
公司优势			
公司机会			
预期角色			
质量水平			
定价			
目标顾客			
服务			
特别服务			
空缺菜单			
空闲时间			
生产程序			
劳动力			
满意度			
设备			
可利用空间			
供应商			
开发能力			
总计			

表格使用说明:每一种产品创意都根据相应的标准从1(低)到5(高)的尺度加以排列。然后给每个标准以不同的权重(从1到5)。被评定并予以加权的产品在每一项标准上都得到一个总分,这些总分经过最后加总,得到的分数可以用来与其他被建议的产品创意进行比较。

3. 产品市场定位

大多数旅游产品的替代性较高,因此在旅游产品策划过程中有必要创造和发挥产品的某些特点或突出之处,使这一产品特征在目标市场的消费者心中留下深刻的印象,并最终成为顾客进行比较选择和做出购买决策的依据。需要注意的是,这些特点和突出之处是消费者心目中的印象,而不是企业对自己产品的标榜。

产品定位的基本原理在于这项产品可以从多个方面提供和展现其对消费者的价值。但无论是多么成功的产品,都不大可能在各个方面尽善尽美,甚至不可能在消费者所看重的几个核心价值方面都优于竞争产品。之所以如此,是因为对于几乎所有的企业来说,无论是出于经济效益上的考虑,还是受企业能力的限制,提供在各个方面都具领先价值的产品都是极其困难的。因此,一个企业只能利用自己在某些方面的优势,为其产品创造某种突出的形象,使其在消费者心中产生对产品或企业的深刻印象。对于旅游产品来说,因为它的不可移动性和生产消费的同时性,使得产品市场定位更为重要。

为旅游产品寻找能被旅游者识别并认同的定位,可以有多个途径。旅游企业的产品定位一般有6种可供选择的方法。

(1) 根据产品特色进行定位

这是最为常见的一种定位方法,即根据自己产品的某种或几种优点,或者说根据目标顾客所看中的某种或几种利益去进行定位。例如,对于景区来说,这些优点或利益可以体现为资源优势,如独特的景观、珍贵的历史遗存、丰富的资源组合等;对于饭店来说,这些优点或利益可以体现为饭店的建筑风格、坐落地点、服务项目、房间装饰风格等,或者这些方面的任何组合。

(2) 根据价格与质量之间的联系进行定位

采用这种方法进行产品定位的企业将产品价格作为反映其质量的标识。众所周知,价格的重要作用之一便是表征产品质量。产品越具有特色,即产品性能越好,其价格也越高。例如,对于一个具备多样化游乐设施的主题公园来说,门票价格定得高一些,会对游客起到一种知觉暗示,即他们在这里可以得到更多的游乐体验。

(3) 根据产品用途进行定位

企业根据产品的某种特别用途进行市场定位。例如,一家饭店拥有足够大的会展场地和完备的会议设施,则可以把自己定位在适合举办大型的会展或召开大规模的会议,当会议和会展组织者甚至某些演出活动的主办者寻找会展场所时,这家饭店就能够进入他们的候选名单,从而有了中选的可能。

(4) 根据产品使用者进行定位

企业通过营销努力,特别是通过公关活动,同某些社会阶层或社会名流建立起良好、紧密的顾客关系,则会为某些类型的消费者所关注。

延伸阅读

在莎士比亚的故乡,莎士比亚剧场附近有一家餐馆,规模很小,服务方面也谈不上有什么令人称道之处,但由于同莎士比亚剧场的演员关系较好,这些演员经常光顾该餐馆,以至很多对莎剧特别是对其演员感兴趣的人也纷纷前来光顾,该餐馆因此成为前来此地观光的游客必去的地方之一。

(5) 重新划分产品类别进行定位

这是指企业可通过变换自己产品类别的归属而进行定位,从而扩大或控制自己的目标市场范围。工业企业中有很多运用这种方法进行定位的成功案例。例如,一些酿酒厂商所生产的本来是酒精含量较低的啤酒产品,但它们不将其定位为啤酒,而是定位为软饮料,使其产品打入更广阔的消费市场,有效地扩大了产品的市场规模。在旅游业,有些度假酒店不将自己定位为酒店,而定位为温泉疗养中心之类的场所,从而吸引了大量前来疗养休闲的游客。

(6) 借助竞争对手进行定位

企业可通过将自己同市场声望较高的某一竞争性产品或企业进行比较,借助竞争对手的知名度来实现自己的形象定位。通常做法是通过推出比较性广告,说明本企业产品与竞争性产品在某一个或某一些产品性能特点方面的相同之处,从而达到引起消费者注意并在其心中形成印象的目的。例如,苏州乐园早期的形象宣传口号就是"迪斯尼太远,去苏州乐园"。

延伸阅读

上海作为国际大都市,虽然缺少优越的名胜景观和山水资源,却拥有极其丰富的人文资源,源远流长的民间收藏就是一种奇特的旅游景观。向游客开放的"上海家庭博物馆"已成为吸引国内外游客的特色旅游项目。

上海现拥有民间收藏大军10万余人,家庭博物馆30多家,他们以"小、专、奇、特、精"的收藏品,展示了独特的海派风貌和上海人的生活情趣,如王安坚钟表博物馆、陈宝定算具陈列室、陈宝财家庭蝴蝶博物馆、赵金志金钥匙博物馆等。

作为能集中反映一个国家或地区历史文化发展轨迹的博物馆,不仅仅是某个民族、国家或地区历史的纪念碑,而且是人们认识人类文化、获得历史知识与科学信息的文化设施,从而成为一种重要的旅游资源。博物馆的陈列品具有罕见、珍贵等特性,游览博物馆是一种高层次的文化享受,而且不受天气和季节的限制,与许多自然景点相比,这是博物馆的一大优势。

博物馆是各类历史文物荟萃之地,这与旅游的求知性、求异性正相吻合,而博物馆的观赏性、娱乐性又与旅游的求乐性相通,有些博物馆在陈列实物展品的同时,还往往设有实际操作活动,符合旅游的参与性。所以,应把博物馆旅游列为高品位的旅游产品。

开发博物馆旅游产品必须具有特色。特点越突出,内容越丰富,博物馆的特色也就越鲜明。同时要积极挖掘潜力,努力创造条件,尽可能增加娱乐性和参与性的内容,以满足国内外游客的旅游需求。

4. 产品概念成型

产品概念是把产品创意具体化,并用能被消费者理解的术语加以表述。旅游者要的并不是一个创意,而是旅游体验,如何将创意转化为旅游者的体验,首先需要将创意发展为能够指导产品开发的市场定位,然后围绕市场定位,把产品创意进一步具体化为产品概念。有了产品概念,产品的各方面就基本确定了。

可以从5W1H着手进行产品的概念成型:

(1) Why(产品核心价值)

旅游者为什么购买旅游产品,这是产品的核心价值。西奥多·莱维特曾经指出:顾客并不是要买1/4英寸的钻头,而是要买1/4英寸的钻孔。产品策划必须赋予产品明确的核心价值。根据旅游者的需求信息,提炼出核心需求,根据核心需求策划产品核心价值。

(2) What(产品具体内容)

旅游者在消费旅游产品时,将获得何种具体的经历和体验,这就是产品的内容。它是一个非常重要的策划环节,成功的产品策划应该将产品的核心价值完整地传递给旅游者,使旅游者在经过精心策划的旅游经历中充分地体验到这一价值。

延伸阅读

体验设计现在已经成为工业设计的一个新潮流,在我们其他各方面的设计上,体验设计的概念也逐步普遍化。体验设计是以消费经验为核心,这是体验经济理论与商业战略相结合的产物。体验设计进入旅游行业,还是一个新的事物。

谢左夫在其《体验设计》一书中对体验设计的定义是:体验设计是将消费者的参与融入设计中,是企业把服务作为舞台,把产品作为道具,把环境作为布景,使消费者在商业活动过程中感受到美好体验的过程。

国外对于已经进入体验经济的公司的做法进行了归纳,归纳出了体验设计五大法则:第一是主题先行,这是经验体验的第一步,成功的主题要简单鲜明,能吸引人,但是不能与企业的行销广告词混淆,主题用不着贴在墙上,但是必须带动所有的设计和活动朝向一致的故事情节来吸引消费者;第二是正面强化,主题只是一个体验的基础,还需要塑造不可磨灭的印象才能使消费者强烈体验到主题,要创造印象就必须制造强调的线索,线索构成印象,在消费者心中创造体验,而且每个线索都必须支持主题,和主题一致,有助于创造独特的体验;第三是变消极为积极,就是要设计塑造完整的体验,不仅要设计一层一层的正面线索,还必须去除那些有可能违背、转移或者消除主题的负面线索;第四个法则是标志性纪念品不可或缺,因为纪念品实际上是体验的一个物化,也是体验的延长;第五个法则,体验最好是全方位、多角度的,体验中的感官刺激应该支持和增强主题,体验所涉及的感官越多就越容易成功,留给消费者的印象也就越难忘。

体验就像产品和服务,必须经过一段设计的过程,需要经由挖掘资源、创造、构思、设计、营造,才能呈现出吸引消费者的特质来。

(3) Who(产品目标市场)

确定谁是产品的主要消费者,这些目标市场有什么特殊的旅游需求,而这些旅游需求应该是与产品的市场定位、核心价值相匹配的。

(4) When(产品上市时间)

对此需要确定两点:一是产品在什么时间推出广告、上市销售,旅游者在什么时间购买,什么时间消费,如季节性旅游、假日旅游、淡季旅游、旺季旅游、周末旅游等;二是旅游者的购买频率和数量,即多久买一次,一次买多少等,如人们去热带海滨旅游的时间往往集中在冬季,并且以家庭出游和公司奖励旅游的方式居多。

延伸阅读

北京飞扬旅行社为了迎接2000年圣诞节,策划了一个赴欧洲旅游团的大型产品,旅游团规模预计在200人左右。飞扬旅行社的促销口号是:到圣诞老人的故乡欢度新世纪的第一个圣诞节。飞扬旅行社在1999年11月中旬开始启动产品销售,可到了12月10日只有28人报名参团,不得已,飞扬旅行社只好缩小组团规模,并取消预定的大量饭店客房、机票和交通工具等。本以为这项产品有很好的卖点,可以获得非常火爆的市场响应,却没有料到会是如此惨淡收场。飞扬旅行社总经理李宏利百思不得其解,为了找到答案,他组织了一次市场抽样调研,当调查报告出来后,他恍然大悟:在中国,圣诞节不是法定节日,没有假期,许多有参团意向的旅游者只能忍痛放弃出游计划。

(5) Where(产品销售渠道)

确定旅游产品信息通过何种途径到达旅游者,通常需要回答以下问题:是否通过旅行社销售?通过一家还是多家旅行社销售?这些旅行社需要在哪些细分市场具有优势?如果不通过旅行社销售,采用网络销售还是直接销售?

(6) How(如何生产产品)

实质是旅游产品生产的初步流程设计,其中的关键是服务质量的确定。服务质量必须支持市场定位的实现,应该满足目标市场的旅游需求。评价服务质量高低的最终标准是"顾客满意度",服务质量没有绝对的"规格",只有相对于目标市场顾客的"适用性"。顾客满意度基于旅游者的实际体验和对旅游经历的期望两项主要因素产生,因此,策划服务质量要十分重视目标市场对旅游产品的期望。

5. 市场可行性分析

企业一旦对产品概念做出决策,接下来就需要对该项产品是否能为企业带来预期的收益做出分析预测。旅游产品的市场可行性分析涉及对接待规模、成本和利润前景的预测,旨在确定它们是否符合企业的各项目标。如果符合,产品策划就取得了初步的成功,可以进入产品开发阶段了。

(1) 产品市场前景

包括产品市场的大小、打入市场的可能性、需求的持久性、仿制的困难性、此类产品的发展趋势等。

(2) 销售前景

包括产品的需求量和需求时间、产品的销售范围和目标市场、此类产品的销售数量和市场占有率、潜在旅游者数量及旅游者实际购买力、旅游者对新产品的要求和希望、季节变动对销售的影响、与企业现有产品的关系、产品的销售渠道等。

(3) 竞争态势

包括生产和销售类似产品的竞争者数量,各竞争对手的销售数量、产品系列、产品特点、产品差异程度、竞争策略、竞争变化情况、市场占有率、价格差,以及潜在竞争对手和他们加入该种新产品市场的可能性等。

(4) 价格

包括竞争产品价格的变动情况,旅游者对此类产品价格的意见和要求,此类产品的价格弹性等。

(5) 内部条件

企业设计、开发此项产品所需人、财、物的保证程度,企业的信誉与管理水平,所需各种服务设施的供应能力和服务质量等。

4.3.2 旅游产品组合策划

1. 产品组合的概念

旅游产品组合,指旅游企业所生产和销售的全部产品线和产品项目的组合及结构。产品项目是具有一定使用价值的单个产品,而产品线则指在技术上、结构上满足同一类需求的产品项目的集合;产品项目是组成产品线的单位。例如,旅行社为了满足旅游者去看海的需求,策划了去海南、去大连、去青岛、去秦皇岛、去厦门等多个目的地的线路,它们一起构成了"看海"的产品线,而单独的一条线路就是一个独立的产品项目。同时,该旅行社可能还经营"上山"、"下乡"、"进城"等多条产品线,这些产品线一起构成了这家旅行社的产品组合。

产品组合有一定的长度、宽度、深度和关联度。旅游产品的宽度指旅游企业所拥有的不同产品线或产品项目的数量。旅游企业增加产品组合的宽度就是增加产品线数量,扩大经营范围,实行多方位经营。旅游产品组合的长度是指各条旅游产品线中所包含的产品项目的总数。而旅游产品组合的深度则是指某条具体产品线中的每个产品项目所包含的子项目的数量。例如,上例中的旅行社,如果它有"看海"、"上山"、"下乡"、"进城"四条产品线,则产品组合的宽度为4;而"看海"这条产品线上有去海南、去大连、去青岛、去秦皇岛、去厦门五个产品项目,则这条产品线的长度就是5;如果去大连有坐飞机、坐火车、坐汽车三种子项目供旅游者选择,则该产品项目的深度就是3。而产品组合的关联度是指该产品组合中各条产品线在供应方、资源条件、销售渠道、目标市场等方面的关联程度。

旅游企业增加产品组合的长度和宽度可以适应更多层次的不同需求,以吸引更多的旅游者;拓展产品组合的深度可以充分利用企业的资源,增强企业竞争力,提高经济效益;增加产品的关联度有利于企业集中资源,提高其在某个产品领域或客源市场地区的声誉与品牌形象。

2. 旅游产品组合类型选择

从旅游企业经营面向的客源市场和经营的旅游产品种类看,我们可以把旅游产品组合分为如图 4-6 所示的四种类型。

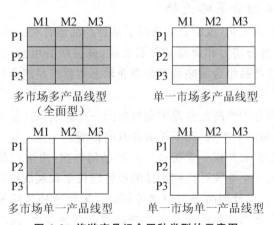

图 4-6　旅游产品组合四种类型的示意图

(1) 多市场多产品线型(全面型)

这种类型的产品组合是指旅游企业同时面对多个不同市场,经营多种产品线。

例如,旅行社可以同时面向学生市场、白领上班族市场、银发市场经营乡村游、海岛游、山水游等产品线。这种类型的产品组合对旅游企业的综合实力要求很高,因为同时面对多个市场推出多种产品线,经营成本增加,也要求企业有足够的人员全面兼顾,如果没有很强的综合实力是不可能做好的。因此,中小企业很少采用这种产品组合。

(2) 单一市场多产品线型

它指旅游企业向某一个特定的市场提供多种产品线。如专做奖励旅游的旅行社,他们针对公司客户这一特定市场,推出国内、国外各著名度假胜地的各种价位、不同时间长短的奖励旅游产品。采用这种产品组合的企业可以集中精力在特定的目标市场上,研究它们的特点,有针对性地采取营销策略,但缺点在于市场的规模有限,并且容易受到宏观因素的影响,风险较大。

(3) 多市场单一产品线型

这一类型的产品组合指旅游企业只生产特定的旅游产品,但却面向很多市场。例如,某山水类的景区面向不同客源市场只推出山水观光产品。经营这种产品组合的旅游企业容易进行管理、树立品牌、生产出专业化的旅游产品,但缺点是由于产品类型的单一而导致企业经营的风险加大。

(4) 单一市场单一产品线型

该类型指在为某一特定的市场生产特定的产品,并不是指只为一个市场生产一种产品,企业可能为另一个特定市场生产另一种特定的产品。经营这种产品组合有利于企业在不同的市场上生产适销对路的产品,扩大销售,减少风险,但缺点是经营管理的成本较高。

3. 旅游产品组合策略选择

旅游需求在不断变化,旅游企业选择了某种产品组合类型后,还必须根据市场需求的变化、企业自身实力和资源条件的发展,调整产品组合,为企业寻找最有利的市场机会。旅游产品组合策略就是为企业动态调整产品组合的路径。

(1) 产品线扩展策略

企业超出其现有的产品经营范围而增加同一产品线上产品项目的数量叫做产品线扩展,主要包括向上扩展、向下扩展和双向扩展。

产品线的向上扩展是指企业提高生产产品的档次,由生产低档产品为主转向生产高档产品为主。企业预计高档产品的销售增长率和利润率较高而自身也具备打入高端市场的能力,就倾向于采用这种策略。采用这种策略的最大风险在于旅游者难以相信生产低档产品的企业有生产高档产品的能力,同时企业还要承受来自高档产品生产企业的反击。

产品线向下扩展指最初定位于高端市场的企业增加其低端产品的生产。采取这种策略时,企业生产的低档产品可能会在市场上影响其高档产品的销售,使企业的高档产品形象受损。

定位于中端市场的企业决定向低档和高档市场扩展其产品线叫做产品线的双向扩展。采取这种策略对企业的综合能力要求较高,但取得成功后很可能就会占据市场的领导地位。

(2) 产品线填补策略

这是指企业在其现有的产品线范围内增加一些产品项目,其目的主要是充分利用企业的剩余资源,增加销售量,满足消费者的不同需求,填补市场的空隙以防止竞争者的侵入。采用这种策略时应注意使每一产品具备显著的差异,避免企业自己的新旧产品自相残杀。

(3) 产品线削减策略

由于旅游产品销售具有比其他产品更强的季节性和易波动性,旺季时采用的旅游产品组合到了淡季往往会出现利润低甚至亏损的现象。及时削减和调整这些产品组合,把企业资源更多用到利润高的产品上,有利于提高企业利润。当旅游旺季到来时,也应该及时调整产品组合,延长产品线以抓住市场需求扩大带来的市场机会。

延伸阅读

浙江安吉竹博园旅游区产品整合策划[①]

策划背景

安吉以其极为丰富的自然旅游资源,尤其是县境内茫茫的竹海成为中国十大竹乡之一。而占地600余亩,拥有300多种竹子的竹博园,早已被国内外专家公认为是世界最大、品种最全的"世界竹子王国"。竹博园经过多年的发展,已经成为人们到安吉旅游尤其是进行观光旅游的首选之地。据统计,竹博园每年接待游客和来访者都超过25万人次,直接和间接的旅游收入达300万元左右,这在安吉的历年旅游人次和旅游收入中都占据着相当的份额。

安吉以竹故乡和竹文化的美誉行走天下,而竹博园正是安吉竹故乡和竹文化的浓缩和展示。如果没有竹博园,安吉的旅游形象将难以为继。所以说竹博园是安吉旅游的支点,是安吉旅游一个不可或缺的旅游景点,它的继续发展是安吉旅游兴盛不衰的基础。

竹博园位于灵峰山脚,在旅游开发以前是"竹种园",在《安吉城市总体规划》(调整)(2004—2020)中与灵峰山森林公园一同被划入"灵峰景区"(为承借"竹博园"的品牌效应,本策划将其更名为"竹博园旅游区")。灵峰山森林公园总面积

[①] 本案例根据沈祖祥著《旅游策划——理论、方法与定制化原创样本》(2007,复旦大学出版社)第236页至第248页内容整理、编写。

155公顷,属天目山支脉,以山中千年古刹灵峰寺著称。公园内峰峦叠嶂,泉涌溪流,古树参天,修竹遍野,有32个景点。据统计,每年观光和朝拜的游客达到15万人次左右。灵峰山以自然风光和宗教文化见长,成为安吉旅游形象的一个重要补充。可以说,灵峰山是安吉旅游的一个亮点,是安吉除了竹文化以外另一个有力的文化吸引物,也是安吉自然观光和文化旅游的一个结合点。

策划任务

竹博园是安吉旅游的王牌产品。随着安吉国民经济和旅游产业的快速发展,旅游产业格局、产品结构发生着巨大的变化,新产品层出不穷。竹博园在面临重大机遇的同时更面临着巨大的挑战。

竹博园"廉颇老矣,尚能饭否"？老景区怎样焕发活力？如何通过整合竹博园旅游区的现有资源,实现真正意义上的做大做强,使竹博园旅游区的旅游形象提升一个档次,推动其旅游发展更全面、更完整、更精彩,成为安吉旅游新一轮发展的重点？整合,是原有资源、产品和景区的简单相加,仅作空间上的扩张,还是扬长避短,深度关联,更作灵魂上的张扬？是基于整体思路,还是基于景区局部细节？诸如此类的一系列问题,需要策划者去面对,去破解。

策划流程

(1) 研究安吉竹博园发展现状及存在的问题。首先,对竹博园旅游区进行广泛调研,获取关于旅游区自然条件、区位条件、交通条件和周边发展环境等第一手资料。然后,深入研究中国竹文化的精神内涵,广泛借鉴国内外关于旅游资源整合的理论和实践,在此基础上挖掘旅游区的文化内涵,并始终坚持把旅游资源整合作为策划的有利工具。

(2) 根据旅游区资源状况,确定"整体改造"的总方针策略,并根据自身资源特色扬长避短。

(3) 廓清整合方向,进一步明确安吉竹博园旅游产品的市场定位。

(4) 细节实施与多个旅游项目之间的衔接。

(5) 整合于大主题下的单个旅游项目策划思路。

策划难点

(1) 在竹博园旅游区内各景区并未实现预期的大旅游、大流量的情况下,不仅浒溪生态园项目蓄势待发,而且竹博园也开始了规模更大的二期整体改造,旅游区整合迫在眉睫。因而策划的整体性和综合性都因各景区的先行启动而面临更大的挑战。

(2) 旅游区内各景区权属复杂,涉及多个部门、多重发展意图,较难统一思想进行整体策划。如何统筹策划好各景区之间的衔接是一个重点。

(3) 竹博园功能单一,在吸引力上需要深入加强,怎样通过更具吸引力的旅游项目来抓住游客的眼球是策划的一个关键。而且,文化内涵的提升涉及博大精深的中国竹文化,把握难度较大。

（4）灵峰景区定位狭窄，目前只能吸引部分宗教旅游客源，对于一般客源市场吸引力不大。如何扩大潜在客源成了策划难点。

（5）旅游开发的低效率。各利益集团出于不同利益的考虑，造成资源、土地、环境和生态不同程度地损害，对后期开发负面影响较大。

策划思路

在经过一系列的资料调研的基础上，策划者确定了安吉竹博园旅游区策划的基本思路。

（1）为什么要将竹博园与灵峰山进行整合策划？

首先，无论从竹博园和灵峰山的地理位置关系，还是文化积淀、旅游功能上看，它们都是不可分割的有机体。

其次，原竹博园在广大旅游者心目中已经有了相当的感知度与随之而来的品牌效应。在景区主旨不发生重大变化时，将周边散落或是景区内陈旧的景点根据"竹博园"这个灵魂进行整合重组，对旅游区未来的深度发展是非常有帮助的。

当然，整体化的包装景点，也利于旅游区的推广与营销。

最后，整合重组其实就是"最大限度地发挥各景点原有的优势，同时又为之加入新的品牌内涵"。安吉竹博园可以从原来那个单一、薄弱、缺乏立体感的旅游景点摇身变为品牌突出、景点丰富且联系密切、纵深感强的综合旅游区。

（2）竹博园旅游区整合策划必须考虑哪些因素？

第一，竹博园一直是安吉旅游的王牌景点，知名度较高、影响力较大，这是客源市场进行有利于整合后旅游区的旅游决策的有力依据；

第二，周边人文历史悠久，在地块内有灵峰寺、孝子桥、竹林七贤等遗址和传说；

第三，区内有香溢度假村和颇具建筑特色的汀香花园别墅，是一道独特的建筑风景线；

第四，由浒溪组成的水景风光带，将是一条贯穿旅游区的纽带，是景区产品策划的亮点。

（3）竹博园旅游区应该具有哪些功能？

为满足更高档次的旅游、休闲和文化需要，通过对景区富有特色的文化资源进行挖掘和整合，以竹博园为基础，改变原有单一的观光功能，创新性地赋予其休闲功能、经营功能和旅游综合功能，把这片集聚安吉竹乡优势地特色的区域整合成为一个以竹文化为核心，集旅游、度假、文化、商贸、餐饮、购物、演娱于一体的多功能的休闲、旅游、娱乐中心（社区），安吉竹乡的"雅文化圈"，地标性区域。

策划方法

"一站式"整合方法，即：一种产品；一个概念；一个形象；一个市场；一个主题；一个品牌。

整个策划过程,以打造世界竹都、国际顶级的竹文化博览休闲旅游区,构筑安吉雅文化圈作为基本方向,来策划相关的旅游产品,并注意相关产品和旅游线路的整合。

策划内容精选

1. 发展定位——世界竹都

竹博园旅游区的独立发展,对安吉旅游发展具有积极的推进作用,其战略目标定位为:世界竹都,国际顶级的竹文化博览休闲旅游区。具体战略目标如下:

- 启动安吉新一轮旅游发展热潮的拳头产品;
- 成为安吉休闲度假旅游产品的新亮点;
- 树立安吉竹文化旅游的一面旗帜,并且使这以文化旅游著名品牌发挥更大的地标作用;
- 建设集聚安吉旅游产业实力的开发园区。

2. 空间结构——展翅高飞的凤凰

- 凤头——竹博园

这只展翅高飞的凤凰,从一诞生就以竹博园的发展为起点。如今,她的腾飞也要以竹博园的全面提升为指引,竹博园巨大的品牌效应将引领着整个旅游区的繁荣。"竹文化"是旅游区的核心吸引力与核心竞争力,是这只展翅高飞的凤凰的灵魂。以文化为魂,是一个旅游区得以持续发展的必要条件。一个拥有着灵魂的旅游区,才是可以展翅高飞的旅游区。

- 脉络——浒溪

浒溪,这条由南向北纵贯旅游区的河流,就如同一条奔腾的活力动脉,将整个旅游区联系起来,使这只凤凰充满了生机与活力。

- 两翼——八大项目

八大项目作为这只凤凰展翅高飞的双翼,不仅相互协调、互为补充,而且羽翼丰满、力道十足,完全有实力带动整个旅游区的飞黄腾达。

3. 项目设置——整合于同一大主题下

- 竹博园:世界竹都

  项目选址:以"竹博园"为基础,适度东扩

  性质定位:国际水平的精品竹文化主题公园

  主题定位:以竹文化为主题

  功能定位:竹子博览、文化体验、休闲三项功能为一体

- 浒溪生态园

  项目选址:浒溪生态园

  性质定位:以生态为基调,以文化为灵魂的"生态走廊"

  主题定位:生动形象地展现"生态主题"

  功能定位:观光、休闲、娱乐

> 竹林七贤故里：中国竹圣人
  项目选址：灵峰山前竹林或灵峰山顶
  性质定位：文化观光和文化休闲的综合性景区
  主题定位：以"竹林七贤"为切入点，多元化展现"竹文化"精髓
  功能定位：观光、休闲、朝圣

> 竹乡之家——安吉竹乡休闲娱乐中心
  项目选址：直升机场区
  性质定位：吃、住、行、游、购、娱为一体的综合性休闲博览中心
  主题定位：以"竹文化"为依托，表达形式多样化
  功能定位：娱乐、购物、休闲、演娱、商务活动等

> 农夫庄园青少年教育活动基地：中国农博园
  项目选址：灵峰景区，灵峰路南
  性质定位：青少年农事特色活动教育基地
  主题定位：以生态教育、农村生活体验以及生存能力培育为主题
  功能定位：青少年的旅游、活动、学习和娱乐基地

> 水浒村
  项目选址：竹博园周边农家餐饮聚集区以及在此基础上的扩展
  性质定位：精品农家乐、水浒农家乐、文化农家乐
  主题定位：以全方位体验农家生活为主题，体现水浒特色
  功能定位：餐饮、度假、观光、教育

> 灵峰胜景：竹乡佛世界
  项目选址：现有灵峰寺以及在此基础上的扩展
  性质定位：宗教圣地、佛教圣地
  功能定位：宗教观光、朝圣

> 竹香园度假社区：安吉竹家园
  项目选址：剑山龙王溪一带
  性质定位：旅游度假区
  功能定位：旅游、度假、会议

策划亮点

1. 一个主题，多种演绎

竹子博览、文化体验、宗教观光、科普教育、休闲度假、餐饮娱乐，竹博园旅游区中每个旅游项目看似联系都不大，但实则都是为同一个大主题"竹文化"服务着。这种将不同类型的旅游项目整合于同一主题下的策划模式，无疑是具有创新意识的。

2. 个性鲜明，不失"竹味"

竹博园旅游区在安吉旅游空间布局和旅游产品体系中，具有独特的发展空间和

产品地位。天荒坪以电站观光为主导,大竹海以竹海风光为主导,竹博园以竹文化为主导,个性及特色鲜明,错位恰当,在包括黄浦江源、民俗风情等在内的全县旅游产品体系中,具有不可替代性,既不重叠,也不同质,并且是整个安吉竹乡旅游之魂。

旅游区有着深厚并且非常独特、甚至独一无二的文化底蕴。她不是民俗风情式的历史文化,而是最直接的竹文化,从古代的竹林七贤,到现代的竹子博览园、竹子博物馆,竹文化典型、经典、深厚,一脉相承。经过策划对竹文化主题的强化,旅游区将是竹文化特色极其浓郁的旅游区。

【问题启示】 对于一个本来就有一定知名度的景区产品而言,要将其做得更大更强,应该用什么方法?

4.4 旅游产品策划实训

实训目的

掌握进行旅游产品策划的一般步骤和每一步的关键环节。熟悉产品策划的过程,能根据资源条件、市场需求与竞争者情况等进行产品创意和筛选,能按照5W1H的框架熟练地进行产品概念成型。

实训要求

请根据策划背景材料的介绍,并自主查阅相关网站资料,利用无锡太湖影视城现有的资源及未来发展方向,结合目前旅游市场对影视文化旅游需求的变化以及竞争对手横店影视城的产品结构,为无锡太湖影视城策划一项新的产品,这项产品可以是一台新的演出,或者是一个新的外景,或其他服务性的单项产品。

实训背景材料

一、无锡太湖影视城

20 世纪 80 年代,无锡的旅游业曾以太湖游、古运河游等水上特色旅游产品创造过优秀业绩,当时依托的主要是自然景观和优质的服务,所以制定的旅游口号是"无锡充满温情和水色"。90 年代初,无锡景观依旧,仍是山水加园林。但运河水质恶化,古运河专项旅游失去了吸引力;而无锡的风光与园林由于与苏杭等邻近城市风格相近,存在一种"可替代性",游客游览了苏州或杭州后,一般不再选择到无锡,因而无锡在华东旅游线上只是一个"温点",无锡常为拿不出特色鲜明的旅游新产品来吸引游客而感到困扰。

无锡影视城出现后,以其新鲜而富有特色的内容、高雅的格调和宏大的规模等优势,很快在华东旅游线上形成了新的热点,国内旅游市场迅速向无锡倾斜,1993 年开始,全市国内游客总数突破千万人大关,由此,无锡的旅游业开始了"柳暗花明又一村"的转折。

无锡影视城是中央电视台在无锡的外景基地,其构想起源于"西游记艺术宫",成熟于"唐城"和"三国城"建成后形成的旅游热。没有这一过程的客观实践,无锡也不可能凭空想出借影视外景基地和影视传播大规模建设影视城,不可能舍得拿出自然风光极佳、长期保护未肯轻易使用的风水宝地——太湖之滨用于影视城建设,并以极优惠的低价吸引中央电视台及外商前来投资开发。

中央电视台在太湖之滨建设外景基地的初衷,主要是为编导们提供一个环境优美的创作寓所。1988年,基地利用电视连续剧《西游记》拍摄后的闲置道具、服饰,建了一个西游记艺术宫,一时竟成了无锡的旅游热点。当年即收回投资30万元,第二年便收回了全部投资。正是受此启发,中央电视台与无锡市政府联手,完成了建造太湖影视城的最初构想。

1991年10月,唐城(参见图4-7)建成开放。唐城是坐落于大浮山麓苍翠清幽、群峰环抱中的一组仿唐建筑群,占地15公顷,总建筑面积达3万平方米,处于太湖风景旅游区的中段,是中央电视台为拍摄电视剧《唐明皇》而建成的。城内沉香阁、唐宫、骊山画阁、唐街、御花园、仙人承露、杜甫诗堂、杨贵妃出游图等近百个景点金碧辉煌,色彩瑰丽;一条长110米的"唐街"店铺林立,旗幌招展;整座城池再现了盛唐时期的皇城风貌和风俗民情,到此既可领略盛唐风貌,又可通过"模拟拍摄"和"动感电影"等参与性影视娱乐项目了解影视技艺。唐城具有良好的影视拍摄功能,拥有720平方米的摄影棚、各类服装间、道具库等,同时还有为演职员提供吃、住、行和娱乐项目的"演员之家"。唐城艺术园推出的大型宫廷礼仪、唐歌舞表演和大唐茶道让人叹为观止。

图 4-7　唐城

1994年8月20日,中央电视台为拍摄《三国演义》命名兴建的三国城(参见图4-8),作为无锡太湖影视城影视旅游新景点对外开放。三国城内建造了具有汉代风格、建筑面积8.5万平方米的"吴王宫"、"甘露寺"、"曹营水寨"、"七星坛"、"烽火台"、"辕门"等大型景点,还配套建造了20多条古战船,三国剧组在此拍摄了全剧最精彩的"刘备招亲"、"火烧赤壁"、"草船借箭"、"诸葛亮祭风"等重头戏。此外,景区内还增添了"桃园三结义"场景、竞技场、八卦阵,开发了草船借箭、古船游乐、湖滨浴场、跑马、歌舞表演等参与项目。"三国城"整个景区气势雄伟,内涵深远,漫步其中,每一座辕门、每一块砖石仿佛都在向游客述说着那纷争乱世中一个个惊心动魄的故事。

图4-8 三国城

水浒城(参见图4-9),是中央电视台为拍摄大型电视连续剧《水浒传》而规划的仿宋建筑、场景集群,是无锡太湖影视城继唐城、欧洲城、三国城之后,向"东方好莱坞"目标迈进的又一重大举措。水浒城依山傍水,陆地面积36公顷,并有广阔的湖面拍摄场景,城内建筑风格统一而形式多样,上自皇宫相府,下至民宅草屋、衙门监

图4-9 水浒城

牢、寺院宗庙、街市店铺、酒楼客栈以及水泊梁山大寨，从各个不同阶层，充分再现了宋代独特的历史背景和浓郁的风土人情。游历其间，缅怀岁月，怎不令人感叹时光悠悠，物过境迁！水浒城弘扬的是宋代光辉灿烂的民族文化，通过一个个逼真的景点再现了清明时节汴河两岸民俗风貌，其间城郭市桥屋户之远近高下、舟船车马之往来先后，皆近其意态，让人忘却世间烦恼，流连于往昔的岁月红尘中。

  景区的建设发展过程，从唐城到水浒城，基地一贯坚持将完善静态性的观赏旅游景点和不断丰富和创新动态性的旅游活动相结合。自1993年起，在各景区陆续推出大型的影视文化演出节目，由于定位准确，都一炮打响。如《皇帝上朝》、《贵妃册封》、《三英战吕布》、《刘备招亲》、《火烧赤壁》、《义取高唐州》等都是各个城的"皇牌"精品节目，游客称"百看不厌"，有的游客先打听好节目演出时间，专程为看演出而来。另外，各景区还注重开发丰富多彩、趣味盎然的游客参与项目，如跑马、古战船游乐、动感电视、模拟拍摄、大水车擂台赛等，既增加了游客游玩的兴趣，又提高了景区的文化品位。

  如今，无锡太湖影视城已建成的"唐城"、"三国城"、"水浒城"、"太平天国城"游人如织，规划建设的还有"东周列国城"、"儿童城"等，它们将形成古代、外国、儿童三大影视外景系列，一幅"东方好莱坞"的蓝图正在被转化为现实。

二、横店影视城

  横店集团位于浙江省金华市。自1996年以来，横店集团累计投入26亿资金兴建横店影视城，包括广州街、香港街、清明上河图、秦王宫、江南水乡、明清宫苑、横店老街等14个跨越几千年历史时空、汇聚南北地域特色的影视拍摄基地，全部按1∶1的实景布局而成。影视城还建造了亚洲最大、总面积达3万多平方米的室内摄影棚。此外，为开发红色旅游，又建起了占地近万亩的红军长征博览城。加上在建的华夏文化城，横店影视城已经建成开放的景区有32 742.48亩，可以满足除沙漠外所有场景的拍摄。由此，横店不仅成了全国拍片最多的基地，而且还是全球规模最大的影视实景基地，被包括美国《好莱坞报道》的国内外媒体誉为"中国好莱坞"。2003年年底横店影视城被确立为中国唯一的国家级影视产业实验区。

  从首拍影片《鸦片战争》以来，横店影视城已先后接待过《荆轲刺秦王》、《英雄》、《无极》、《汉武大帝》、《雍正王朝》等剧组近400个，有7 000多部(集)中外影视剧在横店取景。平均每天有10多个剧组在此拍摄，每年有1/3古装戏取景于此。1996年以来，到横店旅游的游客以每年平均近50%的速度增长。横店影视文化旅游已成为国内旅游的著名品牌，被列入浙江省黄金旅游线路。2000年横店影视城被国家旅游局评为首批"AAAA级国家旅游区"。2005年影视城接待游客数达330万人次，门票收入超过1亿元。2006年游客人数突破500万人次，门票收入超过1.5亿元。此外，影视旅游产业催生了经营运输、商业餐饮等服务业，2006年营业收入达14.7亿元。

影视旅游的兴旺,也推动了横店休闲旅游业的发展。2004年,投资8亿人民币,由美国ITEC公司设计的国内首座影视主题公园"电影梦幻世界"在横店动工兴建,游客将在此体验梦幻般的场景。

三、网络资料

1. http://www.wuxitour.com.cn
2. http://www.hengdianworld.com

实训过程

旅游产品的策划分为创意形成、创意筛选、产品定位、产品概念成型和市场可行性分析五个步骤。

无锡太湖影视城×××产品策划

1. 创意形成
   - 1.1 调查分析
   - 1.2 构思创意
   - 1.3 方案拟订
2. 创意筛选
   - 2.1 与影视城战略目标的吻合性
   - 2.2 对影视城核心业务的保护和促进
   - 2.3 与影视城重要客源的关系
   - 2.4 对现有资源的利用程度
   - 2.5 与现有产品组合的相关性
3. 产品定位
   - 3.1 产品类别
   - 3.2 产品功能
   - 3.3 产品特色
   - 3.4 产品目标市场
   - 3.5 产品性价比
   - 3.6 产品与竞争对手的差异
4. 产品概念成型
   - 4.1 产品核心价值描述
   - 4.2 产品功能与市场需求的匹配关系
   - 4.3 产品具体内容设计
   - 4.4 产品上市时间
   - 4.5 产品销售渠道
   - 4.6 产品开发程序

5. 市场可行性分析
    5.1　销售前景
    5.2　赢利能力
    5.3　竞争能力
    5.4　开发能力
    5.5　资源保障

本章小结

　　旅游产品由资源、设施和服务的组合构成，旅游产品的策划既包括旅游资源的开发策划，也包括配套设施设备的策划，还包括贯穿于旅游活动始终、构成旅游体验重要部分的旅游服务的策划。旅游产品可分为四个层次：核心性产品、配置性产品、支持性产品和扩展性产品。从策划的角度看，核心性产品提供了产品策划的焦点，它是产品存在的基础；配置性产品是将产品核心价值转移给旅游者所必不可少的；支持性产品是竞争市场中使产品保持竞争优势的重要内容；扩展性产品将提供什么与如何提供联系到了一起。按照产品功能，旅游产品可划分为观光旅游产品、度假旅游产品、文化旅游产品、商务旅游产品和宗教旅游产品；按照综合性旅游产品的组成要素，可将旅游产品分为餐饮产品、住宿产品、交通产品、游览产品、购物产品和娱乐产品六类。与大多数产业的产品相比，旅游产品具有无形性、生产和消费的同时性、不可储存性、季节性、独特性、同质性、互补性等特性，这些特性使得旅游产品的策划也具有与其他产品策划所不同的侧重点。

　　竞争力理论和产品生命周期理论是旅游产品策划必需的两项基础理论。旅游产品策划的目的在很大程度上就是提高旅游企业、旅游目的地的竞争力。竞争力理论告诉我们，要策划出具有竞争力的旅游产品，必须着力于：选取合适的目标市场、降低产品生产成本、寻找独特的创意。产品生命周期理论使得旅游企业有可能针对旅游产品不同的生命周期阶段，采用不同的经营管理手段，最大限度地延长旅游产品的生命周期。

　　旅游产品策划包括单项产品策划和产品组合策划。旅游产品策划是一项理性的思维活动，它基于翔实的市场调查，始于创意形成，经过创意筛选、市场定位、概念成型和市场可行性分析，为产品开发做好先导工作。产品策划的创意可源于旅游资源、旅游需求、竞争者、内部来源、分销商与供应商等方面。面对多项创意方案，可通过对产品创意是否符合企业的战略目标；是否保护和促进企业的核心业务；是否强化了企业与重要客源的联系；是否更有效地利用了现有资源；是否提高了现有产品组合的竞争力等方面的判断进行创意筛选。

然后通过明确产品类别、产品功能、产品特色、产品目标市场、产品性价比、产品与竞争对手的差异等六个方面为产品定位。在产品创意和定位的基础上把产品概念具体化,确定产品核心价值与产品功能与市场需求的匹配关系,设计产品具体内容,确定产品最适宜的上市时间和最有利的销售渠道,明确产品开发程序。最后,通过对销售前景、赢利能力、竞争能力、开发能力、资源保障等方面的预测和估算判断产品的市场可行性。

旅游企业为了最大效率利用资源、降低经营风险、增强竞争力,通常同时生产和经营多项旅游产品,旅游企业所生产和销售的全部产品线和产品项目的组合及结构就是产品组合。旅游企业必须选择适合企业自身条件的产品组合类型,选择合理的产品组合策略来动态调整产品组合的长度、宽度、深度和关联度,以获得最佳的产品组合竞争力。

■ 课后思考

1. 旅游产品的特性对旅游产品的策划提出了什么特殊要求?
2. 市场供需关系对旅游产品的竞争力构成有什么影响?
3. 面对中国公民出境旅游规模快速扩大的趋势,我国旅游产品策划可采取怎样的应对措施?

■ 网络资料链接

1. http://www.hkjn.com.hk(香港旅游网)
2. http://www.gotohz.com(杭州旅游网)
3. http://chinese.tour2korea.com(韩国旅游官方网站)

■ 推荐阅读材料

[1] 沈祖祥著. 旅游策划——理论、方法与定制化原创样本. 上海:复旦大学出版社,2007

[2] 张道顺编著. 旅游产品设计与操作手册. 北京:旅游教育出版社,2006

[3] 杨振之等著. 旅游原创策划. 成都:四川大学出版社,2005

旅游策划实务

第5章
旅游节事活动策划

○ **本章导读** >>

　　从20世纪90年代开始,节事活动作为一个全球性的产业不断地演变和发展。节事活动能够帮助人们宣传举办地,吸引游客;作为旅游业的一种新形态,节事活动能够促进地区经济繁荣与发展。目前,无论是国际社会,还是某个国家,也无论是城镇、乡村还是海滨,都对节事活动有着前所未有的兴趣。一种新的产业形式已经形成,许多国家、地区以及政治家、企业家正试图抓住这一机会。学过本章之后,你将能够:

1. 对节日、活动、事件、庆典几个相关概念有更加清楚的认识;
2. 了解什么是节事活动;
3. 掌握节事活动具有哪些特征;
4. 掌握节事活动具有怎样的功能;
5. 熟悉节事活动有哪些分类方法;
6. 了解国际上有哪些节事活动的相关组织;
7. 掌握节事活动策划需要经历怎样的一个过程;
8. 掌握节事活动策划需要做哪些工作;
9. 知道如何对节事活动进行评价;
10. 与其他成员共同策划一个完整的节事活动。

5.1 节事活动概述

5.1.1 节事活动

1. 几个相关概念

(1) 节日(Festival)

节日,是人类社会一种普遍的文化现象。《现代汉语词典》将节日解释为:"①纪念日,如'五一'国际劳动节、各个国家的'国庆节'等;②传统的庆祝或祭祀的日子,如清明节、中秋节等。"它也是人类日常生活中的精华,区隔出一个生活周期中的各个阶段,集中地展现了各个阶段的含义,并在节日中保留了该民族文化中最精致、最具代表性的一面。中国历史悠久,其中孕育的节日活动多姿多彩,无一不是代代相传的文化资产,个别的节日形式虽然风格迥异,但都保留了一定程度的先人智慧及经验成果。它们反映了民族的传统习惯、道德风尚和宗教观念,寄托着整个民族的憧憬,是千百年来一代代岁月长途中欢乐的盛会。节日往往是以年为单位周期的,主题、时间、地点相对固定。

(2) 活动(Activity/Event)

对于活动一词,人们有多种不同的解释。以《现代汉语词典》中收列的解释为例,活动一词通常有以下几种解释:(物体)运动;动摇;不稳定;灵活;不固定;指钻营、说情、行贿;为达到某种目的而采取的行动。"节事活动"中的"活动"指的是积极的、有一定社会意义的行动,而且是围绕着预定目标,为达到预期效果而采取的行动。人类有组织的活动包括两种类型:一类是常规活动,如企业周而复始、连续不断的日常运作;另一类是非常规活动,如企业围绕技术革新而进行的一系列活动,这种活动往往是临时的、一次性的,而且有清晰的起始期限,也可称为"项目"活动。后者即是"节事活动"中的"活动"所指,而且活动的影响范围有大有小,小到一个家庭的生日宴会,大到一个国家的国庆大典,更有多个国家和地区参与的奥运会、世界锦标赛等特大型活动。很多情况下,活动的主题往往会随着开展的内容、时代特征的不同而更新,但时间、地点以及举办周期都具有不确定性。

(3) 事件(Event)

《现代汉语词典》中对"事件"的释义是历史上或社会上发生的不平常的大事。事件本身是一个中性的概念,既有正面的事件,如捐助事件、维权事件等,也有负面的事件,如"9·11"事件、水门事件、韩国人质事件等等。可见,"事件"与"活动"两者的中文含义大不相同。

而近年来,业内出现了对"事件"与"事件旅游"的研究,提出了一些与"事件"相关的概念,如"重大事件"、"特殊事件"、"标志性事件"、"事件旅游研究"等。同时,也出现了"重大活动"、"大型活动"、"特殊活动"、"标志性活动"、"活动项目"等提法。事实上,两者均来源于同一英文"event",只是不同的专家学者根据具体情况,翻译和使用的名称不同而已。"event"在英语中是名词,主要指"事件"、"重要事件"、"重大事件"。如美国卡盖瑞大学盖茨教授将"event"阐释为事件,并将其定义为:短时发生的一系列活动项目的总和及发生时间内环境、设施管理和人员的独特组合。而在实际运用中,"event"往往包含两层含义:一是带有名词含义的"事件",如 F1、世界杯,其侧重点是事件本身;二是带有动词含义的"活动",如对事件的描述重点在运作和管理,重大事件可以称为"大型活动"。上海师范大学的卢晓副教授在多年实践和研究的基础上认为,在涉及策划与管理之时,为了避免使用混乱,使用"活动"一词较为准确。

(4) 庆典(Celebration)

《现代汉语词典》将庆典解释为,隆重的庆祝典礼,如十周年庆典、大桥落成庆典。它是一个宽泛的概念,包括两个方面的含义:其一,民族、国家或世界为纪念、庆祝某一特殊的日子、事件而约定俗成或以法律、法规形式固定下来的庆祝典礼,它往往以年为单位周期,并且主题、时间、地点相对固定,这层含义的庆典属于前面的节日范畴,如中国的春节、国外的万圣节、圣诞节等;其二,任何组织或个人以任何名义举办的定期或不定期的主题、时间、地点相对不固定的庆祝典礼,这层含义的庆典属于前面的活动范畴,如浙江大学百年庆典、电影的首映庆典、新婚庆典、开业庆典等。

2. 节事活动的界定

"节事活动"的内涵十分丰富,由于看问题的角度不同,对节事活动的定义、译名也不同,如节庆、节事、节事活动、盛事、庆典、活动、事件等。通过前面对节日、活动、事件、庆典等相关概念的辨析,可以将节事活动归为两个范畴,即节日和活动。这样,我们就可以把旅游节事活动定义为:能够对人们产生吸引,并可以被用来开发成消费对象的节日和活动的总和。

5.1.2 节事活动的特征

1. 民族性和地域性

不同地域的自然环境不同,不同民族的文化传统不同,而且两者之间有着内在的联系,由此衍生出来的节庆也富有浓厚的民族性和地域性,这以传统的节事活动最为突出,如云南节事活动的创办很多就是依托云南优势的地方少数民族文化和传统。另有,历届奥运会的开幕式也都是各国民族性、地域性的集中体现。

2. 群众性

节事活动不是主办方自编自导自看的独角戏,它的预期目标和所有的功能都是通过广大参与群众实现的,故广泛的群众参与构成了节事活动的基础。节事活动举办之时,往往也是群众文化生活的高峰,特别像春节、国庆节、圣诞节、万圣节等这样的传统节日,几乎每个人都汇入节事活动的洪流之中,受到节事活动文化的熏陶。节事活动的热闹场景最具群众性,广大城乡特别是少数民族地区的群众文化,可以说是以节事活动为轴心开展起来的。

3. 主题性

尽管各种节事活动的内容或项目丰富多彩,但都离不开一定的主题,包括约定俗成的、自发形成的或策划形成的,如在 2007 年 10 月 20 日至 11 月 5 日期间举办的第九届中国杭州西湖博览会就是围绕"和谐西湖、品质杭州"的主题展开的。主题是节事活动的宗旨、灵魂或纲目。如果说节事活动的主题是绳索,那么节事活动项目则是这绳索上的串珠。当然,一个节事活动的主题可能不止一个,但这些主题之间必须有着内在的关联或由一个主要的主题附带一些相关的小主题。例如,清明节的主题就是悼念亲人或先人(扫墓),但也附带有借机休闲娱乐的功能(踏青)。

4. 复合性

现在,大多数的节事活动都包含着多项社会活动,具有广泛的包容性,它包括经济、宗教、伦理、艺术、技艺等活动。长久以来,节事活动一直就是民族文化、地域文化的综合应用,它是诸多文化活动的集合体,是民族文化、地域文化的博览会。例如,2007 年上海旅游节就包含欧美风情缤纷秀、唐韵中秋游园会、海港文化节、上海民俗游戏(九子)大赛(决赛)、上海国际少年儿童文化艺术博览、第六届德国周、上海弄堂风情游、国内外珍稀野生动物精品展等 40 项活动,是中外多种文化的集合体。

5. 短期性

"节"最早是指物体各段之间相连的地方,由此衍生为划分岁时的节事活动。春夏秋冬,周而复始,年年沿袭,代代相传。在农业社会,节事活动几乎都与农事相关。每一个时令的交替,都有相应的节事活动产生。现代文明社会创造了许多新的节事活动,有些能够遵循着一定的周期连续举办,而有些犹如"昙花一现",只举办一次或几次。对于某一项节事活动来说,都有时间的限制,都在事先计划好的时段内进行。不管是有规律的连续举办的节事活动,还是根据需要随机举办的节事活动,每一次活动都只能延续一定的时段,而不能和下一届活动连在一起,即节事活动都是短期性的。

5.1.3 节事活动的功能

举办节事活动的目的不仅仅在于吸引旅游者、消费者、赞助商、承包商等参与者,还在于成功举办后所能带来的多种牵动效应。它一方面推动当地经济的发展,带来了经济效益,另一方面为当地文化的定位奠定基础,带来社会效益。经济发展和社会发展是良性互动的关系,两者在相互促进、相得益彰、协调发展的基础上,达到与自然、人文等环境效益的高度统一,共同构建和谐社会。尤其是大型节事活动,对国家、地区或城市的发展产生难以估量的推动作用。

1. 经济功能

(1) 促进旅游业的发展,削弱淡旺季的差别

节事活动针对的是休闲和商务两大旅游市场,所以它产生的经济效益更大。如奥运会不仅是国际体育界的一次聚会,也同样是大规模的世界盛事,它吸引的不仅是运动员、教练员、各国政府体育部门的官员、各类体育用品和消费品的供应商,也同样吸引了世界各国的人们。事实证明,奥运会的成功举办不仅能推动旅游业的发展,而且更能对一个主办城市和地区的经济发展产生难以估量的整体推动作用,其经济效益远远大于一般的会议和展览。从1984年洛杉矶奥运会起,世界各国众多城市争办奥运会已成为一大风景。1988年的汉城奥运会,使韩国旅游业在随后的两年里以13%的速度递增。

另外,由于季节、地理位置、气候条件、假期等因素的影响,旅游目的地的旅游活动具有明显的季节性。从实践来看,通过本地旅游资源、民俗风情、特殊事件等因素的优化融合,举办别出心裁、丰富多彩的节事活动,一方面可以吸引游客,另一方面可以调整旅游资源结构,为当地旅游业的发展提供新的机会,延长旅游旺季,并能较好地解决旅游淡季市场需求不足的问题,甚至形成一个新亮点。在北方地区,通过冬季举办滑雪、溜冰等冬季竞技性体育活动及其他文化活动,既可以充分利用当地的旅游资源,又可以缓解旅游市场的淡旺季。如在哈尔滨国际冰雪节期间,有逾百万游客到访,市内各大宾馆饭店的入住率比平时普遍提高了30%~50%。

(2) 带动相关产业的发展

任何一次节事活动都具有一定的主题,配合这一主题的生产厂家或者整个产业都可以在节事活动中获得经济收益。如每一届的大连国际服装节,都迎来了大量的海内外服装厂家、商家、设计师和模特的光临,各类表演活动、发布会、展览馆、洽谈会,激发了本地服装业及相关产业、生产厂商的创新意识,为他们提供了商务交流的平台,蕴涵了巨大商机。由于服装节的举办,大连的服装交易和投资与日俱增,带来了巨大的直接和间接的经济效益,推动了本地的服装业、展览业和商贸服务业、旅游业的发展。如节事活动商品的开发使得地方工艺品和土特产品等重新得到重视,带动了传统艺术和相关产业的挖掘、保护、培植和开发。再如,自1984年以来,潍坊已经成功举办了20届国际风筝节,形成了庞大的风筝产业,并促进了与风筝相关的产业发展,国际风筝节成为拉动潍坊经济的新的增长点,世界风筝联合会总部也在潍坊落户。

(3) 改善基础设施

举办节事活动,可以极大地促进城市的交通、通讯、城建、绿化等基础设施和配套设施的建设,美化城市环境。例如,自 1997 年 5 月 27 日云南省政府主持世博园开工奠基仪式后,昆明市开始了大规模的城市基础设施更新改造项目。到 1999 年 3 月底,完工的 18 项世博会重点配套工程涉及道路交通、生态环保、管理信息等,使得昆明的城市基础设施建设整整向前推进了 10 年。又如,2002 年,上海为了迎接 APEC 会议,对各条景观道路的建筑进行了"整容",面积达 300 多万平方米,路面达到历史最好状态。再如,为成功举办第四届东亚运动会,澳门特区民政总署成立绿化工作小组,从 2003 年起在 3 年内斥资数千万澳元在全澳 20 多个圆形地、绿化带进行大规模的绿化工作,包括改善泥土、加建硬件设施、重植树木和花卉等。

(4) 具有很强的后效性

节事活动给举办地带来的效应不仅仅局限于当时。举办地的人们通过节事活动获得了大量的信息,挖掘出了大量的商机,相当于参加了一次免费的交流会;举办地改善了当地的基础设施,优化了社会公共环境,创造了良好的投资环境,给参加节事活动的人们留下了好印象,培育了一批潜在的投资者。这些效果不一定在当时就能够表现出来,也许会经过很长时间才能显现。比如,作为'99 昆明世界园艺博览会分会场的中国丽江国际东巴文化艺术节,吸引了众多的国内外旅游者,使得丽江更加声誉卓著。在之后的三年里,丽江的旅游业突飞猛进,并迅速赶超了开发旅游较早的西双版纳傣族自治州。

2. 社会功能

(1) 弘扬传统文化,展现现代文化

节事活动对于弘扬传统文化,彰显传统文化的丰富内涵和个性,对于进一步密切国内外文化交流与合作,促进文化的传承、发展和经济社会全面进步,具有积极而深远的影响。如山东曲阜利用几千年的文化积淀,创办了国际孔子文化节,将当地已沉睡了几千年的历史遗迹活生生地再现出来,使传统文化焕发了活力。南宁国际民歌节的作用,不仅把潜藏在民间的艺术活力借助现代传媒展现在人们面前,而且从民歌的优美旋律中,使人们感受到团结、祥和、繁荣、发展的时代脉搏和健康向上的美好气息。同时,通过充分挖掘民歌文化中的审美精神,从中提炼出有益于现代社会和现代人的文化思想和生活理念,营造现代生活的艺术氛围。

节事活动在弘扬传统文化的同时,也展示了现代文化。现代节事活动需要有经济的轮子,但其核心是人文活动,而人文活动的最高境界是艺术化。旅游节事活动的艺术化与艺术节庆活动的大众化,也正是节事活动的关键所在。大连国际服装节就张扬了大连城市文化的特色,融会了中西文化,使人们从服饰文化、展览文化中感受到更深层次的文化底蕴,提高城市文化的品位,加快城市文化基础设施的建设,促进了城市商业文化的合理走向,形成了大连独特的多层次的文化特色。

(2) 塑造形象,提高举办地知名度

旅游地形象的塑造是一个综合的系统工程,需要花费大量精力和进行很长时间的宣传才能塑造成功,而大型节事活动对目的地的形象塑造和改善作用,是其他营销手段所不能比拟的。例如,1964 年东京奥运会和 1972 年慕尼黑奥运会,主办城市所在国日本和联邦德国均利用奥运会扭转其第二次世界大战中遗留的不良形象,收到了积极的效果。悉尼的"绿色奥运会"为悉尼乃至澳大利亚塑造了可持续发展的积极形象,澳旅委认为悉尼奥运会使澳大利亚的形象塑造向前推进了 10 年。

成功节事活动的主题能够成为举办地的代名词,使得节事活动与举办地之间形成一种很强的对应关系,能够迅速提升城市知名度。海南省的博鳌原本是一块穷乡僻壤,在建成国际会议中心后,以其良好的生态和人文治安环境,吸引着众多海内外会议组织者,博鳌亚洲论坛使得博鳌乃至整个海南的知名度大大提高,其会展业也成为海南省经济发展的新的增长点。

(3) 促进和加强了民族、地区间的交流

交流主要是通过经济往来、文化接触、民族融合实现的,但是更多的是通过民间的接触,节事活动是民间交流的一种主要渠道。在节事活动中,家人团聚、亲朋好友往来、合作伙伴互访。人们在这些往来中互相介绍情况,交流生产、生活经验,接受外来事物。节事活动中的这种"礼尚往来",一是增强了家庭、家族或行会团体的感情联系;二是这种人际关系的交往,必然促进社会文化的交流,有助于文化的提高和传播;三是,节事活动促成了许多人或单位的相识与合作。如于 2007 年 3 月 26 日正式启动的俄罗斯"中国年"中的各项活动"生动活泼"、"十分有趣",引发了俄罗斯民众对中国的极大兴趣,受到了俄罗斯各界人士的关注和喜爱。对于不少俄罗斯民众而言,"中国年"既是重新认识当代中国新貌的开始,同时也是再次发现中国文化的起点。

(4) 给参与者带来精神上的愉悦

一位早期的希腊学者曾经这么说过:"过节没有别的,就是欢乐。"节事活动的参与对广大消费者来说,是日常紧张而忙碌工作后的一种休闲,一种享受,适当的、有节制的放松不仅有益于身心健康,而且也为欢乐之后带来工作效率。首先,节事活动基本上是一种富裕的表征,当然,这种富裕与金钱有一定的关系,但节事活动最主要的还是精神上的富裕。节事活动的根源就是爱,来源于人们对生活的热爱。其次,节事活动可以采用一切可能的形式让感情得到自由的宣泄,真正的节事活动可以使参与者精神愉快,从而更加爱生活,大大提高工作的主动性和创造力,提高人们的生活质量。

5.1.4 节事活动的分类

了解节事活动的类型对于开发和策划节事活动、推动会展业和旅游业的发展有着十分重要的意义。节事活动内容广泛,形式多样,可以根据不同的标准,站在不同的角度对其进行分类。

1. 按节事活动的规模和重要性划分

按照规模和重要性，节事活动可以分为特大型、标志型、重要型、中小型等四类。

(1) 特大型节事活动

特大型节事活动指那些规模庞大以至于影响整个经济，并对参与者和媒体尤其是国际媒体有着强烈的吸引力并引起反响的活动。如奥运会、世界杯、世界博览会这样的规模宏大、参与国家和人数众多、经济影响明显的节事活动就属于特大型节事活动。

(2) 标志型节事活动

标志型节事活动指那些与一个乡镇、城市或地区的精神或风气如此相同，以至于它们成了这个地方的代名词，并获得了广泛认同和知晓的节事活动。如果大型节事活动在某个地方仅仅举办一次，只能在短期内提高该地知名度或改善其形象，很难成为该目的地的标志型节事活动。只有那些因为某种节事活动而使该地广为人知，或者由于某个节事活动具有强大的表现力而成为这个目的地的旅游主题时，这种活动才能称为标志型节事活动。

因此，标志型节事活动是能够在一个地方重复举办，大多是一年一次的节事活动。对于举办地来说，它具有传统、吸引力、形象或名声等方面的重要性。这类节事活动往往是为了提高本地的旅游景点或地区吸引力而设计的，通过每年或定期活动的举办来宣传自己，吸引旅游者，打开国内外市场，并随着活动的发展和成熟，与举办地融为一体，成为某地的代名词。如西班牙的斗牛节、爱丁堡文化节、悉尼同性恋节、戛纳国际电影节、博鳌亚洲论坛、意大利威尼斯狂欢节、中国大连服装节等。

(3) 重要型节事活动

从范围和媒体关注的程度来看，重要型节事活动就是那些能吸引大量观众、媒体报道和经济利益的活动。这些活动极大地激发当地居民的兴趣，吸引着当地人们的参与，并为增加旅游收入提供极大机遇，如第十二届全国区域旅游开发学术研讨会、第九届世界休闲大会、F1赛事、国际田径锦标赛、世界体操锦标赛等。随着国际重要节事活动市场竞争的加剧，国际体育组织和各国政府越来越多地参与策划、举办和承办这类重要活动。

(4) 中小型节事活动

在类型众多、主题各异的中小型节事活动中，各类会议、舞会、庆典、颁奖仪式、中小型体育赛事或企业、政府的社交活动占据了大部分。如"时尚购物·银泰周年庆活动"、第四届中国徐霞客国际旅游节、北京大学百年校庆等。

2. 按节事活动的属性划分

按照属性,节事活动又可分为传统节日、现代庆典和其他节事活动。

(1) 传统节日类节事活动

从发展的历史,传统节日可进一步细分为:古代传统型和近代纪念型两类。古代传统型节日是对历史文化的追溯,也是对民族文化的反映和弘扬,如重阳节的大型登山活动、端午节的赛龙舟活动、新春元宵节的逛花灯活动、上海龙华庙会、西方圣诞节、复活节等。近代纪念型包括各国国庆节、国际劳动节、"三八"妇女节、"五四"青年节等。

(2) 现代庆典类节事活动

① 与生产劳动紧密联系的节事活动,如深圳的荔枝节、菲律宾的捕鱼节、阿尔及利亚的番茄节、摩洛哥的献羊节、西班牙的鸡节等。

② 与生活紧密联系的节事活动,如潍坊国际风筝节、浦东牛排节、重庆的中国美食节、杭州淳安千岛湖的秀水节、浙江电视观众节、浙江浦江书画水晶节等。

(3) 其他节事活动

包括各类会议、展览和体育赛事等。

3. 按节事活动的内容划分

瓦根(Wagen,2004)根据内容的不同,将节事活动分为体育、娱乐、艺术和文化、商场市场营销和促销活动、会议和展览、节日庆祝活动、家庭活动、筹集活动等。

(1) 体育类节事活动

开展于世界各地的体育运动,不仅能超越所有社会、种族、语言的界限,称为世界人民沟通的桥梁,也提供了具有吸引力、富有竞争性的大量就业机会,体育产业已经位列美国前十大产业之一,产值超过1 900亿美元。世界杯足球赛、富豪精英杯业余高尔夫球赛、法国网球公开赛、美国职业联盟明星赛、迪斯尼冰上乐园等,既可以说是体育活动,又可以称为娱乐活动,已经成为人们日常生活的重要组成部分,并成为公众喜闻乐见的休闲方式,或参与,或观赏。如今,体育活动不仅数量多,并且规模越来越大,大型国际体育活动不仅有人数众多的运动员、教练员参加,而且有不少的随队工作人员、新闻记者以及大量的"拉拉队员"和观众参加。举办大型体育活动,对自然旅游资源缺乏的国家或地区来说,可以吸引更多游客;对具有较好旅游接待条件和设施的国家或地区的城市来说,可以最大限度地利用现有的条件设施。

(2) 娱乐、艺术、文化类节事活动

文化部1998年至2002年的统计资料显示,我国演出市场观众人数和演出收入不断攀升,观众人次由4.6亿人次增加到4.74亿人次,演出收入由4亿元增加到5.7亿元。平均每3个人里就有1个人看过演出。这些数据表明我国演出业发展的潜力以及演出业与人民生活的密切关系。近年来,各类文化娱乐型的活动更加是如雨后春笋,比如有着"上海城市名片"之称的超级多媒体梦幻剧"ERA——时空之旅",投入数千万巨资,由国际级大师团队打造,这台国际级大戏在短短3个月内演出收入已达1 000余万元。

(3) 商业市场营销和促销类节事活动

商场营销和促销活动的目的是挖掘潜在的客户,获得更多消费者的青睐,使自己的产品体现出与众不同的特色。消费者、潜在的购买者、销售商都可能是活动的参与者或观众,媒体往往也关注这些活动,并给予及时的报道,在短时间内会产生轰动。

(4) 会议和展览类节事活动

据世界权威的国际会议组织——国际会议协会(ICCA)统计,每年在世界各地举办的参加国超过4个、参会外宾超过50人的各种国际会议已达40万次以上。此外,据不完全统计,全世界每年还要定期举行4 000多个大型展览会。全世界每年仅用于会议的开支就达2 800亿美元。还有占会展市场绝大部分的公司小型会议和展览活动,为改善和提高企业的经营提供沟通和商业交流的机会。

(5) 节日庆祝类节事活动

节日庆祝类节事活动都来自于对生活的热爱,尤其是传统节日,不仅有着悠久的历史,而且其形成过程,也是一个民族或国家的历史文化长期积淀凝聚的过程。它的起源和发展是一个逐渐形成,潜移默化,慢慢渗入到社会生活的过程。人们通过各种方式,举行各种庆祝活动怀念先人,借以寄托自己的思念,表达自己对朋友、亲人的美好祝愿。

(6) 家庭类节事活动

家庭聚会、家庭宴会、婚礼、野外旅行等形式,尤其新年、圣诞节正是家庭成员聚集的好时机,与娱乐活动联系在一起。

(7) 筹集类节事活动

筹集活动是将非营利性机构的支持者聚集到同一个社交场合中,以轻松愉快的方式向来宾介绍筹集活动的目的,并最终筹集到足够的资金。筹集活动的大多数目的都是筹集资金,形式包括早餐会、午餐会、晚餐会或招待会、剧院演出或艺术画廊开幕聚会、体育活动、拍卖会等。

4. 按节事活动的主题划分

按照主题,节事活动可以分为宗教、文化、商业、体育、政治五类。

(1) 宗教类节事活动

宗教类节事活动包括麦加朝圣、西藏晒大佛、伊斯兰教古尔邦节、复活节、佛教的观音菩萨生日等。

(2) 文化类节事活动

文化类节事活动有巴西嘉年华、哥伦布航海500年历史纪念日、柏林国际电影节、上海文化艺术节等。

(3) 商业类节事活动

商业类节事活动比较著名的有五年一次的世界博览会、一年两次的广交会、一年一度的法兰克福书展等。

(4) 体育类节事活动

体育类节事活动最著名的是奥运会,其他还有世界杯足球赛、F1方程式大赛、网球大师杯赛等。

(5) 政治类节事活动

政治类节事活动如两国建交互访周年庆典、世界银行大会、APEC会议、上海合作组织年会等。

5. 按节事活动的组织者划分

以组织者分类,节事活动包括政府性、民间性、企业性三类。

(1) 政府性节事活动

政府出面组织的公益节事活动可成为政府性节事活动,如春节或中秋的联谊活动、五一和国庆的联欢晚会等。

(2) 民间性节事活动

这是指民间组织的自发节事活动,如彝族的火把节、法国的狂欢暴饮节、伦敦诺丁山狂欢节等。

(3) 企业性节事活动

这类活动是指企业组织的商业性节事活动,如某超市十周年活动、摩尔莲花新闻发布会暨网页设计大赛、北京中国酒店博览会等。

除了上述几种分类,还可以按照节事涉及的内容多少、节事活动的参与程度等标准进行分类。

5.1.5 节事活动的相关国际组织

(1) 国际会议和节庆/节事理事学术协会(The Association of Collegiate Conference and Events Directors-International, ACCED-I)

该协会成立于1980年,总部设在科罗拉多州立大学,接受个人和机构两类会员,目前有27名成员。通过颁发会议和节庆/节事职业学术证书(Collegiate Conference and Events Professional Certification, 简称 CCEP 证书)等途径,改善、推进和奖励会议和节庆/节事学术和职业的优秀成果。网络链接: http://acced-i.colostate.edu。

(2) 国际节日和节庆/节事联合会(International Festivals & Events Association, IFEA)

该协会也叫做国际节日与活动协会,前身是国际节日协会(The International Festival Association, IFA),1995年加上 Event 成为现在的名称。总会设于美国爱达荷州首府 Boise 城,会员以节日与活动主办业者为主,目前有 2 700 多名成员。其评审委员会每年从全球超过 3 000 项的节日和节庆/节事中,选出最优秀的项目,颁发荣誉奖,这一奖项是旅游业界中的权威奖项。协会在澳洲、欧洲和北美等地设有分会。网络链接:http://www.ifea.com。

(3) 国际特殊节庆/节事协会(International Special Events Society,ISES)

该协会于 1987 年创立,总部设于美国芝加哥,目前有来自 48 个国家超过 3 000 的成员,下设 31 个分部。成员囊括了餐饮、会议策划/规划、装修、音像技术、团体及会议协调、教育、学术刊物、饭店销售管理等诸多节庆/节事领域的专业人员。协会通过"特殊节庆/节事从业人员证书(Certified Special Event Professional,CSEP)"对特殊节庆/节事从业人员进行行业技术标准和职业道德认证。网络链接:http://www.ises.com。

(4) 国际会议专业人士协会(Meeting Professionals International,MPI)

该协会总部设于美国得克萨斯州达拉斯城,是一个会议和节庆/节事行业的机构,办有《会议职业》(The Meeting Professional)杂志。目前,协会有来自 64 个国家的近 2 万名成员。MPI 对其成员提出了一份会议职业的行为准则规范要求。网络链接:http://www.mpiweb.org。

(5) 展览业研究中心(Center for Exhibition Industry Research,CEIR)

该中心总部设于美国芝加哥,前身贸易展览局(TSB),会员单位包括专业会议管理协会。网络链接:http://www.ceir.org。

(6) 国际展览局(Bureau International des Expositions,BIE)

国际展览局总部设于法国巴黎,1928 年创建,是一个批准国际展览会的机构。在 2002 年 12 月举行的第 132 次成员国代表大会上,该机构确定上海为 2010 年世博会的举办地。网络链接:http://www.expomuseum.com/bie。

(7) 国际会议中心联合会(International Association of Conference Centers,IACC)

该会下设全球分会、北美分会、欧洲分会、澳大利亚分会、丹麦分会、英国分会,全球分会总部设于美国密苏里州 Saint Louis 城。网络链接:http://www.iacconline.com。

(8) 国际展览会管理联合会(The International Association for Exhibition Management,IAEM)

该联合会总部设于美国得克萨斯州 Dallas 城,前身是 1928 年创立的美国全国展览会管理者联合会,目前有 3 500 名会员,联合会对合格人员授予"博览会经理证书(Certified Exposition Manager,CEM)"。网络链接:http://www.iaem.org。

(9) 国际会议协会(The International Congress & Convention Association,ICCA)

该协会是世界上最具权威性的会议业协会组织。1963 年创立,总部设于荷兰阿姆斯特丹，在马来西亚和乌拉圭设有办公室，下设 9 个区域性的分部。目前，ICCA 共有成员 588 个。我国有北京市旅游局、上海市旅游委员会和上海国际会议中心等 14 个单位成为 ICCA 的正式成员。

（10）国际会议和观光局联合会（International Association of Convention & Visitor Bureaus, IACVB）

该联合会于 1914 年创立，目前是世界上最大的非营利性质的会议和观光局协会，有来自 30 个国家、大约 500 个目的地管理机构的 1 200 多名成员。IACVB 为其成员提供教育资源和网络机会，并为公众提供会议和观光产业的信息。

（11）国际展览及博览会协会（International Association of Fairs & Expositions, IAFE）

该协会总部设于美国密苏里州斯普林菲尔德（Springfield）。协会通过"展览从业人员认证项目（Certified Fair Executive Program, CFEP）"对相关从业人员进行资格认证，并设立了若干奖励项目。网络链接：http://www.fairsandexpos.com。

（12）西方展览会协会（Western Fairs Association, WFA）

该协会于 1922 年创立，1945 年合并成立，是为北美（主要是美国和加拿大）展览业服务的非营利专业协会。成员包括展览会（目前有 140 多个成员）、节日和特殊节庆/节事、服务机构（目前有 900 多个成员）、附属成员及与农业相关的机构等 5 类。网络链接：http://www.fairsnet.org。

（13）会议管理专业协会（Professional Convention Management Association, PCMA）

该协会于 1957 年成立于美国费城，一个非营利性质的国际会展业专业协会，总部设于美国芝加哥。其职业策划/规划成员每年预订的会议超过 3 万次，其合作供应商来自航空、旅馆、会议局和音像公司，这两类成员及其单位每年创造超过 1 000 亿美元的相关收入。网络链接：http://www.pcma.org。

（14）国际会议策划者协会（International Society of Meeting Planners）

该协会于 1981 年创立，是会议策划业界唯一的协会。协会建立了 5 种职业认证体系：注册会议策划者证书（Registered Meeting Planner, RMP）、注册节庆/节事策划者证书（Certified Event Planner, CEP）、注册娱乐业经理证书（Certified Entertainment Managers, CEM）、注册目的地专家证书（Certified Destination Specialist, CDS）和奖励旅行专家证书（Incentive Travel Specialist，简称 ITS），作为相关从业人员的资格认证标准。该协会设于美国明尼苏达州亚历山大城，成员遍及 90 多个国家。

5.2 节事活动策划

节事活动策划的整个过程可以分为四个阶段，即决策阶段、内容策划阶段、执行阶段、评价阶段，如图 5-1 所示。

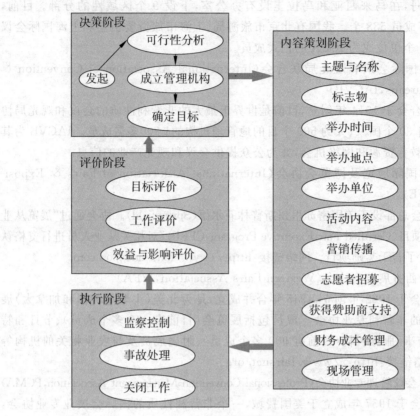

图 5-1 节事活动策划流程图

5.2.1 决策阶段

1. 发起

节事活动的发起者并不一定是节事活动的专家,他们可能来自公共部门(政府、当地权威机构)、私人企业、个人或者自愿的公众。其中,各种组织(与个人相对)更加有可能为节事活动的举办提供资源。

2. 可行性分析

可行性分析检测节事活动能否举行,它并不需要具体细节的答案,一份关于节事活动成功或失败的可能性预测就已经足够了。对于一个小的节事活动而言,可行性分析可以是非正式的,可能只是主要发起者之间的闲聊。对于失败可能性较大的节事活动而言,可行性分析包括更加复杂的细节性研究,最初的可行性分析应集中于市场研究和初步的财务分析。

市场研究有利于决策的制定,为举办节事活动是否获得潜在的经济效益提供有用的证明,并通过提供潜在的消费者特征、动机、消费者偏好、促销工具等相关信息而确保节事活动能够实现预期目标。市场研究能够直接影响赞助商的决定、营销方案、地点决策及举办日期的决定。是通过一手资料还是二手资料进行市场研究非常重要。如果所搜集的二手资料已经足够,那么只需选择恰当的二手资料进行分析即可。收集一手资料是很昂贵和很费时的过程,举办节事活动的组织者要先确定一手资料的必要性,然后再着手收集一手资料。

初步的财务分析能够改变有关节事活动的一些决定,如节事活动的规模、地点以及门票价格等。早期的关于节事活动在财务方面不可行的决策能够使浪费的时间和精力最小化。财务分析所需资料的一大部分可能是以往类似节事活动的二手资料。

3. 成立管理机构

节事活动经过发起,通过分析认为可行后,就会成立相应的管理机构。管理机构的职能在于负责策划、实施、评价节事活动。当举办大型的复杂的节事活动时,要把机构成员进行分组来专门负责具体的任务。机构的成员应由具有不同技能和特长的人组成,这些人负责节事活动的所有工作:节事活动的管理、营销、财务、法律等方面的工作。同时,还会请专家顾问做需要的工作。通常情况下,以团队工作方式组织的管理机构会更加有效率。

4. 确定目标

管理机构成立后,首先要做的就是确定节事活动的目标。因为目标在节事活动的举办过程中十分重要,它影响着节事活动的许多方面,如营销、举办权等。节事活动的目标可能与节事活动组织者的目标相同,至少它与组织者的目标是相辅相成的,有助于实现组织者的目标。节事活动的目标可以分为三类,即经济的、社会文化的、政治的。

许多节事活动,甚至非营利性的活动,都有经济目标,即使它们没有即刻给举办者带来经济收益。经济目标可以是直接的,以可以是间接的,如营销一种特殊的产品、地区,甚至整个国家;目标可以是短期的,如推销某种商品、吸引新的赞助商,也可以是长期的,如鼓励长期投资、创造新的就业机会,通过举办节事活动刺激旅游者消费而获得直接的经济收益等。节事活动的社会文化目标可以集中于鼓励地方政府的参与,如提高地区、某件节事活动传统的或社会文化价值的知名度,提高市民的荣誉感,提升地区的整体形象,满足特殊利益群体的需要以及保护地区文物遗产等。节事活动能够加强特殊人群间的交流、合作以及不同文化间的互动。无论是小地方的,还是全国的政治精英人物,都可以"既从宏观也从微观政治水平"利用节事活动提升个人形象以及政治地位。从宏观政治水平而言,节事活动可以提升一个地区,甚至一个国家的国际形象。从微观的政治水平而言,节事活动是一种

"政策工具"——音乐和艺术节事活动能够促进文化发展、种族交流活动,能够减轻社会压力和种族冲突,增进种族间的相互理解,并促进保留各种种族传统。

节事活动的目标可以分解成以下几个具体的小的可以实施的目标——每一阶段实现一个目标。目标可以理想化为"SMART",即节事活动的目标是明确的(Specific)、可以进行量化估算的(Measurable)、参与者都赞同的(Agreed)、基于就现有资源可实现的(Realistic)、可按照预定实现的(Timed)。

5.2.2 内容策划阶段

1. 主题与名称

(1) 主题

主题犹如一把伞,统一着节事活动的形象,同时又能辅助实现节事活动的目标。一旦主题确定,节事活动所有的要素都要适应该主题,这些要素包括命名、商标、地点装饰、员工制服、表演者服装、活动、灯光、音乐、特殊效果、食物、饮料、吉祥物、售卖的商品等。因此,确定主题是节事活动策划的核心,主题的优劣往往影响甚至决定节事活动的成败。

有关历史、民族、传统的主题是最常见的,但这样的既有性主题毕竟是有限的,而且带有较强的地方性色彩,会受到一定的限制。因此,在进行主题策划的时候,需要一定的创新。卢晓在对主题策划创新的模式进行研究的基础上,提出了创新型、改进型、分裂型、融合型等四种主题策划模式。

① 创新型。这种类型的主题策划,是从无到有的完全意义的创新。如由《大河报》与河南移动通信有限责任公司组织和主办的首届中原短信文化节。之所以举办这次以短信为主题的文化节,源于继网络之后,手机短信正在以"第五媒体"的姿态成为人们生活的一部分。统计数据显示,2005年上半年,全国手机短信发送量再创历史新高,而在中国目前至少有5 500万人在使用短信业务。同时,短信写手作为一个新的职业开始出现,短信营销逐渐流行,短信文化悄然萌生;但同样不容忽视的是,短信引发的问题也正在潜滋暗长。不良信息日益泛滥、短信诈骗时有发生,短信监管面临新的考验。首届中原短信文化节历时两个月,将是一次集文学创作、文化研讨、短信互动于一体的大型体验式文化传播活动,其内容包括短信竞赛、手机短信业务免费体验和短信文化研讨三个部分。首届中原短信文化节体现了节事活动主题策划的创新性。

② 改进型。改进型就是在已有节事活动的基础上,通过不断的完善和优化,使其主题越来越和地区的发展、市场的需求、社会的进步相吻合。如上海旅游节,就是在1996年由上海黄浦旅游节升格而成的,之前已成功举办了6届。该节每年秋季举办,由文化艺术节、民族风情节、美食节、购物节等构成系列活动,从一区牵头、各行业共同参与,发展到各区轮流展示各自旅游特色,到目前已经成为"都市旅

游节庆"品牌。1998年,更是一改"领导检阅式"和"综艺晚会式"的开幕式格局,代之以开放的普天同庆、万民同乐的新形式。在不断的创新中,保留了上海桂花节、玫瑰婚典、小主人生日游、四川北路欢乐节等传统经典节目,还增加了开幕式花车大巡游,旅游形象大使评选活动,金山农民画旅游节暨枫泾古镇旅游节,上海奉贤旅游风筝节,上海国际音乐烟花节,上海旅游纪念品、礼品、旅游用品博览会,崇明森林旅游节,七宝古镇风情游等主题活动,使得上海旅游节真正体现上海都市风光、都市商业和都市文化。

③ 分裂型。所谓分裂型,就是由已有的节事活动中的某个子活动发展成一个独立的或专业的节事活动,使得主题更加专业和与节事活动的内容更加贴近。如中国上海国际少年儿童服装及用品博览会,就是从上海国际服装文化节中分裂出来的,现已成为中国服装行业年度盛会。上海国际服装文化节开始于2001年,以"发展经济,繁荣市场,美化世界,美丽自己"为宗旨,非常注重市民和企业的参与,每年在淮海中路沿线演出多台缤纷多姿的时装秀,在国内外有一定的影响。而曾经是上海国际服装文化节主体活动之一的中国上海国际少年儿童服装及用品博览会,已经成为中国创办最早、规模和影响最大的专业博览会,国内著名的企业将其作为进入国外市场的敲门砖,而国外童装品牌把上海作为重要的战略基地,把童装展当做最好的展示舞台。

④ 融合型。融合型,是指将几个相关的、规模较小的节事活动整合成一个更大规模的节事活动,形成更加综合的主题,它是和分裂型相反的一种主题策划模式。如上海国际音乐节是由已有18届历史的"上海之春"和已举办7届的"上海国际广播音乐节"合并而成的。该节由上海市文化广播影视管理局与上海市文学艺术界联合会主办,上海东方广播电台、市音协、市舞协承办,被确定为每年上半年上海文化节事活动的一个高潮。在为期10天的时间里,音乐节将举办音乐舞蹈新人新作展演、"东方风云榜"十大金曲颁奖演唱会、全国广播音乐节节目主持人(DJ)大赛等多项主题活动。

(2) 名称

名称可以说是节事活动的名字,好的名称能够准确清晰地表达主题,很容易引起旅游者的注意,进而对旅游者有一定的诱导作用。节事活动的名称应该具有以下三个方面的基本要求。

① 语言方面,易读、易记、字意吉祥、能启发联想。在节事活动的名称策划上,首先要注意语言艺术,要听起来既简单又易于理解、记忆,并且有一定的震撼力,让人产生愉悦的心理;说起来朗朗上口,不论中文还是英文都容易发音,不存在拗口、发音困难的现象。在用词上要考虑到与时代接轨,富有时代感,不因时间的推移而产生歧义,不会引起不悦、消极甚至淫秽的感觉和联想;拼写上要简洁,既体现个性,又易于传播。

② 法律方面,具有法律效力,并且在竞争中独一无二。名称的策划还要考虑到法律问题,要做到保证不侵犯他人的知识产权,也不能让他人来侵犯自己的品牌;对于竞争对手来说,名称要成为市场中独一无二的富有个性的活动,鲜明的独特性不仅便于公众的记忆,也易于被公众接受。

③ 营销方面,具有促销、广告和指导作用。名称往往对节事活动的价值有一定的暗示或明示作用,不仅与组织机构的形象相匹配,也要和本活动的形象相一致,并支持活动的其他标志,如会徽、吉祥物、口号等。

2. 标志物

标志物,也称吉祥物或象征图案,是表达某种文化主题内容的物品、图案,是经过深思熟虑、理想化设计的活动饰物。标志物不是一般意义上的作品,而是创作者基于公众审美情趣和思想境界所设计的专题作品,其中的创意构图以及色彩组合都蕴涵着丰富的内容,一经审定通过,一般就不轻易改动,具有相对的稳定性,并可能成为"圣物"。标志物的主要效用是标示活动、展示活动主题、烘托活动气氛和诱导公众情趣,让公众或心潮澎湃,或庄严肃穆,或兴奋激动。为了形象直观地展示旅游节事活动的主题,诱发公众的美好心理,在认真审视活动主题的前提下,应该根据公众的审美情趣创作具有文化韵味和形象特色的图案或实物,并将其定为旅游节事活动的标志物。比如杭州西湖博览会的标志物"欢欢"(图5-2),采用了西湖十景之一的"三潭印月","三潭印月"是杭州西湖最具代表性的景观;盛开的荷花是西湖中最具代表性的花卉,莲藕制品又是杭州民间最具代表性的迎宾待客佳品。"三潭印月"的石塔造型和盛开的荷花,组成了秀美古都最具标志性的形象符号。将"三潭印月"的石塔造型拟人化为一个可爱的形象,新的"欢欢"手持莲花,张开双臂,喜迎八方宾客,表现西博会的全方位对外开放。"欢欢"以可爱的笑容,聪敏和幽默,给人以欢快吉祥之感,形象个性鲜明,使人过目不忘。同时,"欢欢"造型也体现了杭州山美、水美、城美、人美,展示杭州"精致和谐、大气开放"的人文精神。

图 5-2 杭州西湖博览会吉祥物

3. 举办时间

节事活动的举办时间,小到具体的举办钟点,对节事活动的成败非常重要,需要慎重考虑。目标观众、节事的具体活动安排、地点的安排以及组织者的个人偏好都能影响节事活动日期的安排。例如,如果节事活动的目标市场是有小孩的家庭,那么应该尽量避免上学时间。确定举办时间的时候,应该避免与竞争性的节事活动或其他大型活动相冲突,如"世界杯足球赛",它对所有的节事活动都具有巨大的影响力。最终决定的日期应该能够让组织者有足够的时间进行前期工作和营销活动。

4. 举办地点

选择一个合适的举办地点对于节事活动的成败非常重要,能够辅助实现节事活动的主题。一些节事活动举办的地点是永久的、不变的,如在朗高伦举办的国际音乐大会和在韦尔斯举办的皇家威尔士展览会;另外的则没有永久性的地点,经常需要选择和改变举办地点。为节事活动选择一个已经建好的地点非常重要,因为建好的地点能够提供一些基础设备。在选择具体地点的时候需要注意以下几个问题。

(1) 容量。该地点应该可以容纳必需的工作人员、参会人员、旅游人员、表演者、各种表演仪器、各种商品、管理以及其他服务设施,也包括举办地可容纳的席位。

(2) 设施。基础服务设施对衡量一个地点是否适合非常重要,必需的基础设施包括信息与通信终端、电力供应、语音及可视系统、洗手间、食物、饮料及安全出口等。

(3) 可视性、集中性、可聚集性。它是节事活动地点选择时必须考虑的因素。可视性尤为重要,特别是节事活动由于财务限制不能进行大规模营销活动时,人们应该很容易就能看到这个地点。集中性,指交通比较方便,如附近有机场、火车站、汽车站等。可聚集性指该地点附近有其他吸引物或服务,如自然景观、历史古迹、娱乐购物中心等。可聚集性对于希望吸引远程游客的节事活动而言非常重要,如果一个地点的可聚集性高,那么远途游客就愿意前往,因为他们可以在该处进行其他活动。

(4) 举办地成本。尤其对于预算有限的节事活动,成本是一个非常关键的影响因素。

(5) 历史。历史能够对一个地点产生积极的或消极的影响,需要认真考虑。有些地点并没有举办节事活动的设备,但是由于独特的历史原因,吸引了许多节事活动的组织者,如埃及的金字塔。

(6) 其他因素。如犯罪率、安全系数、主导的政治环境(对于国际节事活动尤其重要)、主要的气候条件(尤其对于需在户外举办的节事活动)、环境状况等因素。

(7) 个人偏好。节事活动组织者可能对一些并不是很合适的地点情有独钟,不管说起来多么不科学,但是必须承认组织者的个人偏好对举办地点选择举足轻重。

在选择合适的举办地点时,组织者应该列出一个包含必需的和可选择的标准的列表。一个地点也许能够满足其中的一些标准而无法满足其他标准,因而很难进行全面的评估。一个合适的举办地必须满足所有的必需标准。可选择的标准可以根据其重要程度进行加权处理,根据可选择标准的权值,为这些能够满足所有的必需标准的地点的每一项可选择标准赋予权值,然后把所有的权值相加,就可以得到该地点可选择标准的总权值。组织者可以根据这个总权值选择最合适的举办地。

5. 举办单位

在很多情况下,仅仅一个单位难以完成一个完整的节事活动的举办工作,尤其是大型的节事活动,这就需要多家单位参与、合作或联合举办节事活动。按照其在节事活动举办过程中的作用和职责范围的不同,可将其分为主办单位、承办单位、协办单位或支持单位三类。

(1) 主办单位

主办单位指节事活动的发起单位,其职责包括:协助邀请相关领导和会议演讲、发言专家学者;协助策划制定节事活动热点内容及会议形式;协助联系媒体宣传、发布通知;协助落实节事活动地点、时间安排。

(2) 承办单位

承办单位指节事活动的具体实施单位,其职责包括:安排车辆接送重要领导及必要的活动用车;协助联系宾馆、节事活动场地;协助主办方完成会务、布置工作(挂条幅、彩虹门、印刷、订票等);协助联系货物运输公司,安排货运工作;协助联系银行、通讯服务,在节事活动期间为交易提供便利条件;协助活动期间的代表服务工作等。

(3) 协办单位或支持单位

协办单位或支持单位指为节事活动的实施过程提供协助或赞助的单位,其职责包括:负责协助主办、承办单位工作,献计献策,出人出力。

例如,"第十二届全国区域旅游开发学术研讨会"的举办单位情况如下。

主办单位:中国区域科学协会区域旅游开发专业委员会 浙江省旅游局

承办单位:浙江旅游职业学院 富阳市人民政府

协办单位:《旅游学刊》编辑部 北京旅游学会 北京大学旅游研究与规划中心 青岛大学旅游学院

在确定节事活动的举办单位的时候,要积极公关,主动向政府靠拢,想方设法动用上级以及中央有关部委的行政资源,在组织机构上、相关政策上、扶持资金上、市场宣传上获取足够支持。同时又要以当地政府为主导机构,以旅游局为主要协调部门,以节事活动为主要平台,调动当地政府各部门的力量,各司其职,彼此联动。

6. 活动内容

在确定节事活动主题的基础上,策划出别具一格、有地方特色和民族传统的趣味盎然的活动内容,是吸引公众参加的基本保证。一般而言,节事活动在内容设计上要体现节事活动的主题、具有体验的情景、具有丰富的品牌内涵、实现立体化的衔接。

（1）体现节事活动的主题

应该根据节事活动的内在特征以及全面的预算来安排反映主题的主要活动，同时也要安排一些次要的吸引人的辅助活动来补充节事活动的整体形象。对于一些参加活动的人来说，辅助活动甚至比主要活动更加重要，更能带给他们利益。

（2）具有体验的情景

节事活动内容的设计，尤其是反映主题的主要活动，往往更多地关注游客的视觉感受，游客没有真正参与进去，所以印象不够深刻。因此，我们在对节事活动的内容进行设计的时候，要充分利用其中的辅助活动，开发充满情景体验性质的活动，让游客真正全身心地参与到活动中来。

（3）具有丰富的品牌内涵

目前，旅游节事在全国范围内轰轰烈烈地开展着。这其中，不乏成功例子，但更多的则是鱼目混珠、徒有虚名。失败的原因很多，例如，一是缺乏品牌内涵，一味追求当地特色，忽视游客利益和兴趣，形成不了市场吸引；二是内容单一乏味，缺少丰富的活动内容，缺少品牌情感，沦落到"三个一"的局面，即"一个开幕式、一个闭幕式，一些群体自娱自乐的内容"；三是从时间序列上看，一年有一年无、今年东明年西，甚至出现主题毫不相干、相互冲突、相互脱节，忽视品牌在时间上的延续和积蓄。因此，在设计旅游节事活动时，要始终把品牌的建设和维护放在重要位置。

第一，品牌内涵：元素多样而又具有内在联系。要精心设计和策划节事活动各项内容，使之有机结合、相互辉映，而不是生搬硬套、盲目组合，并在一个共同的时间段，进行集中展示。

第二，品牌价值：覆盖特色并对特色做市场化利用。以山西平遥为例，要挖掘并突出平遥特色，即古城、古民居、古金融、古生活气息，围绕"四古"大做文章，使之成为贯穿整个平遥旅游节事活动的一条鲜明的主线，贯穿于各个环节和各个时段；同时，结合旅游市场的实际需求特点，对"四古"题材进行市场化利用，使节事活动既能反映平遥旅游资源之精华，浓缩出短小精悍的产品链条，又要紧紧结合旅游者的实际需求，捕捉到市场上的机会。

第三，品牌发展：常有常新、滚动深化。要坚持在时间序列上坚持把节事活动抓下去，不能做一天和尚撞一天钟，节事活动要形成序列，形成固定举办模式；在固定模式的基础上，要坚持创新，每次举办都要出新出彩，不断制造新的市场卖点、新的市场吸引力。通过这些方法，最终使节事活动真正形成品牌，产生品牌价值和忠诚度，在游客心目中产生品牌情感维系，并占据一席之地。

（4）实现立体化的衔接

一个成功的旅游节事活动，不只是单纯的一个活动，而是一系列具有内在联系的活动荟萃,并且活动的内容要十分丰富、表现手法要十分多样、展示主题要十分宽泛。这样,才能收到两方面效果,一是精准全面地反映当地旅游资源,不遗漏信息,不挂一漏万;二是迎合旅游者对多样化产品的追求,拓宽客源面。但是这些活动不能只是平面的展示,而是相互之间要有立体化的衔接。

7. 营销传播

节事活动的营销策划,是节事活动组织者的重要活动之一,它不仅要回答在现实的市场营销活动中提出的各种问题,而且更重要的是如何开辟市场、营造市场以及在激烈的市场竞争中获取丰厚的利润。它以消费者满意为目标,整合各类资源,使节事活动以崭新的面貌出现在市场上,并在特定的时空条件下具有唯一性、排他性,为实现节事活动的经济效益最大化目标而进行促销。市场营销推广是节事活动经营管理的重中之重。在市场经济大潮中,组织者只有以不断创新的营销观念为导向,才能在竞争激烈的经济浪潮中领先。节事活动营销推广的过程主要包括发现和分析市场机会、选择目标市场、制定营销组合以及组织、执行和控制市场营销等几个步骤。

8. 志愿者招募

志愿者是那些出于自己的意愿,免费向节事活动奉献服务的人,他们在节事活动的举办过程中起了重要的作用,能够从事很多方面的工作,甚至进入活动管理机构。举办节事活动的过程中,有一个重要问题,即不能预测志愿者的数量,所经常需要预算多一些数量的志愿者。了解志愿者的动机有利于向志愿者支付报酬。志愿者一般出于两个目的:充实自己,帮助别人。尽管一旦节事活动的消息传开,许多志愿者会马上参加,但管理机构还是应该预先确定招聘计划,以防有变。例如,即将在我国北京举办的2008年奥运会对志愿者的总需求约为7万人,报名工作从2006年8月起陆续开始,至2008年3月底结束。为增强赛会志愿者组织工作的计划性和周密性,组委会分阶段启动赛会志愿者的报名工作。

9. 获得赞助商支持

赞助,通常是指某一单位或某一个人拿出自己的钱财、物品,来对其他单位或个人进行帮助和支持。确切地说,是指企业为了实现自己的目标而向某些活动或组织提供支持的一种行为。赞助已经成为节事活动营销的一种普遍形式,其双赢的结局吸引着无数赞助商和节事活动组织者趋之若鹜。对于赞助商来说,赞助是一个绝佳的投资机会,通过赞助过程获得潜在的商机和利润,运用标志、促销手册和媒体策略等向尽可能多的潜在消费者宣传企业或产品,并将品牌与旅游者等消费者最喜欢的节事活动联系起来,建立、提升或改变品牌的形象或名誉。对于节事活动组织者来说,赞助是一种新兴的营销沟通工具,是节事活动资金流的关键部分,是节事活动得以顺利进行的重要保障之一。

(1) 赞助物的分类

赞助物，指赞助单位或个人向受赞助者提供的赞助物品。它往往取决于赞助单位或个人的实力与受赞助者的实际需求。通常，赞助物可以分为如下几类。

① 现金。即赞助单位以现金或支票的形式，向受赞助者所提供的赞助。它可使受赞助者根据自己的客观需要，对其进行受一定限制的支配。

② 实物。即赞助单位或个人以一种或数种具有实用性的物资的形式，向受赞助者所提供的赞助。它不仅可以及时地满足受赞助者的需要，而且不易被对方挪作他用。

③ 义卖。即赞助单位或个人将自己所拥有的某件物品进行拍卖，或是划定某段时间将本单位或个人的商品向社会出售，然后将出售所得，以现金的形式捐赠给受赞助者。此种赞助的赞助额事先难以确定，但其影响较大，并且易于赢得社会各界的支持。

④ 义工。即赞助单位或个人派出一定数量的员工，前往受赞助者所在单位或其他场所，进行义务劳动或有偿劳动，然后以劳务的形式或以劳务所得，向受赞助者提供赞助。它可以使有关方面有钱出钱、有力出力，更好地调动其积极性，并获得更为广泛的参与。

(2) 如何获得赞助商的支持

节事活动的赞助方不会把赞助费的支付当成其义务，他们都在寻求提高广告和赞助权的附加值，将赞助权益纳入系统的节事活动的行销战略计划中。对于需要赞助的节事活动，如何获得赞助商的支持是策划者需要考虑的问题，主要包括以下几个方面。

① 赞助商重视整合营销。许多情况下，传统电视媒体广告费越来越高，赞助成为对大小公司都更有吸引力的传播方式。因此，需考虑为赞助商提供包括报纸广告、广播、直接递送、交叉促销、在现场进行捆绑销售等多种手段综合运用的整合营销。

② 通过谈判说服赞助者。在与潜在的赞助者谈判的过程中，不要直接回答对方的"你需要提供多少赞助"这个问题，而应当向节事活动的潜在赞助者展示商业计划书，明确每一项支出需要的赞助数目，然后仔细逐条地解释各项要点，最后说明目标是要找到有实际预期收益的赞助者。此外，在与赞助商的谈判过程中，不能表现出绝望的情绪，这样会让赞助者感到对节事活动赞助的不安全，任何一位赞助者都是在对节事活动组织者的管理能力充分信任的情况下才会赞助。

③ 需要采取必要的激励措施。除了能够获得赞助回报外，节事活动的赞助者还希望能有其他的激励措施，提高他们在节事活动中的曝光率，并有利于实施他们的整体营销计划。节事活动的组织者应该采取一些有效的激励措施来吸引赞助者，以获得他们的支持，从而达到双赢。这些措施包括购买媒体、交互营销、答谢

会、产品样本派发、消费者调查等。

④ 帮助赞助者避免隐蔽式市场营销。隐蔽式市场营销,是指非赞助者通过给出虚假印象,让公众误把其当做赞助者的一种促销战略。这一战术经常被一些赞助者的竞争者使用,试图将自己与并不是他们赞助的活动联系起来。因此,节事活动的组织者要关注市场的动态,尤其是关注赞助者的竞争对手的市场营销行为,及时阻止隐蔽性的市场营销行为,以维护赞助者的利益。

⑤ 建立节事活动风险机制,避免活动失败。赞助活动失败后,赞助就成了浪费,甚至可能使赞助者的声誉受损。因此,节事活动的组织者必须精心策划活动,建立完善的风险管理机制,打消赞助者害怕活动一旦失败给自己负面影响的顾虑。

⑥ 让有资质的潜在赞助者获得长期赞助权。在赞助商看来,如果与所赞助的活动建立了长期的联系,那么放弃该活动的赞助权是一种损失。坚持长期稳定的赞助,从逻辑上讲,可以使品牌与活动结合得更为紧密,可以用较少的投资在长时间内取得良好的效果。如果因为没有任何约定来维系活动与赞助者之间关系而丧失赞助权的话,那么先前所做的赞助就浪费了。而更为糟糕的是,有些活动会继续寻找新的赞助商,而新的赞助权很可能会落入赞助者的竞争对手之手。因此,节事活动的组织者可以利用赞助者的这种患得患失的心理允许其在随后的几年里长期拥有赞助权。

10. 财务成本管理

对于节事活动项目的投资者来说,除了社会效益外,费用和利润是他们最关心的问题。如果缺少严格的项目财务成本管理,节事活动的开支会远远超出预算,最终造成项目无法按照计划实施,甚至亏本。所以,进行活动项目的财务成本管理十分重要。节事活动项目的财务成本管理包括成本预算、收入估算和成本控制三项内容。

(1) 成本预算

节事活动的成本预算包括劳动力、场地和设备租金、原材料、分包商和顾问、广告宣传、能源动力、意外费用、应急费用等八个方面。

① 劳动力。这部分给出的预算包括预计在节事活动中工作的各类人员,如设计师、工作人员和管理人员等,还包括每人的或者分类的工时数、工时率。

② 场地和设备租金。这部分是对某一节事活动的厂址、相关设备如同声翻译设备、数字会议网络会议系统和主席发言机、多媒体演示设备等的租金的成本预算,因为场地和设备的租金有许多种计费方法,可以按时间给付,也可以按时间次数给付,甚至一次性给付,所以在进行成本预算时,既要考虑节约成本,又要考虑到意外事件。

③ 原材料。这部分也是节事活动成本的主体之一,一方面包括举办节事活动

所需建设工程的原料，比如在场馆建设过程中需要的油漆、木料、墙纸、毛毯，也包括举办节事活动时所需的物品，如纸、艺术品、纪念品、食品等。

④ 分包商和顾问。当节事活动的组织者缺少某项专门技术或没有完成整个节事活动的资源时，他们可以雇用分包商或顾问执行这项任务，比如设计小册子、编辑培训手册或者举办招待会等。

⑤ 广告宣传。一项节事活动要成功举办，广告宣传起了很大的作用，这部分成本的估计不能单单考虑费用的多少，而且要分析"质量"的好坏。

⑥ 能源动力。一项大型节事活动的举办，能源动力的费用往往也要考虑在内。

⑦ 意外费用。任何节事活动都存在风险，意外费用是由于可预见的风险而可能导致的活动项目增加的费用，如由于节事活动目标的不确定性、成本估算方法的差异、新技术应用时的不稳定性以及活动举办过程中配合不好、指挥失灵等原因产生的额外费用。

⑧ 应急费用。应急费用又称不可预见费用，是为应付未能预见的事件或变化而准备的费用。这种费用主要是用于防备因失误或疏忽而造成的成本增加。同类节事活动的经验表明：对于不确定事件以及可能发生的环节，都需要留足应急费用。应急费用在节事活动成本中所占的比例一般为10%。但是如果是个特殊的节事活动，没有经验，情况不同，不确定性因素多，风险很大，通常可取20%；反之，如果有丰富的经验，各种资料齐全，把握较大，风险较小，5%也可以。

(2) 收入估算

对于节事活动的组织者，收入项目包括广告收入、优惠销售收入、捐款、赞助收入（常见于艺术和体育活动）、投资利息收入、注册费收入、商业销售收入（如体育活动的转播权）、大型活动票房收入、经销商佣金收入、集资（常见于社区活动）、客户（常见于公司活动）、拨款等。

(3) 成本控制

节事活动成本控制是运用以成本会计为主的各种方法，预定成本限额，按限额开支成本费用，以实际成本和成本限额比较，衡量活动的绩效和效果，并以例外管理原则纠正不利差异，以提高工作效率，实现以致超过预期的成本限额。进行有效的成本控制关键是要经常及时地分析成本的实际数与计划数的差别。尽早发现成本差异和低效率，以便及时采取纠正措施。首先，分析实际成本与计划成本的差异，确定要采取纠正措施的工序。然后，决定要采取何种特别措施纠正成本差异。最后，修订节事活动计划，包括日期、成本预算，综合筹划纠正措施。

11. 现场管理

节事活动一般要经过较长时间的前期的筹划、筹备，才能进入关键的实施阶段，即现场管理环节。这是最紧张也是最关键的一步，管理不善不仅功亏一篑，甚至会有生命危险,在社会上造成恶劣的影响。节事活动的现场管理包括场地的布置与管理、后勤管理和人员管理三个方面。

(1) 场地的布置与管理

① 场地的类型与选择。节事活动举办的场地有室内场地、露天场地和临时搭建的凉棚式场地三类。室内场地,指固定建筑物内的场地,如各类会议中心、展览馆、体育馆、音乐厅、歌剧院等。露天场地,指由于流动性等原因,用于举办节事活动的草坪、广场、有规定线路的街道等露天场所。凉棚式场地,指临时搭建的用来举办节事活动的暂时性场地。到底选择何种类型的场地来举办节事活动,需要进行综合的考虑,主要从活动的性质、活动的规模、场地的位置、设施设备要求、场地条件对活动项目的适合性五个方面来考虑。

② 场地的布置与装饰。场地的布置和装饰都必须围绕整个活动的主题而展开,灯光、音响和特殊效果都是为了烘托活动的气氛进行设计,如整个活动背景的色调、舞蹈的形式等都留有使游客和观众发挥想象力的空间,音响和灯光能够使娱乐活动更加完美,诱导观众从潜意识到全身心的投入,而不会发生视线被阻挡或嘈杂声过响而淹没音乐的情况。

(2) 后勤管理

对于所有的节事活动而言,后勤工作是最需要花力气去考虑的一个部分,也是较为琐碎的部分,即便是极其微小的细节也会影响活动的成败。后勤管理主要包括与供应商/服务商的协作、交通管理、安全管理三个方面。

① 与供应商/服务商的协作。一般观众注意不到活动看台设施和移动公厕的提供者,注意不到节目表的印刷商、志愿者制服的制造商以及现场垃圾清理商等,而作为活动的组织者,选择好的供应商/服务商是非常重要的。首先要确定需要的产品和服务的种类,其次要明确与供应商/服务商彼此的权利和义务,最后要保证商品保质保量、如期到达。

② 交通管理。交通管制是节事活动期间最普遍的难题,有效地疏导活动举办期间的大量人流、车流需要周密的计划,也需要当地警察、交通部门、活动组织方和志愿者的通力配合。后勤部门应及早规划 VIP 会员、嘉宾、观众、演员、运动员和媒体记者抵达和离开活动场所的交通方式,并安排相应的交通工具和停车场,还应考虑停车场内是否有足够的照明设施、指示标牌及管理人员,减少犯罪的发生率,给停车者安全感。保持交通畅通的另一措施是设置路障和利用警力控制过往行人。此外,举行大型的节事活动,还要对司机进行培训,让他们了解各种情况下可选择的行车路线。

③ 安保管理。许多成功的活动组织者都信奉"安全第一"的原则,将安全措施放在重中之重,尤其是演员和观众的安全是最重要的,对任何隐患都需采取预防措施,切忌视而不见。安全管理不只是现场保安或保安部门的责任,而应该是所有参

与者的责任,只有开展全员安全管理才能保证活动平安、有序。需要制定安全与危险防范措施,保证演出者和观众的安全,对警力、消防和紧急救护做相当的安排。此外,还要做好有价物品的运送和保护工作。

(3) 人员管理

节事活动举办现场中的人员可以分为三类,即组织者、观众游客等消费者和邀请来的演员、嘉宾和媒体记者等。对于现场工作人员来说,现场工作是所有工作中最关键的一环,它决定着活动成功与否,同时也是最紧张和最疲劳的一个工作环节,所以做好临时聘用人员、工作团队的激励工作十分重要,以确保他们现场工作的积极性和高度投入。而对观众、游客等消费者和邀请来的演员、嘉宾和媒体记者等,不仅要做好接待服务工作,而且要确保他们的人身、财产安全。

5.2.3 执行阶段

1. 监察控制

在节事活动举办之前,召开一次简短的会议,以消除最后可能的障碍,确保有可替代的措施以防万一。有了保障性的管理计划,节事活动就能如期进行。组织者安排各种监控行动,确保节事活动按照计划推进,在必要的时候采取紧急修正措施。当管理者的计划改变时,应该与所有的员工沟通好,让他们按照改变了的计划行事。

2. 事故处理

导致节事活动取消、延期、活动现场混乱(如火灾、洪水、地震、突然停电、台风、爆炸等)的不可预测的事故是组织者不可控制的事情。保险能够转移节事活动组织的风险,有两种好处:能够获得专家关于风险的管理建议;保证获得财务损失的补偿。节事活动的组织者必须要考虑:如果发生……,应该怎么办,同时提前想好解决方法。应该为所有可能发生的事故准备两套防御方案,以及一整套解决事故的计划。并且,还要对所有的员工进行培训,使他们能够处理各种可以预见的和不可预见的突发事故。

3. 关闭工作

关闭工作是指节事活动结束后把所有的物品复原,包括两项工作:拆除并转移各种设备;清扫。在租赁合同里,应该指明由设备提供商拆除、运走设备(如音响设备、临时舞台、可移动的洗浴室等),以及拆除的时间安排。如果是节事活动组织方自己购买的设备,那么设备的销售还能为节事活动带来后期的收入。对清扫工作并没有硬性的限制,但是对举办地点的清扫,应该包括促销以及用来标记的材料的回收。

5.2.4 评价阶段

1. 目标评价

原先计划中预定的目的和目标的实现程度,是节事活动评价所需要完成的主要任务之一。目标评价,一方面要对照原定目标的主要指标,检查活动结束以后的实现情况,确定实际变化之处及分析变化产生的原因,判断目标的实现程度。另一方面,要在实践中检验原定决策目标的正确性、合理性,通过评价找出原定目标的问题,如不明确的目标、过于理想化的目标及不切实际的目标,为下次活动目标的制定提供依据和经验。

2. 工作评价

节事活动的筹备和实施工作的内容比较广泛,涉及时间进度、推广宣传、现场服务、财务实施等情况,对照内容策划进行比较和分析,找出差距,分析原因。节事活动的工作评价一般包括以下几个方面。

(1) 筹备工作评价,包括节事活动工作的统筹、准备、协调及各项筹备工作的安排和调整等。

(2) 服务代理工作评价,对通过公开招标获得的服务商、代理商、制定赞助商、旅游代理商、清洁公司、保安公司等的工作进行评价。

(3) 宣传推广工作的评价,包括媒体宣传与公关、推广进度安排、宣传渠道的建立、宣传资料的印制与发放、宣传效果、新闻媒体的反映(刊载、播放的次数、版面大小、时间长短)等。

(4) 管理机构的评价,对构建的组织结构形式、人员组成、工作态度、团队精神、工作效率等进行评价,评价工作人员组合安排是否合理、效率如何、工作时间是否适中等。

(5) 现场管理工作的评价,包括场地选择、舞台音响、后勤管理、物流配送、清洁保安、志愿者管理、现场工作人员管理、突发事件应急措施和各环节的服务,以及对这些服务的质量、提供方式等进行评价。

(6) 时间管理的评价,包括对节事活动的招商、宣传推广、服务及整体时间进度安排等进行评价。

(7) 服务管理工作的评价,包括筹备管理的质量和效率,接待服务的各环节质量、培训、后续工作等。

(8) 财务实施评价,包括对节事活动的预算制定与执行情况、成本、费用支出时间的安排,收益、收款情况,超支原因及其他财务管理问题进行评价。

3. 效益与影响评价

(1) 效益评价

效益评价即财务评价和经济评价,主要的分析指标为内部的收益率、净现值和贷款偿还期等盈利能力和偿还能力指标,包括成本效益评价、成本利润评价等。

(2) 影响评价

节事活动的影响评价内容包括经济影响、环境影响和社会影响。

① 经济影响评价,主要分析评价节事活动对所在地区、所属行业和国家所产生的经济方面的影响,评价的内容包括分配、就业、换汇成本、技术进步等。由于经济影响评价的部分因素难以量化,一般只能作定性分析,或并入社会影响评价范围。

② 环境影响评价,一般包括节事活动的地区环境质量、自然资源利用和保护、区域生态平衡和环境管理等几个方面。

③ 社会影响评价,是对节事活动在社会经济发展方面的有形或无形的效益和结果的一种分析,重点评价节事活动对举办国、举办地和社区的政治、文化、经济、生活的影响。

5.3 节庆活动策划实训

实训目的

本实训旨在考查学生对本章所学内容的理解和掌握情况,培养学生节事活动策划的技能。

实训要求

请学生根据所提供的材料,按照已经列出的提纲,为目标区域策划一个节事活动。该活动可在原有节事活动的基础上进行,也可重新策划一个新的节事活动。学生也可另选目标区域作为实训对象,另列提纲,但内容需涵盖给出提纲的内容。

实训背景材料

淳安县位于浙江省西部,地处北纬 29°11′～30°02′,东经 118°20′～119°20′。是著名的国家级风景区千岛湖所在地,又是浙江省政府批准的老革命根据地县。北接临安,东邻桐庐、建德,南连常山、衢县,西南与开化接壤,西与安徽休宁、歙县毗连。全境东西宽 96.8 公里,南北长 94.4 公里,面积 4427 平方公里,占全省总面积的 4.35%,是浙江省面积最大的县。隶属杭州市,距杭州市区 151 公里。

淳安县历史悠久,在新石器时代就有人类活动。春秋属吴、越,战国属楚,秦时为歙县辖地。东汉建安十三年(公元 208 年),孙权遣威武中郎将贺齐击山越,分歙县东之叶乡置始新县,分歙县南之武强乡置新定县。[①] 此为淳安、遂安建县之始。西晋太康元年(公元 280 年)改新定县为遂安县。隋开皇九年(公元 589 年)改始新县

---

① 浙江省淳安县志委员会.淳安县志.上海:汉语大词典出版社,1990

为新安县,并遂安、寿昌县入新安县。仁寿三年(公元603年),遂安县从新安县分出复立。大业三年(公元607年)改新安县为雉山县。唐文明元年(公元684年),复改雉山县为新安县,开元二十年(公元732年)改新安县为还淳县,永贞元年(公元805年),避宪宗李纯名讳,改还淳为青溪县。北宋宣和三年(公元1121年),改青溪县为淳化县。南宋绍兴元年(公元1131年),改淳化县为淳安县。1958年10月,淳安、遂安两县合并为淳安县。1963年,淳安县划属杭州市。

淳安县锦山秀水、文献名邦。李白、范仲淹、朱熹、海瑞、郭沫若等古今名家汇至;融合新安、山越、吴越文化;留存睦剧、猪头大赛、舞龙灯、台阁等民俗文化;水下古城,举世罕见,无价之宝。境内的千岛湖,面积573平方公里,有1 078个岛屿,汇水区域10 442平方公里。水质清澈如碧,一级水体,可直饮,透明度10米以上,被誉为"天下第一秀水",农夫山泉落户于此。群山失高,峰峦成岛,星罗棋布,姿态各异,烟波浩渺,港湾幽深,变幻莫测,四季常青,森林覆盖率达93%。目前,已开发屏峰、龙山、梅峰、动物野趣、羡山、石林六大景区14处景点。自然风光类有梅峰岛、桂花岛、羡山岛、石林;休闲度假类有温馨岛、豪华游轮、开元度假村、天清岛、凤凰度假村;人文历史类有五龙岛、龙山岛、天池岛、密山岛;动物野趣类有神龙岛、猴岛、鸵鸟岛、三潭岛、孔雀园;特色项目有乡村快乐之旅、果园采摘之旅、水上环保夏令营、老年养生之旅、做一天渔民、荒岛生存、巨网捕鱼、水下探秘。

千岛湖为首批国家级风景名胜区、国家级森林公园、国家黄金旅游线、全国森林公园十大标兵、国家AAAA级旅游区、国家级生态示范区、全国保护旅游消费者示范单位、浙江十佳美景、浙江省青年文明号景区。中国杭州千岛湖秀水节的成功举办,极大地提高了千岛湖的知名度,打响了千岛湖品牌,有机鱼头、景观房产声名远播。"住的全是景观房、吃的全是野生鱼、吸的全是森林氧、喝的全是纯净水、打的只需一元钱"为千岛湖城镇特色,游客蜂拥而至。现在的千岛湖品牌已经成为杭州主打、浙江主导、全国著名的旅游品牌。

全县旅游事业快速发展,旅游业已成为淳安县支柱产业和主导产业。全县拥有77家宾馆饭店,共有床位10 000张,其中五星级1家、四星级2家、三星级2家、二星一星级17家,大型度假村2家。拥有14家旅行社、125家旅游商场、247家旅游餐馆、76艘游船、170余艘游艇,总客位9 308座。从业人员1万余人,国家级导游110人。

实训过程

<h3 style="text-align:center">××节活动策划</h3>

1. ××节前期调研
   1.1 经济环境与发展环境分析
   1.2 资源条件分析
   1.3 区域节事活动发展现状

1.4 ××节可行性分析
  1.5 ××节的目标
2. ××节的定位
  2.1 市场定位
  2.2 主题定位
  2.3 形象定位
3. ××节活动项目策划
  3.1 核心品牌项目
  3.2 轰动性活动项目
  3.3 辅助性活动项目
4. ××节商业运作模式
  4.1 运作机制
  4.2 管理机制
  4.3 盈利机制
  4.4 成本控制
5. ××节的营销传播
  5.1 举办前的造势运作
  5.2 宣传印刷品设计与制作
  5.3 活动期间新闻发布与报道
  5.4 节后新闻传播
6. ××节的现场管理与执行
  6.1 展览、会议安排
  6.2 组织机构与人员分工
  6.3 开、闭幕式设计
  6.4 环境布置与活动场地布置
  6.5 活动组织与节目邀请
  6.6 配套接待服务安排
  6.7 安全保卫及紧急事件处理安排
7. ××节的财务成本管理
  7.1 成本预算
  7.2 融资渠道和方法设计及收入估算
  7.3 效益分析
8. ××节的评价
  8.1 节后跟踪监测与效果分析
  8.2 节后跟踪服务

本章小结

旅游节事活动,是指能够对人们产生吸引,并可以被用来开发成消费对象的节日和活动的总和。它具有明显的民族性、地域性、群众性、主题性、短期性、复合性等特征。

举办节事活动的目的不仅仅在于吸引旅游者、消费者、赞助商、承包商等参与者,而且还在于成功举办后所能带来的多种牵动效应。它一方面推动当地经济的发展,带来了物质文明方面的经济效益,另一方面为当地文化的定位奠定基础,带来了精神文明方面的社会效益。

了解节事活动的类型对于开发和策划节事活动、推动会展业和旅游业的发展有着十分重要的意义。节事活动内容广泛,形式多样,可以根据不同的标准,站在不同的角度对其进行分类,如按节事活动的规模和重要性划分、按节事活动产生的属性划分、按节事活动的内容划分、按节事活动的主题划分、按节事活动的组织者划分等。

旅游节事活动这一新的产业形式已经形成,许多国家、地区以及政治家、企业家正试图抓住这一机会。策划一个完整的节事活动需要经历决策、内容策划、执行、评价四个阶段。在决策阶段,由单位或个人发起举办节事活动的倡议,经过可行性分析检测"可行"之后,成立相应的管理筹划机构,并确定节事活动的目标。内容策划是节事活动策划的核心步骤,具体包括主题与名称策划、标志物策划、举办时间的确定、举办地点的选择、举办单位的筛选、具体活动内容设计、营销推广、志愿者招募、获得赞助商支持、财务成本管理、现场管理等内容。在执行阶段要重点做好监察控制、事故处理、关闭工作等三方面的工作。节事活动是一个新兴的产业,只有通过科学的、严格的评价,才能使所有的活动项目利益相关者认识到它的作用和影响,并总结成功经验,接受失败教训,不断提高活动的质量。

课后思考

1. 节事活动策划的主题选择与地方传统的关系是什么?
2. 如何实现重复性节事活动的可持续发展?
3. 如何看待许多洋节的兴起和我国传统节日的退化?
4. 节事活动中的利益主体有哪些?这些利益主体对节事活动具有怎样的影响?
5. 在进行节事活动策划的过程中,如何处理传统性与现代性的关系?

网络资料链接

1. http://www.tourfest.org/（上海旅游节官方网站）
2. http://www.xh-expo.com/（杭州西湖博览会官方网站）
3. http://www.qdbeer.cn/（青岛国际啤酒节官方网站）
4. http://fashion.china-dalian.net/（大连国际服装节官方网站）
5. http://www.e-kongzi.com/index.html（国际孔子文化节官方网站）
6. http://www.singaporeseason.com/（新加坡节官方网站）

推荐阅读材料

［1］卢晓编著．节事活动策划与管理．上海：上海人民出版社，2006

［2］［英］伊恩·纽曼、马丁·罗伯逊、简·艾黎－凯特、休伯罕·德拉蒙德、尤麦·麦马汉－贝蒂著,吴恒、孙小坷、金鑫译．节事活动的组织管理与营销．沈阳：辽宁科学技术出版社,2005

［3］戴光全等著．节庆、节事及事件旅游理论·案例·策划．北京：科学出版社,2005

第 6 章

旅游营销策划

> **本章导读** >>
>
> 营销的重要性毋庸置疑,"以顾客为中心"、"消费者导向"等营销观念已深入人心。企业都在寻求在合适的时间、合适的地点,以适当的价格和方式向适当的顾客提供合适的产品或服务,并通过满足他们的需求,实现自己的利润目标。如何确定"合适"的产品、时间和地点?如何确定"恰当"的价格和方式?这些问题的答案都来自顾客,而企业应该寻找什么样的顾客?如何找到他们?这些问题都是市场营销过程中的核心环节,企业必须首先给出答案才能有计划地开展营销活动。寻求对这些问题的回答并找到答案,就是营销策划。通过学习本章,你应该能够:
>
> 1. 掌握旅游市场及旅游市场营销的特殊性;
> 2. 掌握旅游客源市场开发策划的关键步骤;
> 3. 通过市场细分的方法选择目标市场,并进行市场定位;
> 4. 熟练掌握产品促销的四种形式及其在促销中的优劣势;
> 5. 进行旅游产品促销方案策划;
> 6. 掌握旅游广告策划过程中的关键环节;
> 7. 掌握旅游品牌策划中的重点问题;
> 8. 通过案例分析,学习优秀旅游区在营销策划中的成功之道;
> 9. 通过实训练习,掌握旅游营销策划的内容与方法。

6.1 旅游营销概述

6.1.1 市场营销

1. 市场营销的概念

有的人认为市场营销是企业销售产品;有的人认为市场营销是企业的广告宣传活动;还有的人认为市场营销是指产品的设计、生产、陈列和仓储等。实际上,市场营销包括上面提到的所有内容,甚至更为广泛。

市场营销包含两个方面的含义:首先,它是一门哲学,一种态度,一种方法,是一种强调顾客满意的管理理念;其次,它是将强调顾客满意的管理理念付诸实践的一系列活动。

我们可以将市场营销定义为:个人或团体通过为他人创造产品和价值并进行交换而满足他人需要与欲望的社会实践过程和管理过程。

2. 市场营销观念的发展过程

在不同的营销价值观指导下,企业围绕不同的中心来开展营销活动,这也是为什么人们对市场营销有那么多种理解的原因。企业的营销观念,与企业营销管理的成功与否,甚至企业的兴衰成败关系极大。以买卖双方在市场上角色的变换为划分标准,对市场营销观念的发展过程可作如下划分。

(1) 生产观念阶段

20世纪初,由于生产力水平较低,社会商品难以满足广大消费者的需求,供不应求,企业经营以生产为中心,生产什么就销售什么,"以产定销,以量取胜",不考虑消费的需要和社会利益。消费者购买行为取决于生产者能否提供某一种产品及该产品的价格是否低廉。因此,企业的经营管理中心就是如何提高产量,降低成本。

(2) 产品观念阶段

当市场供求基本均衡,生产处于饱和状态时,生产者的注意力由追求产品的数量渐渐转移到追求产品的质量上。"以产定销,以质取胜",产品质量越好,性能越全,越具有特色,就越容易被消费者接受,具体表现为企业认为"酒香不怕巷子深"、"皇帝女儿不愁嫁"。因此,不断提高产品质量就成为这一阶段企业经营的指导思想。

(3) 推销观念阶段

在这一阶段,销售越来越引起经营者的重视,日益成为企业经营的重点。许多企业以推销作为其经营指导思想,企业的一切经营活动(从计划到生产、销售)始终围绕产品推销展开。企业使用可获得的各种资源,生产最佳的产品,然后在市场上寻找对此感兴趣的消费者,通过大规模促销和兜售,千方百计劝说消费者购买。

(4) 市场营销观念阶段

这一阶段,生产者与消费者不断进行双向的信息交流,由此企业更了解消费者需求,也更能适应消费需求的变化,找到自己的市场定位,制定明确的市场目标,采取比竞争对手更有效的措施,给予消费者更大的满足。

市场营销观念与推销观念最大的区别在于:推销观念强调在确定了产品的前提下寻找市场目标,想方设法让市场来适应已有的产品;而营销观念则强调在确定了目标市场的前提下,建立一套生产机制以适应市场并进入目标市场。推销观念强调生产者的需要,而营销观念则考虑通过产品以及生产、供应、消费产品和售后服务等相关的一系列行为来满足消费者需要。

(5) 社会营销阶段

市场竞争使得企业采取了许多不利于社会、环境可持续发展的经营管理策略,不少国家面临产品过早淘汰、资源大量浪费、环境严重污染等社会问题,社会责任开始进入人们的视野,与之相伴出现了社会营销观念。持这种观念的企业认为,在进行营销决策时,企业不仅要考虑消费者的利益,而且要兼顾企业自身的利益和社会的利益。社会营销观念的出发点是帮助企业更好地销售产品,帮助消费者更好地购买产品和消费产品,帮助政府职能部门更好地履行管理职责,从而使市场机制日益健全,保证市场运行畅通。社会营销观念地基本原则是:

① 企业外部各类经济和非经济团体(诸如政府部门、保护消费者权益团体等)都应参与购买方的决策过程。

② 生产者不仅要满足消费者的需求,而且应指导其正确地进行消费,为消费者的长期利益服务。

③ 生产者不宜过多地细分市场,生产无本质差别的产品,而应根据消费者的基本需求类型进行产品生产。

6.1.2 旅游市场

作为市场的一个组成部分,旅游市场与一般意义上的市场并无本质区别。旅游市场是旅游产品商品化的场所,是旅游企业产生各种旅游经济行为的领域,同时也是旅游生产者与旅游消费者发生联系的中介。从市场营销的角度,旅游市场在一定范围内是对某种旅游产品具有支付能力的旅游购买者的集群,由旅游者、旅游购买力和旅游动机三个主要因素构成。

旅游市场作为一种服务化、专业化的市场,其特征体现在如下几个方面。

1. 依托性

旅游消费是一种高层次的消费,是人们在满足了基本的生活需求之后,为满足放松、娱乐、健身、增长知识等精神方面的需要而进行的消费,具有较大的弹性。因此,往往需要与全面的、配套的社会系统相配合,如经济的持续发展,政治的长期稳定,环境的优雅洁净,社会服务水平的提高,文化教育的配套,消费意识的更新及国家相关政策的扶持。只有如此,旅游市场才能繁荣、健康地迈步前进。否则,它将会因某一方面的疏漏而出现波动,如 2003 年的"非典"就对旅游市场造成了较大影响。

2. 全球性

从市场主体分析,旅游者在空间上的分布具有明显的全球性。无论是发达国家还是发展中国家,都在积极鼓励发展旅游业,吸引来自世界各地的旅游者;从经济效益来看,旅游市场所实现的收入的持续、快速、稳定增长已惠及各国的国民经济,成为新的国民经济增长点。随着经济向全球化和服务化方向发展,人均收入水平的提高和人们消费观念上的变化,旅游市场的全球化特点将会日益突出。

3. 普遍性

在现代市场经济社会中,人们生存环境日益变化,生活节奏越来越快,精神压力越来越大,人与人之间的交流方式越来越间接化,交流机会也越来越少,由此,人们更加需要娱乐、放松和相互沟通。与此同时,人们收入水平的增加使人们更加追求生活质量,如健康、文化和精神方面的需要。而旅游是综合满足人们这些需要的最佳途径。因此,旅游消费将逐渐成为现代或将来人类生活的必需品和基本的消费内容。

6.1.3 旅游市场营销

旅游市场营销是将市场营销的基本策略和技巧引入旅游企业的经营管理之中,以促使旅游经济发展的活动。它作为市场营销的分支,具有其一般内涵。我们可以这样理解:旅游市场营销是旅游企业通过创造,交换旅游产品和价值以满足旅游者的需要,从而获取所需所欲之物的一种社会管理活动。

旅游业是一个特殊的服务行业,旅游产品是一种特殊的产品,它既包含有形产品又包含大量的无形服务,这就使得旅游产品呈现出服务产品的特性。而从市场营销学的观点看来,虽然有形产品与无形服务在表面上体现出不同的物质特征,但实际上并无本质区别,它们都是产品,都能为消费者提供利益和满足感,只不过服务是一种特殊的无形产品,它具有与有形产品所不同的特征。因此,旅游市场营销也就必然区别于传统产品营销。具体表现在以下几个方面。

1. 提供的产品是一种服务

如果说有形产品是一个物体或一样东西的话,旅游产品则表现为一种行为、绩效和努力。由于旅游产品具有无形性,顾客难以感知和判断其质量和效果,他们更多地是根据景观品质和服务设施来衡量。

2. 游客可参与到旅游产品的生产过程

由于旅游者可直接参与到生产过程,所以如何管理顾客从而使得服务工作有效进行便成为服务营销管理的重要内容。服务的过程是旅游者同服务人员广泛接触的过程,服务绩效的好坏不仅取决于服务人员的素质,也与旅游者的行为密切相关。

3. 产品的质量难以控制

旅游服务是一个过程、一种行为,而非有形实物,因此很难做到标准化,使得产品质量难以控制。旅游者的消费与旅游员工的生产处于同一时空,旅游者的个性、态度和行为倾向与服务人员的态度、行为相互影响,使服务过程有很大的易变性。尽管旅游企业的各部门岗位制定了精细的管理制度和服务标准,但实际操作起来很难确保服务人员按照标准将服务传递给了旅游者。而即使旅游员工都能按照标准提供服务,也会由于旅游者的个人偏好不同、感受不同,使得满意度也不相同。

4. 时间因素十分重要

生产旅游产品的设备、劳动力等能够以事务的形态存在,但它们只是代表一种生产能力而非旅游产品本身。如果没有顾客需求而提供旅游产品,就意味着生产能力的浪费;同时,如果旅游产品需求超过供给能力,又会因为缺乏存货而使旅游者失望。所以,如何使波动的需求同旅游企业的生产能力相匹配,服务及时、快捷以缩短顾客等待时间,就成为旅游营销中的重要工作。

5. 分销渠道的不同

旅游企业不像生产企业那样通过物流把产品从工厂运动到顾客手里,而是借助旅行社等中间商,或是借助别的信息渠道(如广播、网络、报刊等)把产品信息传播出去,或是把生产、零售和消费的地点连在一起来推广产品。这些渠道基本附属于旅游产品的生产过程,而不是表现为独立的分销。

以上这些差异表明,我们在学习旅游市场营销策划的过程中,要注意结合旅游企业自身的特点来进行,这样才能取得良好的市场营销效果。

6.2 旅游客源市场开发策划

6.2.1 旅游客源市场开发的特点

旅游客源市场开发策划是运用市场营销学的有关理论,对旅游客源市场开发的各个环节进行有效的谋划与设计,以达到一定的市场目标,如开拓新的客源市场,或提高原有市场的占有率等。由于在客源市场开发中应用的策划理论基本都是市场营销学的基本原理,旅游客源市场开发与一般产品的市场开发具有一定的共性,但同时,旅游客源市场的特性也对旅游客源市场开发策划提出独特的要求。与一般产品的市场开发相比,旅游客源市场开发策划主要具有以下特点。

1. 对资源的高度依赖性

大多数旅游企业、旅游目的地的旅游产品类型和等级都或多或少地受到资源赋存状况的制约,旅游产品对客源市场的吸引力对资源规模、等级、开发条件等存在高度的依赖性,因此旅游资源条件制约着旅游客源市场的范围、类型和层次。在旅游市场开发过程中一定要清醒认识自身的资源条件。例如,世界自然文化双遗产"九寨沟"旅游区,尽管藏在深山,交通条件较差,但因为自然风景极其优美,羌藏民俗风情浓厚,仍然吸引了大量远道而来的观光游客,其主要客源市场当然是喜爱自然风光、民俗风情的游客;深圳针对自身的区位优势,选择了以主题公园为主导的旅游产品结构,锁定休闲娱乐旅游市场,也取得了非常好的市场效果。

2. 开发对象的差异性

不同特征的旅游客源市场的开发策划具有明显的差异性。客源市场开发实际上是旅游目的地市场向旅游客源市场寻求认知的一种沟通过程,而客源市场开发策划就是对这一沟通过程的谋划与设计。为使沟通更顺畅、更有效,就有必要深入分析目标客源市场的特征,并根据不同客源市场的旅游需求偏好制定差异化的策划方案。例如,旅游度假区在进行客源市场开发时,可以根据地理位置特征将客源市场划分为本地市场和外地市场两大类,对本地市场以人员销售为主要开发手段,而对于距离较远的外地市场则主要通过媒体、网络营销来开发。

3. 开发主体的协调性

旅游客源市场开发策划必须特别强调协调性。政府、行业协会组织、企业作为旅游客源市场开发的三大主体,对客源市场开发的理解和利益出发点同中有异,不可避免会出现一些矛盾和摩擦。对于旅游者而言,完整的旅游体验包括食、住、行、游、购、娱六大环节,任何一个环节的缺失或不足都会影响旅游者的满意度,而这六大环节涉及不同的旅游企业,跨越不同的行业主管部门,相互之间的沟通和协调有一定的难度。所以,在进行旅游客源市场开发策划时,处理好政府、行业协会组织、企业之间的关系,以及企业和企业之间的沟通和协调,是策划能否成功实施的关键。

6.2.2 旅游客源市场开发的类型

根据不同的标准,可以将旅游客源市场开发策划划分为许多不同的类型。根据旅游行业内部分工的不同,可以将其划分为景区客源市场开发策划、旅行社客源市场开发策划、饭店客源市场开发策划、航空公司客源市场开发策划等;根据市场开发主体的差异,又可将旅游客源市场开发策划划分为政府主导、行业组织主导和企业主导三种类型。不同划分标准有不同的适用情况,我们主要分析不同开发主体的客源市场开发策划各自的优势与劣势。

1. 政府主导旅游客源市场的开发策划

政府主导的客源市场开发活动主要针对距离较远的客源市场或重点客源市场所在地的综合开发和促销。国际旅游可以增加外汇收入,平衡国际收支,一直备受各国政府重视,国际旅游客源市场开发因此也成为各国旅游管理部门的主要职责之一;而国内旅游可以大量回笼资金,提供更多的劳动就会机会,在促进地区社会经济发展方面的作用越来越明显,所以其市场开发也受到各级地方政府的重视。

政府主导型客源市场开发的主要优点在于:第一,政府主导型旅游客源市场开发所需的人、财、物等各项投入往往都比较高,同时具有较强的经济外部效应。成本与收益严重不对称,一般企业难以承受,也不愿意承受,政府主导不仅可以负担全部或部分费用,而且在组织各类旅游企业共同参与方面也具有一定的权威性和行政资源;第二,这类市场开发活动往往涉及国际交往或不同行政区域之间的往来,可能存在一些外交程序或行政手续方面的障碍,这些障碍由政府相关部门出面就相对容易解决;第三,由于客源市场与旅游目的地之间相隔遥远,相互之间了解有限,旅游者对于一般企业的市场开发行为接受度较低,由政府出面组织和领导的市场开发活动,以政府的权威和信誉做担保,往往可以在很大程度上消除旅游者的疑虑。

在进行政府主导型旅游客源市场开发策划时,要充分发挥其可运用资源丰富、政策优势、信誉度高的优点,做出一些大手笔的策划案。以我国旅游促销中常用的"旅游大篷车"为例,由旅游目的地政府或旅游主管部门牵头,能够组织到一大批旅游企事业单位组成联合促销团,前往各主要旅游客源地进行巡回宣传促销,每到一地都因为声势浩大、精彩纷呈而吸引大量的媒体报道和市民参观,收到较好的市场效果。

政府主导型旅游客源市场开发的主要缺陷在于灵活性差。首先,政府主导的客源市场开发行为往往规模较大,环节较多,涉及各类组织和人员众多,准备时间长,很难随时根据市场的变化进行应变调整,所以在策划时应充分考虑各种不确定因素的影响,并注意适当留有调整的余地。其次,政府主导的客源市场开发其优势在于最大限度地拓展市场广度,但市场深度明显不足,在实际策划操作中需要与其他市场开发方法结合使用,以弥补市场深度不足的缺陷。

2. 旅游行会组织主导的旅游客源市场开发策划

旅游行会组织是由有关旅行社团组织和企事业单位在平等资源的基础上组成

的非营利性社会组织,具有独立的社团法人资格。目前,我国从全国性的旅游行会组织,如中国旅游协会、中国旅游饭店协会、中国旅行社协会、中国旅游车船协会等,到各级地方的旅游行会组织,如省级旅游协会、市县级的旅游协会等,组织机构完备,行业协会的功能也日益加强。

相对政府主导型客源市场开发而言,由旅游行会组织主导的市场开发灵活性较强,对市场变化的反应速度较快,在一定程度上也可以整合分散在各个旅游企业的资源,有能力实施较大规模的市场开发策划方案。由于行会组织是民间行业管理机构,内部各企业之间是一种松散的平等关系,行会对各会员企业的强制约束力较弱,在进行市场开发策划过程中要十分注意各会员企业之间的沟通和协调。另外,能够公平、公正地处理好市场开发中所获利益的分配工作,也是行会主导型旅游客源市场开发策划成功的关键。

3. 旅游企业主导的旅游客源市场开发策划

由于企业可以在法律允许范围内对自身资源进行自主调配和使用,所以,在三种不同的开发主体主导的旅游客源市场开发中,旅游企业的开发方式是最灵活、最主动的,可以及时根据旅游客源市场的变化调整市场开发战略和具体措施。旅游企业主导的客源市场开发主要特点是机动灵活,但因为企业能够使用的资源有限,所以以策划中小型市场开发活动为主。

由于企业注重实际效益,所以在市场开发策划中要特别注意对客源市场进行深度开发,深入了解市场需求,在这些需求和企业产品之间寻求最佳的契合点,时刻关注市场需求的变化动态,调整市场开发策略和措施。

旅游企业主导的市场开发的主要瓶颈在于市场开发广度有限。大型旅游企业,尤其是跨国旅游集团,有实力进行大规模、世界范围内的市场开发活动,而大多数中小企业资源有限,能够策划并独立实施市场开发方案的市场范围有限。因此,在策划中应注意与政府或行会组织的合作开发,有目的地参与政府及行会组织的市场开发活动,并将参与方案纳入企业自身的市场开发策划中,为企业的目标市场服务。

在旅游客源市场开发策划中,首先要充分考虑自身的特点,谋划和设计能够扬长避短的市场开发方案;其次,要善于取长补短,以我为主,兼容并蓄,充分发挥多种旅游客源市场开发活动的整合优势,以达到最佳的策划效果。

6.2.3 旅游客源市场开发的步骤与内容

游客是旅游营销的中心。游客是谁?来自哪里?他们为何而来?怎么来?为解决这些问题,首先需要进行市场细分,作出目标市场选择,然后考虑如何进入这个市场——市场定位。如果旅游产品策划是制作了一支"利箭",那么市场细分就是寻找"靶子",目标市场选择是瞄准"靶子",而市场定位就是把"箭"射向"靶子",

由此完成客源市场开发。因此,旅游客源市场开发的内容分为市场细分、目标市场选择和市场定位三个关键步骤。

1. 市场细分

(1) 市场细分的概念和意义

市场细分是指旅游企业根据旅游者特点及其需求的差异,将一个整体市场划分为若干个具有相类似需求特点的旅游者群体的过程。

旅游者所处的地理环境、文化、社会、个人行为和心理特征的不同,决定了旅游者之间的需求存在着广泛的差异。因此,旅游企业可以根据旅游者的特点及其需求的差异把一个整体市场加以细分,即可以划分为具有不同需求、不同购买行为的购买者群体,然后从这些群体中选择最适合旅游企业资源特征和经营条件的目标市场,在产品策划、渠道设计、定价以及宣传促销等方面,采取相应的一套市场营销策略,使旅游产品更符合各目标市场旅游者的需要,从而在各个细分市场上提高旅游产品竞争力,增加游客数量,获取更大的市场份额。因此,旅游营销中非常重视市场细分。

(2) 市场细分的方法

一种产品整体市场之所以可以进行细分,是由于旅游者的需求存在差异性。引起差异性的因素有很多,这些影响因素就是市场细分的细分变量。

对于不同类型的旅游企业来说,选择市场细分的变量越多,相应的子市场就越多,每个子市场的容量就越小;反之亦然。由于市场细分使用各种变量,故可以通过调整细分市场的数目和削减细分市场的个数来控制细分市场的精确性。

根据市场营销的一般原理,可从旅游者人口特征、地理区位、心理因素、行为因素四个方面进行市场细分(见表 6-1)。

表 6-1 市场细分变量体系

一级变量	二 级 变 量
旅游者人口特征	年龄、性别、收入、民族、职业、受教育程度等
地理区位	世界大区、国家、地区、气候带等
心理因素	生活方式、态度等
行为因素	购买目的、消费诉求、产品使用情况、购买过程及方式、购买时机、消费忠诚度等

在营销实践中,通常还使用产品类型和分销方式两种变量。用产品变量进行细分,如滑雪旅游市场、温泉度假市场、避暑旅游市场等。用分销变量进行细分,如全包价度假旅游市场、自由行市场等。值得注意的是,这两种新的细分变量必须与基础变量结合使用才会得到有价值的细分市场。

如华东老年乡村旅游市场就是使用了地理区位——华东、年龄——老年、产品——乡村旅游这三种变量进行细分得到的市场。

(3) 细分市场的评估

如何寻找合适的细分标准对市场进行有效细分,在营销实践中并非易事。一般而言,成功、有效的市场细分应具备以下特点。

① 可测量性。可测量性指市场细分的标准和细分后的市场是可以衡量的。如果某些细分变量的表现很难衡量,那么这个细分市场的大小就很难估计。一些比较客观的细分变量如年龄、收入、受教育程度等,比较易于确定,但是一些带主观性的细分变量,如消费态度、消费诉求等,则较难确定。细分市场的范围、容量、潜力等可以衡量,有利于确定旅游产品的目标市场,这样的细分方法才对企业有营销价值。

② 可进入性。可进入性指旅游企业可以利用现有的人力、物力、财力去占领市场并进行有效促销和分销的程度。这些细分市场的顾客须在易于接触和沟通方面具有很强的相似性,以便旅游企业能较经济而高效地与这些潜在顾客接触沟通。这些顾客可能在地理上比较集中,也可能经常接触相同的媒体,这样旅游企业便可以集中营销资源,经济高效地进行产品推销。

③ 规模性。规模性指细分市场的大小必须具备一定的规模,达到值得单独营销的程度。它的规模必须使旅游企业能从中获取一定的销售额,不但保证企业的短期利润还要有一定的发展潜力,以保持较长时期的经济效益。

④ 独特性。独特性指各细分市场内部在市场需求方面具有一定的共性,这些共性将使细分出来的市场对旅游企业营销组合有独特的反应,而这些独特反应正是旅游企业营销组合策略制定的基础。

2. 目标市场选择

经过对细分市场的评估,旅游企业可能会面对多个有可能成为目标的细分市场。如何从中选择,这就是目标市场的确定问题。选择目标市场一般有三种策略:无差异市场策略、差异性市场策略、密集性市场策略。

(1) 无差异市场策略

这种策略是旅游企业把旅游者需求看成一个无差别的整体市场,认为购买企业旅游产品的旅游者都具有同样的旅游需求,即使只采用比较单一的营销组合也能满足整个市场的旅游需求。

当企业营销人员经过市场分析后发现各个细分市场之间的差异比较小的时候,旅游企业就可以考虑采取这种市场营销策略。其优点在于不必对市场进行细分,可以降低企业的营销和管理成本;不足之处在于忽视了旅游者需求的差异性,不能适应旅游市场发展的需要。

(2) 差异性市场策略

这种策略是旅游企业根据各个细分市场的特点,增加旅游产品的种类,或制定不同的营销计划和办法,以充分适应不同旅游者的不同需求,吸引各种不同的购买者,从而扩大企业产品的销售量。

其优点是在产品设计或宣传促销上能有的放矢,分别满足不同类型旅游者的需求,增加产品的总销售量,同时可使企业在细分市场上占有优势,从而提高市场占有率,在旅游者中树立良好的企业形象,有利于降低企业的经营风险。由于企业同时经营多个细分市场,即使部分市场的规模或购买量发生变化,也不会造成太大的损失。缺点是这种策略将增加企业的各种费用;另外,要同时满足不同细分市场的需求,总会在企业的经营过程中出现这样或那样的矛盾,对企业的管理能力将会是一个非常大的考验,因此采用差异性市场策略的旅游企业一般都是具有比较强的经济实力和比较丰富的管理经验的。

(3) 密集性市场策略

旅游企业将一切营销资源集中于一个或少数几个有利的细分市场。这种策略对于经济实力不够强、处于市场开拓期的企业更为实用。它的优点主要在于其占用企业的资金相对较少,资金周转相对较快,有利于提高企业的投资收益率和利润率;由于其市场针对性更强,企业可以更加深入地了解这部分游客的需求,从而在产品设计上能更好地、更有针对性地满足旅游市场的需求,因而能在这些市场上形成比较强劲的竞争力和比较高的市场占有率。

但这种策略由于过分依赖少数几个甚至一个市场,企业将来的经营会比较脆弱,一旦这些市场出现什么危机,就会对企业造成致命的打击。

3. 市场定位

经过市场细分和目标市场的选择,旅游企业确定了自己的经营空间和营销对象。为了使目标市场旅游者能够非常容易地识别出本企业的产品,以便与竞争对手区别而形成自己独特的经营风格和做法,就需对产品实行市场定位。

(1) 市场定位的概念

市场定位是企业为了适应消费者心目中某一特定的看法,通过为企业、产品、服务创立鲜明的特色或个性,而塑造出的独特的市场形象的行为过程。

旅游企业的市场定位就是要确立本企业在市场上的位置,其实质是把旅游企业的形象植入旅游者的心中,使本企业在市场上确立强有力的竞争地位。

(2) 市场定位的方法

旅游目的地或旅游企业要想在市场中取得优势,就得在信息传递中把自己的特色突出地展现给广大旅游者,让自己的产品占据一定的市场地位,通过定位提升旅游形象,树立旅游品牌。在旅游目的地和旅游企业中比较常用的定位方法有以下几种。

① 比附定位。比附定位是一种"借光"定位方法。它借用著名旅游目的地、旅游企业或旅游产品的市场影响来突出、抬高自己,比如把三亚誉为"东方夏威夷",把小浪底水库誉为"北方的千岛湖"。采用这种定位方法的旅游目的地或旅游企业

并不是去占据比附对象的市场地位,与其发生正面冲突,而是以近、廉、新的比较优势去争取比附对象的潜在顾客群。

采用这种定位方法不可与比附对象空间距离太近,因为这种定位是吸引比附对象的远途的潜在顾客。另外,对于已出名的或具有独特风格的旅游目的地、旅游产品不能随便采用此种定位方法,这是旅游市场定位之大忌。出了名的旅游目的地或旅游产品,市场已经赋予它特定的位置,仅需要维护和保持这种特色位置不被失去就可以,而不能贸然为一时一地市场的开发而别出心裁地突出另外的特色,这样会冲淡自己原有的特色,动摇原先的市场地位。对于新开发的旅游区或旅游产品,如果能从与其他旅游区、旅游产品的比较中找出自己突出的、有特点的风格,就不要贸然采用比附定位。因为比附定位永远做不到市场第一,并且会掩盖自身的特色。

② 心理逆向定位。心理逆向定位是打破消费者一般思维模式,以相反的内容和形式标新立异地塑造市场形象。例如,河南林州市林滤山风景区,以"暑天山上看冰堆,冬天峡谷观桃花"的奇特景观征服市场。再如,深圳野生动物园一改传统动物园将动物囚禁在笼中观赏,采取游客与动物对调的方式,人被囚禁在车中,而让动物在笼外宽阔的空间自由活动。这种模拟野生动物园的方式,第一个打破了我国消费者对动物园的惯性思维,从而赢得了市场的认可。

③ 狭缝市场定位。狭缝市场定位是旅游地、旅游产品不具有明显的特色优势,而利用被其他旅游地、旅游产品遗忘的旅游市场角落来塑造自己旅游产品的市场形象。比如,河南辉县有名的电影村——郭亮村,本来是一个普普通通的太行山村,自从著名导演谢晋在此拍过一次电影后,山村开始走旅游发展道路。他们以洁净的山泉水、清新的空气、干净卫生的住房条件,用比市场价低得多的价格(包食宿每天 10～20 元)去占领附近城市的休闲旅游市场和美术院校校外写生市场。

④ 变换市场定位。变换市场定位是一种不确定的定位方法。它主要针对那些已经变化的旅游市场或者根本就是一个易变的市场而言的。市场发生变化,旅游地、旅游产品的特色定位就要随之改变。比如,深圳在改革开放的初期以"改革开放窗口"为特色,吸引全国各地的游客前来参观学习,改革开放全面铺开,原有特色影响力迅速衰退,于是深圳赶快推出以人造景观为主的大型游乐主题公园,重归快速发展的道路。

对于易变的旅游市场,要不断改变旅游产品的内容和形式,让游客常游常新,以变取胜。我国的主题公园大都存在市场趋淡问题。以深圳锦绣中华为例,该景点在 1989 年 9 月开业,当年人流如潮,每日游客 3 000 余人。面对这样的问题,一般会有两种可供选择的道路:一是走规模扩张的道路,扩建新景区,以新带旧,壮大声势;二是走内涵变换的道路,即采用变换市场定位策略,即改变和增加景区活动内容、赋予主题新的含义。锦绣中华的业主深圳华侨城集团选择了前一种道路,连续建成了中华民俗文化村、世界之窗和欢乐谷。虽然取得了良好的经济效益,但这种靠资金和土地支持的道路总有尽头,终究还要回归到变换市场定位的道路上来。

> **延伸阅读**
>
> ### 天目湖景区的市场定位
>
> 准确的市场定位是天目湖成功的主要因素。位于长江三角洲的核心区域常州市和溧阳市,借助于交通的便利性,天目湖把它的目标市场定位于溧阳、常州和南京。随着知名度和美誉度的提高,再向外辐射,开发苏州、无锡和上海市场。上海是天目湖巨大的潜在客源市场,国际化的大都市、重要的金融之都、远高于国内其他城市的收入水平、成熟的旅游消费观念,使上海成为极具吸引力的客源市场。而天目湖景区幽静的山林、清澈的湖水,顺应了21世纪休闲、生态、绿色旅游的趋势,对于大都市的旅游者尤具吸引力。
>
> 休闲度假旅游与观光旅游最大的不同之处在于:旅游活动的重复性。观光旅游是旅游的初级阶段,游客多停留在"到此一游"的水平上,重游率极低;休闲度假旅游则属于成熟的旅游方式,游客关注的是放松身体、体验旅游带来的快乐。急行军式的观光旅游只能让人疲惫,度假休闲则是要让人们从疲劳中解放出来。现代生活的快节奏、工作的重重压力,使得都市人摆脱疲劳、休养身心的需求极为强烈,并且是一种会重复产生的旅游需求,从而也决定了休闲度假旅游的重复性很强。天目湖的市场调查同样也证明了这一点,来天目湖的游客主要目的是休闲度假、游览娱乐,且回头客较多。

6.3 旅游产品促销策划

促销是市场营销组合的四个策略之一,一个企业在开发适销对路的产品、制定出有吸引力的价格和开辟顺畅有效的分销渠道之后,还必须组织实施一系列以说服顾客采取购买行为为最终目的的活动。这些活动使潜在顾客了解产品,引起其注意,激发其购买欲望和购买行为,从而实现扩大销售的目的。为了使这一过程更具科学性,实现更大的经济效益和社会效益,必须对这一过程的一切活动做出策划。

6.3.1 旅游促销与旅游促销组合

1. 旅游促销的概念

促销,即促进销售,就是经营者将有关本企业及产品的信息通过各种方式传递给消费者,促进其了解、信赖并购买本企业的产品及服务,从而达到扩大销售的目的。

由于旅游产品具有不同于一般产品的无形性特征,绝大多数旅游产品的买卖很难做到供需直接见面,非一般意义上的"一手交钱,一手交货",且其使用价值不像一般产品那样容易被感知,对其使用价值的判断带有很强的个人主观性,因此,旅游企业更应重视与旅游消费者的沟通,尤其是沟通方式的选择及沟通内容的确定。旅游企业应首先通过市场调查掌握旅游者的需求及偏好,在此基础上,以最恰当的方式与消费者进行交流与沟通,以扩大销售,这就是旅游促销。

旅游促销的实质是旅游企业与购买者之间的信息沟通。其原理是通过各种方式不断向购买者传递企业及产品或服务的信息,以形成外界刺激,激发购买者的欲望,促使其采取购买行动。

2. 旅游促销的作用

促进销售的任务,就是顺畅地传递信息,进而达到扩大销售的目的。其作用主要有以下几个方面。

(1) 提供情报,传递信息

信息流是商流和物流的前导。旅游企业生产出产品之后,在产品进入市场时甚至是尚未进入市场之时,就必须采取各种方法及时向消费者传递产品或服务的信息,向他们介绍产品的特点、性质、价格、所提供的服务等消费者关心的信息,以引起消费者和旅游产品中间商的注意。而旅游产品中间商也需要向其下游销售商或消费者提供信息,介绍产品或服务,以达到促销的目的。

(2) 突出特点,强化竞争力

相互竞争的同类产品之间的差别往往不很明显,尤其是旅游产品,同质程度更高。通过旅游促销,企业可以把旅游产品的定位、特色等信息传递给消费者,使消费者在心目中对该产品或服务有一个明确定位。即使是没有实质性差别的旅游产品,也可以通过促销赋予它独特的形象内涵,使消费者认识到该产品能带来的独特效用,并形成对其的偏好,进而成为企业忠实的顾客。

(3) 增加需求,扩大销售

旅游促销活动不仅可以诱发需求,还能够创造需求,吸引消费者去尝试从未消费过的新产品。例如,过去英国人到美国旅游的很少,主要是因为英国人不习惯美国快节奏的大都市生活,于是美国把旅游促销的重点放在宣传旅游区或旅游点的特色上,如壮丽的科罗拉多大峡谷、童话般的迪斯尼乐园、宏伟的尼亚加拉大瀑布等。经过开展有针对性的促销活动,从英国到美国旅游的人数急剧增加,这说明通过促销可以促使持观望态度的消费者迅速做出购买决策。

(4) 稳定销售,巩固市场

由于种种原因,有时企业全年的产品销量波动很大,如很多旅游区有淡、旺季之分,这是市场不稳定的反映。企业可以通过促销活动,使更多的消费者形成对本企业的偏好,达到稳定销售的目的。一般来说,促销广告的重要使命就是稳定公司产品的市场定位。另外,消费者的记忆深刻度和企业促销的次数及重复程度成正比,随着企业促销力度的减弱,企业及其产品在消费者心目中的形象也会越来越模糊,产品销量也会逐渐下降,而持续的促销活动则能使企业及其产品长驻消费者心中,以保持稳定的销量。

3. 旅游促销组合策略

促销组合,是一种组织促销的整体思路,它主张企业应把广告、公共关系、营销推广及人员推销四种基本促销方式组合为一个策略系统,使企业的全部促销活动互相配合,相辅相成,协调一致,最大限度地发挥营销的整体效果,从而顺利地实现促销目标。促销的四个子系统都包含了许多的具体促销手段或工具,某个工具的选择变化,也就意味着产生一个新的促销组合,从而影响到整体的效果。所以说,促销组合是一个整体概念。

促销组合包含四种基本的促销方式,其中广告、公共关系和营销推广三种方式不需要人员直接向消费者推销以实现销售目的,因而是非人员促销;而人员推销需要人与人之间的信息双向沟通,因而属于人员促销。每个基本促销方式中,又包含了更多的具体工具。

(1) 广告

广告是一种以付费形式通过媒体进行企业和产品宣传的促销方式。具体工具有:电视广告、广播广告、报纸、杂志、户外广告等。广告的特点是借助大众传媒发布信息,因而传播面广、迅速传递,并且可多次重复信息。但广告的信息传递是单向的,缺少消费者的反馈,同时消费者受到要求购买的压力小,且广告的费用较高。

(2) 公共关系

公共关系是利用媒体的新闻报道,以非付费的形式间接宣传产品和企业的促销方法,常用的工具是:新闻发布会、公益活动、公众活动、演讲等。公共关系的信息传递可信度高,传播面广,速度也较快,容易使消费者对企业与产品产生好感,但公共关系必须同广告一起策划,且公共关系活动的时机选择非常重要。

(3) 营销推广

营销推广是通过鼓励购买或短期刺激,促使购买者更快更多地购买产品和服务的促销方式。具体工具有:赠品、优惠券、价格折扣、奖金等。营业推广的作用是短期的,在建立品牌形象及树立品牌忠诚度方面作用不明显。

(4) 人员推销

人员推销是营销人员直接与潜在消费者沟通,说服其购买的一种促销形式。具体手段有销售介绍、电话营销、展览会、推销员榜样等。它最显著的特点就是信息的双向交流,消费者意见可以获得及时的反馈,及时解决问题,通过人与人之间的直接交流,容易建立比较亲切的人际关系。同时,人员推销容易管理和控制。但不足之处在于传播面窄,传播速度慢,且费用较高。

四种基本促销方式各有特点,促销组合策划不能单纯地依赖某一种方式,借助于某一种特定的工具,企业要在充分了解各种方式、手段的性质、特点、优缺点的基础上,根据企业的促销目标、资源条件、市场条件等,策划出最佳的促销工具组合。整体、统一协调的思想将是促销策划形成的指导思想,它贯穿于策划的全过程(见表6-2)。

表6-2 四种促销方式的优缺点比较

促销方式	优 点	缺 点
广告	宣传面广;传递信息快;节省人力;形象生动;可控制传递内容和方式	只能与消费者进行单向信息传递;效果不能立即体现;成本较高
公共关系	对消费者来说真实、可信,容易接受;有利于树立企业形象	活动牵涉面广,企业难以自行控制
营销推广	容易吸引注意力,快速产生影响,购买刺激性强	效果通常是短期的,刺激效果逐渐降低
人员推销	直接面对消费者,有利于了解消费者的特点和需要;互动性强,有利于与顾客形成长期的关系	人员多,推销力量不易改变,费用高

4. 旅游促销组合策略的类型

旅游促销组合策略有两种,即推动策略和拉动策略。不同策略对各种促销方式的重视程度是不同的。

(1) 推动策略

推动策略是指旅游企业(促销主体)将产品或服务通过分销渠道"推"到旅游产品中间商或最终消费者手中,多以旅游产品中间商为促销对象。旅游企业以推动策略来指导对渠道成员的促销活动,可以使旅游产品中间商多定购产品并最终销售给最终购买者。通常使用的促销方式为人员推销和其他销售推广手段。

(2) 拉引策略

拉引策略即旅游企业大量运用广告和其他宣传措施,激发消费者对旅游产品发生兴趣,产生购买行为。拉引策略多以最终消费者为促销对象。如北京的凯宾斯基饭店在报纸上做广告宣传,感兴趣的旅游者自然会主动到饭店住宿或消费。可见,拉引策略会使消费者"拉动"产品沿着分销渠道向企业运动。

6.3.2 旅游促销策划的影响因素

旅游促销策略作为一个系统化的整体策略,为最大限度地发挥整体效果,在制定具体的促销策划之前,首先必须明确影响策划的主要因素,分析它们的影响范围和程度,为下一步策划提供依据和基础。

1. 产品和市场状况

对自费旅游者市场和对企业、政府等团体市场进行促销,所采用的促销方式是不同的。一般来讲,对自费旅游者市场,旅游企业多采取广告和营业推广的方式;而对于团体市场,如会议旅游、奖励旅游,则多用人员推销的方式。价格高、风险高的豪华旅游产品、专项旅游产品以及供应商很少的产品,通常也采用人员推销的方式。

2. 所采用的促销策略

如果企业采用的是推动策略,则多用人员推销或其他销售推广方式;如果企业采用拉引策略,则多用广告或营业推广的方式。

3. 产品所处生命周期阶段

促销方式的运用要根据产品所处生命周期的不同阶段而有所变化,因为处于生命周期不同阶段的产品的促销重点是不同的。在投入期,广告和公共关系能够帮助公众建立对产品和企业的良好认知,营业推广则能有效刺激消费者的购买欲望。在成长期,企业应继续加大广告宣传的力度,但宣传内容应有所改变,要以树立企业及产品形象、树立品牌为主;进一步加强人员推销对渠道企业的作用;因为消费者对企业及其产品已经有了一定的认知,营业推广在这一阶段可以适当减少。在成熟期,广告的作用主要是使消费者不要忘记企业和产品,因此广告播出的次数可以减少,播出周期可以延长;营业推广继续发挥其强大的刺激作用,以激发市场人气,扩大销售。在衰退期,广告的作用仍然是帮助消费者保持对企业及其产品的记忆,公共关系的作用减弱,人员推销的效益性下降,营业推广仍能发挥作用(见图6-1)。

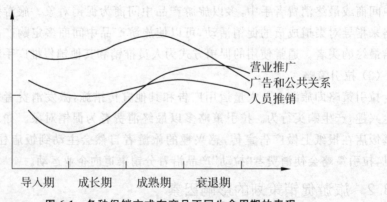

图6-1 各种促销方式在产品不同生命周期的表现

4. 消费者购买准备过程的阶段

消费者的购买过程一般包括认知阶段、了解和喜欢阶段、偏好和信赖阶段、购买阶段,在不同阶段各促销手段的作用不同。在认知阶段,广告和公共关系的作用很大;在了解和喜欢阶段,广告的作用较大,人员推销的作用次之;在偏好和信赖阶段,人员推销的作用较大,广告的作用要小于人员推销;在购买阶段,主要是人员推销在发挥作用。

6.3.3 促销策划的步骤

完成一个促销方案的策划一般要经历三个阶段(见图 6-2)。

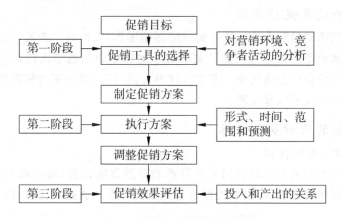

图 6-2 旅游产品促销策划流程图

第一阶段,首先要确立一个促销目标,为未来的促销计划提供一个总体构想,为下一步选择具体的促销形式、制定具体的促销活动实施计划提供依据;然后,要在广泛的比较分析各种促销方式的优劣后,依据目标对促销方式和促销工具进行筛选,确定适合促销目标的若干促销形式。

第二阶段,从实施组织促销活动的需求出发,对已初步选定的促销形式进行细节上的充实。在这一过程中,不断地发现问题、解决问题,使促销的形式与促销目标更加紧密地联系在一起,这也是制订方案、调整方案、完善方案的过程。

第三阶段,评估促销可能带来的预期效果,这是一项重要而困难的工作,可以分为事前评估和事后评估,在促销策划中,应该有科学、客观、清醒的事前评估。应该强调的是,促销效果的评估工作在选择促销手段之前就开始了,评估可以从推销人员和中间商的意见中获得对促销工具的某种判断,也可以通过从消费市场了解意见,判断哪种促销手段更容易被消费者接受。

6.3.4 促销策划的目标

在开始策划促销活动方案前,企业首先要明确的是促销活动的目的和任务。不同的促销目标需要不同的促销手段来完成。概括地看,促销目标总体分为两大类:一是追求短期效果;二是追求长期效果。

1. 短期效果促销活动

这种促销活动目的是通过短时促销立即提高产品销量,使从未使用本产品的消费者尝试使用本产品,使习惯消费者增加购买量或购买次数,刺激吸引潜在消费者变为现实消费者。这种促销能通过中间商的配合而使产品销售更顺畅,短期内提高本产品的竞争能力。一般可通过增加购买人数,提高人均购买次数和增加人均购买量三种途径来实现。

2. 长期效果促销活动

此种促销活动是配合广告活动而做的促销工作,以提高广告的效果,建立良好的品牌形象和企业形象,广告、公共关系对于此目标的实现是比较好的手段,其他促销方式也要配合广告来实施。要实现这种促销目标,需要花费较高的成本,而且效果不是短期内就可以显现的。

3. 促销的六种基本目标

(1) 增加市场销售额

旅游企业有时为了充分利用旅游资源和旅游设施设备,或在面对直接竞争时为了争取到更多的消费者,就要为消费者提供更多附加利益或优惠,以刺激消费者的购买欲。

(2) 发展新的顾客

在竞争激烈、需求变化快的市场中,一家旅游企业无论是否已经拥有了很高的市场份额,只要还有接待能力,就要不断开拓新市场,挖掘市场潜力,扩大接待规模,这对于企业保持持续发展的势头非常重要。

(3) 培养和强化市场美誉度

企业产品在市场上拥有了一定的美誉度后,市场对产品就形成了偏爱,这种偏爱往往带有很强的感情色彩,一经形成,市场对这个产品的购买就具有某种惯性,不会轻易改变这种消费习惯。企业通过促销提高市场美誉度,可收到长期的效益。

(4) 提高公众的兴趣

在日常生活中,人们需要各种休闲娱乐方式丰富自己的生活。有意识地设计将休闲娱乐与宣传促销融为一体的活动,为消费者和潜在消费者提供参与性、趣味性较强的促销宣传活动,可以吸引很多潜在消费者前来参与,在参与休闲娱乐活动的过程中了解产品和企业的信息,对企业和产品产生兴趣和好感。

(5) 争取中间商的支持

有些产品和服务的促销是针对中间商的,通过优惠计划、奖励计划等刺激中间商,使他们对销售本企业产品有更强的动力,通过系列公关活动得到中间商的帮助和支持。

（6）建立良好的品牌形象

促销在树立企业形象和提高品牌意识方面有重要作用,但一旦把塑造企业或产品的公众形象作为现阶段的促销目标,就要暂时放弃其他的目标和利益,并且几种促销方式要相互配合,以企业长远的品牌效益为重,尽量避免进行短期促销行为。

6.3.5 选择促销工具和工具组合

在明确促销目标后,需要选择促销工具。促销工具多种多样,各有其特点和使用范围,在选择工具时要考虑以下几个因素。

1. 必须与促销目标一致

制定促销目标往往为促销工具的选择提供了较为明确的依据和范围,不同的促销工具适应于不同的促销目标(见表 6-3)。

表 6-3 针对不同促销目标选择不同促销工具

	促销工具	POP推广	折价券	免费门票	赠品	减价
促销目标	提高销量	★	★	★	★	★
	增强中间商接受度					★
	建立品牌形象,巩固品牌形象				★	★

2. 市场的类型

不同的产品需要不同的促销工具,所选的促销工具必须适应企业所处的市场类型的特点和相应的需求。

3. 竞争条件和环境

包括企业自身的状态、资金、人力、优点和不足,以及外部竞争者的数量、实力、竞争策略等,还要考虑客观环境方面的制约因素、社会的政治经济水平、人们的消费习惯和政府的法规政策等。

4. 促销预算

任何企业用于促销的资金总是有预算,有限度的。为了达到企业促销的目的,使有限资金发挥最大效益,就需要充分考虑各种促销工具的促销效果,这些往往对工具的选择有很大的制约。

5. 促销管理者态度的影响

每种促销工具都各有其优缺点与适用范围,促销管理者从不同的角度出发分析会有不同的见解。管理者的经验分析、事先的消费者调查,都可能给管理决策者的选择带来影响。

在比较了各种促销工具的优缺点后,从企业的资源条件和经营管理水平出发,选择出既能达到预期的促销目标,又能降低企业促销成本,节约人力、物力的促销工具,尽量追求效用的最大化和成本的最小化。在一次促销活动中,往往采用的不止是一种促销工具,把各种促销工具组合在一起,形成互补,往往会达到 $1+1>2$ 的效用,这就是促销组合在实际中广泛应用的原因。

6.3.6 促销方案策划

促销方案的制订是促销策划系统过程中的第二个阶段。这里所指的促销方案是促销活动的计划书和行动步骤。促销方案的制订一般包括六方面的内容。

1. 确定促销形式

促销有两种不同的分类形式:即期价值和远期价值;价格优惠和价值附加。

即期价值是消费者购买后可以马上受益,而远期价值是指消费者在购买一次甚至多次购买后才有所受益。即期价值对于刺激消费者购买欲望、提高销售量的作用较大。而远期价值对于立即购买的影响力较弱,但从长远看,促销的效果也是明显的,特别是针对那些品牌忠诚度很高的消费者来说,作用更大。在经过一段长时间的认知、反应后,消费者才可以真正获得好处,由此消费者对品牌也产生了深刻的印象。如饭店常采用的"常客计划"就是利用远期价值加深消费者与饭店感情的促销手段。

价格优惠是指通过打折等形式把产品价格降低到能刺激消费者短期购买行为的水平。而价值附加则指在保持产品价格不变的情况下,增加产品的附加利益。通过降低价格可以使消费者获取更多的利益,但就同一价格而言,增加产品的附加价值也可以使消费者获利。降价容易引起恶性竞争,而增加产品附加值即可以使产品具有更多的差异性,同时有利于维护产品和企业的形象。

2. 明确促销产品范围

在促销时一定要具体明确促销产品的范围,以利于促销实施。对于旅游产品来说,产品范围通常是指不同时段、不同档次、不同服务的产品。产品范围的选择还必须考虑中间商、消费者、竞争者的影响。

3. 明确实施促销的范围

同一项产品在不同的市场中,所处的生命周期阶段也可能不同,目标市场中消费者的消费习惯和消费偏好也有差异。因而不能同时对所有市场采用同一促销形式,必须选择此次促销活动的促销范围,有目的有针对性地选择适当的市场范围,不仅可以达到良好的促销效果,而且对于竞争来说,也增加了保护性。

4. 确定促销时间

时间的确定包括什么时候开始促销、促销持续的时间、频率如何等问题。

旅游需求的季节性是影响旅游促销开始时间的重要因素,如每年两个黄金周和寒暑假都是出游高峰期,所以这两个时段之前一到半个月都是旅游促销最频繁的时候。

促销持续时间的长短取决于目标市场中较多数的人接受促销活动所需要传达信息的时间。一项促销活动期限的长短也须考虑到其他促销活动开始及持续时间,避免造成相互重叠,降低刺激效果。促销的频率需要考虑中间商对产品感兴趣的程度、消费者购买意向、对意外竞争性促销做出的反应、活动本身的持续时间和效果等因素。

5. 制定折扣率

无论是降低价格的促销,还是增加附加值的促销,都要涉及价格折扣率问题。确定折扣率应依据以下几点:

(1) 以吸引中间商和目标消费者注意的最底线;
(2) 价格与销量的对比情况;
(3) 参照同一价格档次的其他产品的折扣率情况;
(4) 本次促销活动的费用预算。

6. 明确促销的期限和购买者条件

任何促销在实施时都必须明确促销活动结束的时间,以及能够享受促销优惠的购买者条件。如中间商付款的期限和购买产品的数量等。促销时间太长或太短都会影响促销的效果。时间太短,会使潜在的消费者错过机会而无法获得促销的利益,时间太长则增加促销成本,对消费者的后期购买行为带来负面影响。具体促销活动的期限还要综合考虑产品促销信息传播的速度、消费者购买习惯、促销目标和竞争者可能的反应等。

延伸阅读

中国香港的迪斯尼乐园于 2005 年 9 月 12 日正式开园。为了让中国内地的消费者知道香港迪斯尼、了解香港迪斯尼,早在当年 6 月中国香港旅游发展局就与内地的多家旅行社合作推出了"香港迪斯尼四日游"线路产品的宣传,该产品价格在 3 000 元左右,包括门票和吃、住、行的费用。小林是一名大学教师,她的生日正好是 9 月 12 日,她认为参加"香港迪斯尼四日游"是庆祝生日的好方式,于是兴奋地报了名。一趟旅游下来,小林不用自己劳神费力,就过了一个轻松惬意的生日,享受了一把当上帝的感觉。她心里算了一笔账:一年前,她到香港参加一次学术会议,往返机票就要 2 800 多元,加上住酒店、吃饭和交通费,共花了 5 000 多元,还没舍得参观游览。看来还是参加旅游团合算!但是,旅行社以这么便宜的价格组团能赚钱吗?小林对此很不解。

6.4 旅游广告策划

6.4.1 旅游广告的类型和作用

旅游广告是旅游目的地国家或地区、旅游组织或旅游企业以付费的方式,通过非人员媒介传播旅游产品及企业自身的有关信息,扩大产品影响,提高其知名度,树立企业形象,最终达到促进销售目的的一种沟通形式。旅游广告有着其他促销形式不可替代的优点。它不仅生动形象、覆盖面广,而且可以长期、高密度地进行,效果持久,效力强大。尤其在今天旅游市场竞争日益激烈的情况下,旅游企业更重视广告的作用。

1. 旅游广告的类型

(1) 按广告的内容分

广告按内容分,可以分为经济广告和非经济广告。非经济广告是为了达到某种宣传目的而不是盈利所作的广告。经济广告也称狭义广告,广告策划中所指的广告主要是狭义广告。

(2) 按广告所使用的媒体分

广告按所使用的媒体分,可分为报刊广告、广播广告、电视广告、户外广告(如广告牌、灯箱、车身、条幅、霓虹灯等户外载体)、自办宣传品广告(如招贴、手册、音像材料)等传统的媒体广告,以及网络广告、短信广告、电梯广告、公交车辆视频广告等新型媒体广告。

2. 旅游广告的作用

(1) 引起注意,激发欲望

这是广告最基本的作用。一个成功的广告首先必须能够引起消费者的注意,进而激发其消费欲望,使之认为广告中的产品正是他所需要的。

(2) 指导消费,扩大销售

成功的广告活动可以针对不同消费者,着重介绍产品的各种知识,指导其正确判断和选择。通过广告可以增进消费者对企业及其产品的了解,诱发消费者的购买欲望,促使消费者采取购买行动,所以说广告可以扩大销售。

(3) 沟通信息,指导生产

通过广告及时地介绍、报道旅游产品信息,沟通了旅游产品生产者和消费者之间的信息交流渠道,促使旅游产品生产者按照消费者需要生产出适销对路的产品。

(4) 树立声誉,增强竞争力

企业通过广告使消费者了解企业及其产品的特点、质量,有利于在消费者心目中树立良好的企业形象,从而获得竞争优势。

6.4.2 旅游广告策划的步骤与内容

成功细致的广告策划需要经过几个步骤:设定广告目标、确定广告预算、广告创意与内容设计、选择广告媒体、发布广告和广告效果评估。

1. 设定广告目标

广告的目标即旅游企业或组织想通过广告完成的特定沟通任务,这个目标必须与企业的总体营销目标相一致。广告的目标既可以指导执行路线,又能评估执行效果。

按照信息沟通过程及其结果,旅游广告的目标可以分为三大类。

(1) 传达

主要用于旅游产品的导入期,通过广告信息将旅游企业和产品介绍给消费者,给消费者留下一个良好的第一印象,起到激发消费者的购买欲望,或者激发消费者对新旅游产品的兴趣的作用。

(2) 劝说

一般用于旅游产品的成长期,旨在提高消费者对旅游产品或服务的喜好,强调旅游产品的使用价值及其差异化优势,说服消费者购买旅游产品。

(3) 提醒

经常用于旅游产品的成熟期,用来保持旅游产品在消费者心目中的形象,保持消费者对旅游产品的忠诚度,引发消费者的记忆,使他们注意到旅游产品或服务的存在以及它的销售地点、时间等信息。

一般的居民和团体的出游行为都有明显的季节性,旅游广告的投放密度一般也是在一些旅游旺季和重要的节日前夕比较大。当旅游企业推出重点新产品之前,也会在媒体发布广告。

2. 确定广告预算

旅游企业一般会有一个总的市场营销和促销预算,应该在这个前提下再进行广告或其他单项促销活动预算。总预算应该按比例分配给每一个单项促销组合要素,特殊情况下也可单列预算。

就广告而言,其费用预算有以下几种不同的方案可供选择。

(1) 销售百分比法

旅游企业根据过去的经验按计划销售额的一定百分比确定广告预算。这种方法要求企业有一个较为规范的内部管理制度和外部市场发展计划,一般在企业发展到一定阶段后使用得比较频繁。它简便易行,但是在实际运作过程中过于呆板,不能适应市场变化。

(2) 目标任务法

在明确广告目标后,旅游企业或组织再计算出为实现这一目标所要支付的广告费用。但是广告目标难以用数字精确量化,因此这种方法实行起来有一定的难度。旅游目的地广告一般采用这种预算方法,在已有的促销预算可以承受的范围内,根据广告的设计、制作、传播等相关费用来确定总的广告预算。

(3) 竞争对抗法

旅游企业或组织根据主要竞争对手的广告宣传所投入的广告预算相应的来确定自己的广告费开支,这可以保证企业在广告宣传中处于与竞争对手平等的或相对优势的地位。一般来讲,当旅游企业或组织在实力或市场份额上与主要竞争对手旗鼓相当时,这种方法使用较多。

3. 广告创意与内容设计

在设计和表达广告信息之前,应对广告的内容作出周详的考虑和设计,它是开展广告活动的基础。在作旅游广告的创意和内容设计时,必须解决以下问题:

广告将要瞄准的目标市场是什么?

广告要诉求的核心观念是什么?

支持广告核心吸引力的信息是什么?

本广告与竞争对手广告的主要差异是什么?

本广告将采取的表达形式是什么?

本广告如何运作和实施?

本广告与其他促销组合要素如何有效配合?

广告本身的吸引力和利益诉求是吸引消费者的重要方面,也是区别于竞争对手广告的关键所在。一般在广告创意和内容设计时应以消费者需求为中心,同时结合旅游产品自身的特点来进行。广告创意的核心在于确定广告主题和广告诉求的方式。

广告主题是最能吸引消费者的核心,在广告界有一句名言:"我们销售的是烤牛排时的呲啦声,而不是牛排本身。"要想使广告的主题能够引起消费者的注意和兴趣,必须具备独特的创意和魅力,必须使广告设计建立在对产品优势充分识别的基础上。因此,旅游广告的主题策划应以强调旅游产品的独特优势为中心,然后再提炼出产品独特的销售主张(也称产品诉求)。通常企业可以通过广泛的前期市场调查来发现消费者最希望从旅游产品中获得什么利益,据此来开发设计旅游产品,并把它作为旅游广告的主题。

如果说旅游广告主题的设计基本上确定了旅游广告信息的主要内容,那么旅游广告的表达就要为旅游广告内容找到恰当的表现形式。旅游广告内容的表达,是指通过什么样的表现形式向消费者传递旅游信息。旅游广告要抓住消费者的注意力,旅游企业或组织就要善于运用独有的广告表现手法,使目标消费者对旅游产品产生兴趣,并最终促成购买。因此,旅游广告的表达是旅游广告创意中最富有挑战性的环节。

比较适合于表达旅游广告内容的形式主要有以下几种。

(1) 证明式

证明式也可叫做"承诺式"。广告大师赛谬尔·约翰逊指出:"承诺,实实在在的承诺,是广告的灵魂。"这种表达形式通过社会名流、权威认识、专家或满意顾客对旅游产品的证明来突出旅游产品所能提供给消费者的切实的和与众不同的利益与满足。社会名流的证明迎合了消费者模仿名人、追逐名人效应的心理需要;权威人士和专家的意见具有高度的专业性,容易说服消费者;满意的顾客来自于广大消费者,他们的亲身经历能增加广告的可信度。

(2) 联想式

旅游企业可围绕旅游产品及其价值利益,给消费者带来一种联想。可以通过一些对优美的自然风光和引人入胜的风景名胜的介绍及图片展示等来表达广告所要宣传的内容,取材含蓄,寓意悠远,能在吸引消费者的同时引起消费者的联想,给消费者留下深刻的印象。

(3) 生活式

源于日常生活,贴近消费者需求的广告更容易引起消费者的共鸣。这种以生活片断为基础的广告信息的表达形式选取消费者日常生活中的片断场景,表现旅游产品怎样满足消费者的实际需要、解决他们的实际问题,对消费者具有较大的感染力。

(4) 情感式

消费者在购买和消费旅游产品时,都希望能受到友好的礼遇和彬彬有礼的服务,选择情感式表现手法正好满足了消费者这一心理需要。广告可以通过富有人情味的语言和温馨浪漫的氛围,来显示旅游产品将带给消费者愉快的精神体验和舒适的感观享受。

(5) 夸张式

精心修饰过或夸张的场景往往能一下子抓住消费者的注意力。因此,旅游企业或组织可以运用一些特别的摄影技巧和夸张的场景、人物等阐明广告信息。这样的表现手法突出了旅游产品的功能和利益,也表现了旅游企业的自信,能收到意想不到的效果。

(6) 比较式

比较式具体可分为使用本企业产品前后的比较以及企业与竞争对手产品的比较,通过比较可以突出本企业产品的特色和优势。不过在与竞争对手进行比较时应注意,首先不能将竞争对手具体化,不能具体到某个或某几个企业或旅游产品,其次不能对竞争对手进行恶意的攻击和明显的诋毁,可通过一些委婉和暗示的方法来表现本企业产品的过人之处。

在实际运用中,以上几种表现手法并没有明显的界限,旅游广告创意中通常综合运用多种手法来达到理想的广告效果。

4. 选择广告媒体

媒体是运载广告信息和创意到达目标受众的"手段和工具"。在实际的广告促销活动中,媒体的选择与广告创意的策划同样重要。旅游广告媒体策略的内容包括决定广告覆盖范围、传播频率和影响,选择广告媒体类型和具体传播工具、决定广告的传播时间等。在旅游广告实践中,目前可供选择的广告媒体类型主要包括报纸、杂志、广播、电视、户外广告、直接邮寄广告等。随着信息技术的不断进步,互联网也正成为许多旅游企业所关注的新型广告媒体。

(1) 主要媒体的广告功能比较

任何一种广告媒体都不是完美无缺的,关键在于要为广告选择一种最适合的媒体或最优的媒体组合。因此在选择广告媒体时,应把握广告媒体选择的基本原则,了解各类媒体的传播特点和优劣势,综合考虑多种因素,在反复权衡的基础上选择理想的广告媒体(见表6-4)。

表6-4 主要媒体类型的广告功能比较

项目	视觉媒体	听觉媒体	视听两用媒体	网络媒体
信息量	大	小	小	最大
真实感	较强	最弱	强	最强
印象深刻度	差	较强	强	强
印象持久性	差	较强	强	强
保存性	最好	差	差	较好
互动性	无	无	无	有

(2) 影响广告媒体选择的因素

选择广告媒体时,应考虑的因素主要有以下四个方面。

① 目标市场的视听习惯。旅游企业应该清楚了解目标市场潜在消费者的视听习惯,如果企业以某一城市的居民作为目标客源市场,最好选择当地的报纸、电视、广播或者户外广告;如果旅游企业以旅游中间商作为目标市场,则可以选择一些专业性强的旅游期刊或采取直接邮寄广告的形式。

② 各种媒体的特点。各种媒体都有自己的优点和不足之处,在接触范围、频率、生命周期、表现手法、制作成本等方面表现出不同的特征。旅游企业应根据各类媒体的特点,结合产品与企业的具体情况,选择合适的广告媒体。

③ 旅游企业的广告预算。旅游企业的广告预算直接影响着选择哪一类媒体。资金有限的小型旅游企业可选择费用相对较低的广告媒体,如报纸、电台等。若企业规模较大、实力雄厚,可以选择电视广告。

④ 旅游企业的定位与预期目标。旅游企业试图树立什么样的市场形象以及期望实现的促销目标也将决定旅游企业对媒体的选择。如果一家饭店定位于高档市场,就可以选择一些高端的商务杂志、休闲杂志作为广告媒体;如果企业的促销目标是建立消费者偏好,那么电视广告能起到较好的说服效果;如果企业需要中间商或重要客户了解它的新产品,可以采用直接邮寄广告的方式。

5. 发布广告

选定广告媒体之后,企业还需要确定广告的投放时机,即何时以何种频率播出广告。

(1) 在媒体广告投放的时间安排上,有以下几种方式。

① 连续式。在限定的时间内连续不断地发布广告。一种连续式策略是在较短的时间内将促销经费均匀使用在单一或多种媒体上,以期在较短的时间内取得较好的促销效果。应用这种策略的关键是旅游产品的实效性较强,当然,旅游企业或组织没有足够的促销经费进行长时间的促销。另一种连续式策略则是在相对长的时间内均匀使用促销经费。旅游经营机构的形象推广就适宜使用这一策略。

② 间隔式。在每一段时间刊发广告后保持一段时间间隔,然后再继续刊发同类广告。旅游业受旅游淡旺季影响,因此可以在旺季到来之前进行旅游产品广告促销,然后在淡季稍事休整,这样既能提高促销效率,也能节省促销成本。

③ 集中式。在特定的时间内保持广告刊发的较大密度,短时间内形成较大声势。一些旅游专题公关活动的广告和节庆活动的广告促销一般都采用这种模式。

(2) 广告发布密度

除了广告投放的时间外,还应考虑广告发布的密度安排。旅游企业或组织在广告的发布时段内应根据目标市场的消费特点对广告发布密度进行合理调控和组合。经常采用的广告发布密度方式有以下几种。

① 均衡持续式。均衡持续的信息发布适用于那些已经在市场站稳脚跟的旅游产品或服务。持续高密度的信息发布往往体现了旅游经营机构希望应用某种或多种媒体实现理想促销效果的意图。

② 逐渐加强式。对于那些希望逐渐、系统地获得市场反应的旅游经营机构,逐渐增强式信息发布策略更为合适。2002年夏初在韩国和日本举行的世界杯足球赛在信息发布方面就采用了这种逐渐增强式的方式,使全世界关心这次赛事的人们越来越兴奋,越来越关注这次赛事。

③ 逐渐减弱式。一些旅游经营机构采用由强渐弱式的信息发布策略进行季节性旅游产品或服务促销。在市场了解旅游经营机构发布的信息之后,适当减弱信息发布密度,通过提示和加强记忆,保持广告促销效果。

④ 波浪起伏式。一些旅游产品或服务具有鲜明的季节特点。有些夏季是湖滨度假地的旅游目的地到了冬季就成了滑冰场,一些旅游饭店在情人节、母亲节、

中秋节、圣诞节等节假日时会推出特别旅游产品或服务,它们都需要采用这种波浪起伏式信息发布策略。

6. 广告效果评估

广告活动通常需要花费高额的成本,因此必须对广告活动进行详细的跟踪调查,以便对广告效果做出准确判断。对广告效果的评估不仅要看广告是否达到了促进销售的目标,而且还要看广告是否改善了企业与目标消费者之间的沟通。

(1) 对销售效果的评估

销售效果主要是看广告活动的运行是否达到了企业预期的销售量和市场份额,是否创造了企业想要实现的利润。在定量分析中,广告的销售效果可用广告成本效率指数来考察。

$$广告成本效率指数 = 广告引起销量增加数 \div 广告费$$

广告成本效率指数越高,说明广告的促销效果越好。

(2) 对沟通效果的评估

对沟通效果的评估可以分为事前评估和事后评估两种。策划过程中以事前评估为主。事前评估是企业在将广告交付媒体发布之前进行的调研活动,可以向消费者展示各种可供选择的广告,由他们评比,选出效果较好的广告,也可以通过仪器来测量消费者对广告所产生的心理反应等。

评估广告效果比较直观的一个方法就是销售量的增长率,但是这里面除了广告的作用外,还有一个季节性的自然增长的因素。另外,企业可以进行一些市场调查,了解广告投放前后企业的产品及企业知名度的增长率,这是一个更有说服力的评估数据,但是开展调查需要花费额外的成本。

延伸阅读

标题:认识庐山真面目

总片头,赵忠祥的声音:

"我们都认识你,可是总看不清你。"

"你是谁?——庐山!"

"不识庐山真面目"这句诗刻画了庐山的风貌与性格。10多个月,10多次上山,摄制组与主持人赵忠祥、黄玲的足迹遍及大山上下,拍了12集电视片。这部电视片改变了一般风光片的表现方式,将纪实性与观赏性、知识性与趣味性相结合,充分发挥了主持人实地采访的作用,能让观众在银屏上逐步认识庐山真面目。其中,庐山将最有特色、最有趣味的镜头以悬念的方式展开,引出大山的主题。第一集"庐山,你在哪里?"概括了庐山的地理位置,勾勒了庐山的自然风光与人文景观的轮廓。

这座山,水光山色印满古今中外名人的足迹;这座山,有会集成18国建筑风格的别墅;这座山,有国共两党最高领袖住过的同一幢房子;这座山,还召开过中国共产党历史上的三次著名会议……

"不识庐山真面目,只缘身在此山中。"这是千古传颂的名句。不识庐山真面目已成为大众百姓的口头语言。而这部电视片的广告反其意而用之,以认识庐山真面目为标题,具有很强的吸引力,很快就吸引了观众的眼球,并且电视片正文内容翔实,从风景名山、人文名山、政治名山等不同的侧面把庐山的风采展现于银屏之上,向观众传达了大量的信息。

这则广告抓住"改变一般风光片的表现方法"这一点,以此作为独特的主张,由此展开广告,广告主题的切入点很好,能有效地激起人们游览的欲望。

6.4.3 旅游广告策划的影响因素

旅游广告的创意固然不可受传统思想的束缚,以免缺乏生机,但也并不能说广告创意就可以天马行空,毫无约束。广告策划是一种商业行为,必须考虑多种因素。

1. 政治环境

政治环境是广告策划的"天时"。一个企业再强大,也不能逆势而为。在策划者进行具体创意活动时,它可能并不会专项分析政治因素,但这恰恰说明对政治因素的分析思考已经在它思想中根深蒂固,不必再专项分析了。

2. 文化背景

不同文化背景的消费者对同一事物的理解是不同的。广告策划时,必须考虑目标受众的文化背景和偏好,有针对性地使用目标受众能够理解的文化形式来表达广告信息,否则广告很可能会使目标受众产生不理解、误解甚至反感的情绪。文化背景还包括宗教背景。在一些宗教气氛较浓的地区和国家,这和政治环境可以相提并论,广告策划必须考虑目标受众的宗教感情,避免广告内容涉及敏感话题。

3. 广告费用预算

目前旅游广告策划越来越倾向于制作精良、耗资巨大的"大手笔",但广告费用的投入要与企业的发展战略、产品的市场定位联系起来。旅游企业的目标市场若是全国性的,需要在全国性的媒体上做广告;若是立足地区的,只需选择地方性媒体;若是针对社区的,只需张贴海报足够了。

广告费用有限的旅游企业或组织,在策划时一定要在有限费用的框架下进行,避开周期长、耗资大的创意方案。在细分市场、吃透消费者心理方面做文章,只要选点准确,措施得法,以小胜大,以弱胜强,都是可能的。

6.5 旅游品牌策划

6.5.1 旅游品牌

所谓旅游品牌,是指旅游企业在竞争中为便利消费者对自身产品或服务的识别、实现差异化、建立比较优势,以名称、术语、标志、符号、图形或是它们的组合为载体,在消费者心目中形成的一种综合体验和认知。

旅游产品作为服务产品具有明显的生产与消费同时性的特征,它建立在人与人之间关系的基础之上。旅游品牌的实质是关系,是产品及其名称与消费者发生的各种关系的总和。它首先是某种标志、符号;其次是消费者使用某种产品的体验和感受。旅游品牌的终极形态是旅游企业的无形资产。

6.5.2 旅游品牌定位

1. 旅游品牌定位

品牌策划的首要任务是品牌定位,旅游品牌定位是品牌建设的基础,是品牌经营成功的前提。旅游品牌的定位如同雪地中滚动雪球的核心,成功的定位是旅游企业品牌经营的凝聚力所在,是品牌经营的基础。

旅游品牌定位是联系品牌形象与目标消费者的纽带,它通过勾画旅游品牌形象和所提供价值的行为,使细分市场上的消费者理解并正确认识某品牌有别于其他品牌的特征,是通过差异化在旅游消费者心目中占据一定位置的过程。

2. 旅游品牌定位的方法与步骤

(1) 明确本企业的竞争优势

在旅游品牌定位初期,经营人员必须通过一切调研手段,系统地设计、收集、分析报告,回答三方面的问题:竞争对手的旅游品牌定位如何?目标市场旅游消费者的需要及其满足程度如何?针对竞争者的品牌定位和潜在消费者的真正需求,本企业应该做什么?从问题的答案中找到企业的竞争优势。

(2) 准确地选择相对竞争优势

通过一个完整的指标体系,分析本企业的优劣势。通常,这一指标体系主要涉及以下方面:经营管理、技术开发、采购、生产作业、品牌营销、财务。对于分析得出的比较优势,结合旅游消费者需要的现状与趋势,选择最适合本企业的优势项目。

(3) 展示独特的竞争优势

旅游品牌的差异是一个相对概念。竞争品牌的存在是品牌定位的基础,同时需要企业以合理与有效的手段将差异化予以展现。包括有形产品、旅游服务质量、品牌体验、品牌识别系统等。

(4) 品牌定位调整

旅游品牌定位不是一成不变的。当发生以下情况时,旅游企业必须及时进行品牌定位调整:原有定位不合时宜、原有定位模糊、原有定位过窄、竞争品牌模仿、品牌战略转移。企业必须随时关注旅游市场、竞争者、消费者以及企业自身的变化,及时主动地完成旅游品牌定位的调整。

3. 旅游品牌定位点的挖掘

旅游品牌定位点的挖掘是品牌定位成功与否的基础,也是难度较大的一个环节。一般可以从品牌目标市场、品牌产品、品牌竞争者、品牌识别等角度来予以挖掘。

(1) 从旅游品牌的目标消费者角度进行挖掘

从影响旅游消费者购买行为的基本变量和行为变量着手,挖掘品牌的定位点。例如,从旅游消费市场的专有性角度分析;从旅游产品购买与消费的场合与时间角度分析;从消费者购买目的的角度分析;从旅游消费者生活方式的角度分析。

(2) 从旅游品牌的产品角度进行挖掘

旅游品牌定位可以与旅游产品定位相一致,但品牌定位应该超越产品定位。旅游产品的独特属性可以成为品牌定位的来源。例如,从旅游产品依托的硬件设施角度分析;从旅游产品中服务因素的角度分析;从旅游产品中消费者和消费者的相互作用与影响角度分析;从旅游产品的性价比角度分析;从旅游产品类别角度分析。

(3) 从旅游品牌的竞争角度进行挖掘

旅游企业面对的主要竞争者可分为四个层次:欲望竞争者、类别竞争者、形式竞争者、品牌竞争者。在品牌定位中,针对各层次竞争者的对比分析,可以挖掘出旅游企业品牌的定位点。例如,以"行业领头羊"形象的诉求为基础进行定位;进行关联比附定位;进行挑战或防御式定位。

(4) 从旅游品牌的识别设计角度进行挖掘

从某种意义上讲,识别系统是旅游品牌定位予以体现的载体,同时,它自身也可以成为差异化的有效手段。例如,从旅游品牌标识的个性制作角度分析;从旅游品牌识别的文化特性角度分析;从品牌与消费者关系角度分析。

6.5.3 旅游品牌标识系统策划

旅游品牌标识是旅游企业通过创造和保持工作而形成的消费者联想依托物,在功能、情感、自我表现上形成有价值的主张,以建立品牌与顾客之间的关系。它有助于消费者对旅游企业所作出承诺的认知,是企业之间竞争的重要领域。旅游品牌标识的主要内容包括:品牌的核心价值、品牌所代表的意义、品牌个性、品牌诉求等。

1. 旅游品牌标识的构成

(1) 产品

品牌标识可以通过产品类别归属和产品属性传达产品的内在精华。旅游品牌识别一般应该能代表与反映某种产品类别，尤其在品牌处于初创期时。例如，提到"喜来登"，消费者就联想到五星国际连锁饭店。旅游品牌还应揭示产品的实质利益，起到促成消费者旅游购买动机形成的作用。例如，看见"国际青年旅馆"，消费者就想到自助服务、交流、廉价等利益。

(2) 象征

品牌的象征，主要体现在名称和视觉影像、商标、标志上。旅游品牌的名称可以起到识别作用，可以使消费者准确认识品牌、了解核心的商品信息。旅游品牌的视觉影像是可以被形象识别，但不是用语言表达的部分，是图形记号。

(3) 企业

消费者对品牌的关联是以产品的核心价值为依托的，但企业的属性也会产生较大影响，如企业的地理位置、企业对品质的要求、企业对公益活动的投入等。例如，对于武汉"老通城"的豆皮，消费者是通过品牌所在的企业进行识别的。

(4) 传播

品牌必须通过与目标消费者群体的接触才可以发生功效。只有传播才能使识别得以实现。旅游品牌识别的形象性和符号性使快速传播得以实现，借助动态的品牌沟通，完成品牌塑造。

2. 旅游品牌标识策划的原则

(1) 简洁明了、易读易记

旅游品牌需要深刻的内涵与优美的文采，但不能与"简洁明了、易读易记"这一首要原则产生冲突。不宜将过长或难以理解和诵读的字符作为品牌名称，也不宜将呆板、没有视觉冲击力的符号、图形用于品牌标志。

(2) 巧妙构思，突出特点

旅游品牌需要通过巧妙构思体现自身与众不同之处，突出产品的特性与优势。品牌外观的文字、图形是吸引消费者眼球的最直观手段，设计应具有冲击力、感染力。

(3) 赋予内涵，注入情感

旅游品牌设计的图形和文字都具有一定的含义或象征，可以是产品的功能，可以是典故。内涵丰富、注入情感的品牌才能打动旅游消费者，引起消费者的共鸣，使品牌在长期内发挥效应。

(4) 匠心独具，避免雷同

首先，与已有品牌雷同的设计难以获得《中华人民共和国商标法》中规定的商标专有权,无法通过法律保护品牌获利能力的独占性;其次,若企业申请成功,在宣传自己品牌的同时也会为竞争对手的类似品牌进行宣传,使品牌传播费用扩大、传播效果减低。真正想获得长远发展的企业,应在旅游品牌的设计上尽可能避免与他人的雷同。

(5) 符合法律,入乡随俗

旅游品牌的识别设计应全面考虑政治、法律法规、文化等宏观环境因素的影响。在中国,《商标法》等相关法律禁止商标与中国或外国的国家名称、国旗、国徽、军旗勋章相同或相似。在品牌设计中,还应该关注超越所在地域的历史文化、语言文字、审美情趣的影响,避免由于不同文化价值观念及审美情趣的不同而使得对同一品牌的理解产生很大差异。

3. 旅游品牌名称策划

品牌名称是旅游品牌构成中可以用文字表达出来并能用语言进行传播交流的部分,是品牌的代表。若一个好的产品是一条龙,为它起一个好的品牌名称,犹如画龙点睛。旅游品牌的名称可以分解为以下要素:卖点、价值、心理、意味。其中,卖点与价值是针对品牌的实际、具体效用而言的。心理指名称在情感上应激发消费者的情感,促成购买动机;意味指名称在人生观、哲学等更高层面的诉求。

(1) 品牌命名要求

第一,具有美感。首先,听起来悦耳。一般知名品牌都符合声韵学的要求,大致符合平仄要求。其次,看后令人赏心悦目。在命名醒目的同时,视觉上也能给旅游者留下有关品牌和服务的良好形象。

第二,易读易记。品牌必须让旅游消费者熟悉和掌握,名称确定也应该简洁明了、易读易记。以中国汉字为例,一般以两个或三个字为宜。也有的是用一个字,然后在后面加上一个"牌"字,有些具有特色的四字名称也能够为消费者所接受。

第三,突出个性。旅游品牌名称贵在标新立异,不落俗套,有独特个性与风格,这样才有利于发挥旅游品牌的独特魅力,给消费者留下鲜明印象和感受,经久难忘。

第四,启发联想。目前,中国旅游产品的名称一般突出产品的实质内容,例如"×地双飞七日游",这虽然使产品的内容一目了然,但缺少明示或暗示的寓意,无法引发消费者的联想,没有充分发挥名称在促动消费者购买动机方面的潜力。

(2) 旅游品牌命名的策略

① 用产品带给消费者的功能与情感利益来命名。

② 以品牌的文字类型命名。用汉字、数字、汉语拼音、英文均可为品牌命名。

③ 用姓氏和人名命名。直接用人物姓名做品牌名称,借助人物的声望影响产品。可以用创业者、设计者、古代名人或有纪念意义的人物姓名。

④ 用物名命名。用动植物的名称给旅游产品命名。

⑤ 用地名命名。以旅游产品的生产地作为品牌的名称。

⑥ 改创新词命名。通过改造,新创出在字典中不能直接找到的词作为旅游品牌量身定做的品牌名。

4. 旅游品牌形象联想策划

(1) 旅游品牌联想的含义

当旅游消费者提到某一好的旅游目的地、旅游饭店、旅游线路时会下意识产生一系列联想、印象。这种联想即旅游品牌联想。旅游品牌联想既包括理性的联想,也包括感性的联想。理性的联想有助于消费者形成购买的理由,感性的联想有助于促动消费者的情感,保持品牌忠诚。旅游品牌联想大部分反映的是品牌的利益点,能满足消费者的需求,促进消费者形成购买行为。

(2) 旅游品牌联想的策略

① 创造品牌故事。一些企业为了更好地制造故事,成立了专门的故事制造部门,通常称为新闻中心。由新闻中心组织撰写新闻稿或信息稿,联系各媒体发布。企业通过这些故事,最大限度地传播品牌的理念,让消费者在不知不觉之中接受企业的品牌。

② 设计灵魂人物。灵魂人物的个人魅力可以增强品牌的号召力。有了灵魂人物,品牌就有了更多的宣传机会,如利用新闻报道、人物传记等进行宣传。但品牌的灵魂人物设计应该是一种长期策略,要考虑灵魂人物个人人生变故对品牌的影响。

③ 借助有名望的消费者。在品牌营销的过程之中,可以借助一些有名望的消费者的影响力进行传播,建立品牌联想,创造营销机会。例如,很多旅游景区留下知名人士游览参观之后的"墨宝"和图片或是声像资料,在品牌营销中予以合理使用,提高宣传影响力。

④ 迎合消费者心理。品牌使用过程中,可以通过迎合消费者心理形成具有感染力的品牌联想。例如,西班牙在针对欧美客人时,提出"冒险与史诗的国度"的宣传语;在针对亚洲客人时,提出"阳光普照下的西班牙"的宣传语。为迎合不同地区消费者的不同心理,提出具有不同品牌联想的宣传标语以及辅助资料信息。

6.5.4 旅游品牌创新策划

经济的发展离不开创新,旅游业激烈的竞争要求企业不断进行创新。创新一般围绕技术、管理及制度而展开。无论是哪种形式的创新,都有利于企业劳动生产率或资产运营效率的提高。旅游品牌应力求自身的不断创新,反映出企业的活力。

1. 旅游品牌的技术创新

企业发展动力的源泉主要来自四个方面:资本的积累、资源的更有效配置与使用、劳动生产效率的提高以及技术的进步。其中,技术进步是最根本与持久的动力。拥有了新的技术,旅游企业就可能找到新的增长模式,可能开拓新的市场。

在旅游业中,品牌的技术创新目前更多地体现在对现有技术的充分利用方面。例如,在旅游饭店业中,部分饭店首先启动了内部网络,利用饭店自有的局域网可以建立全面的客史档案,进行内部信息传递与共享,促进饭店服务质量的提高与管理效率的提升。此外,在日本的部分家庭旅馆中,出现了带有温控设备的抽水马桶,可以根据顾客需要进行手动调节,通过适当利用科技的发展,可以促进品牌更有效地满足消费者的需要。

2. 旅游品牌的产品创新

旅游品牌的创新主要来自旅游产品的创新。旅游产品作为服务产品,与有形产品的创新既有类似之处,也有自身的特点。

首先,产品的创新都必须以消费者的需求为出发点。例如,随着残障人士旅游需求的膨胀,部分旅行社创新出适合聋哑人游览的旅游线路,对旅游服务进行了专门设计,及时弥补了这一新兴市场的产品空缺,成功地为品牌添加了新的元素。

其次,产品的创新可以从服务产品中消费者与消费者之间的影响着手。例如,北京某旅行社创新出由日本小朋友和中国小朋友共同参与的"北京夏令营"产品。这一产品从参与者角度进行了创新。选择这一旅游产品的消费者看重的恰恰是中日消费者之间的交流。在原有线路基础之上,通过组合参与者完成了对产品的创新,为旅游品牌增加了新的亮点。

此外,产品的创新可以从旅游产品的功能着手。例如,产权式饭店通过房地产业与旅游业的结合,既满足了消费者旅行住宿的需要,又满足了消费者房地产投资的需要。这一双重功能的创新为许多饭店创造了新的盈利空间,实现了有效的品牌创新。

延伸阅读

武夷山景区营销

武夷山是我国继泰山、黄山、峨眉山之后的第四处世界文化与自然双遗产地,近五年来武夷山景区的旅游营销工作可谓成绩斐然。

一、分析市场现状,确定营销目标

在资源普查和市场调研的基础上,武夷山景区管理者认真分析了自身优势和不利因素。

武夷山的优势之一在于其极高的自然价值。武夷山有至今保护得最完好、最大而且最具有代表性的中国亚热带森林和南中国雨林。九曲溪两岸平滑兀立的悬崖峭壁和清澈的溪水相得益彰,具有极高的景观价值。武夷山的另一优势是其富有文化价值。武夷山得到保护的时间长达12世纪,山中有很多非常特殊的古迹,包括公元前1年建立的汉城遗址和许多的庙宇。武夷山是新儒教的发源地,新儒教的思想在东亚以及东南亚的国家具有很深远的影响。另外,近年来,武夷山附近建了铁路,修了机场,公路也提高了等级,交通状况得到了改善。

但是,武夷山的不利因素也很明显:武夷山偏于"东南一隅",与国内大部分省份距离较远。在交通上,航班只开通北京、上海、广州(深圳)及省内福州、厦门等地;列车只开通上海、南京、武汉及省内福州、厦门等地,东北、西北省份的游客到武夷山旅游交通不便。从客源市场看,来自本省和华东地区的客人占游客总量的70%,省内及华东是武夷山的主要客源市场。

二、进行市场细分,开拓重点市场

(一)针对区域市场

在上海及华东地区,以旅交会、大篷车促销、电视媒体、晚报为依托;在广东及华南地区,以广东电视台、深圳电视台、中国香港凤凰台、晚报及旅行社包机为依托;在北京、山东及华北地区,以电视台、晚报、大篷车促销、新闻发布会为依托;武夷山景区还和厦门建发国旅、厦门航空公司等单位联合在韩国首尔电视台、日本东京电视台进行旅游宣传。

(二)针对重点城市

把火车、航班直达的城市作为宣传促销的重点城市,常年在列车上发布景区广告,在民航报刊上刊发景区采风报道,在直达城市电视台进行景区系列宣传。

(三)针对学生群体

在《中学生报》、《中国青年报》上进行系列宣传,并给予门票优惠,组织大学生登山赛,建立了青少年活动基地。

(四)针对老年人

与北京、长沙等地旅行社进行合作,开行夕阳红专列,在《中国老年报》上进行系列宣传,对离退休人员给予门票优惠。

(五)其他细分市场

针对家庭、情侣、白领阶层、职工劳模等特殊群体,先后推出了七夕中国情人节、森林休闲游、民俗风情游、职工疗养休闲游等相关活动。

三、突出特色品牌,开展联合促销

近年来,无论是电视台还是旅游报的系列宣传,无论是旅游展销还是景区自己制作的电视片、宣传书籍,武夷山均注重突出"世界文化与自然双遗产"的金字招牌,把武夷山与泰山、黄山、峨眉山并列,宣传效果显著。

考虑到游客出游一般要游两个以上景区这一行为特点,武夷山大力推进联合促销。不论是在内地宣传,还是日本、韩国、东南亚促销,或是在我国的台湾、香港、澳门等地区,武夷山都把武夷山——厦门联成一条旅游线路进行推介,围绕"蓝天碧海鼓浪屿,碧水丹山武夷山"进行整体宣传促销,从而突出了福建旅游的整体形象。

四、组织重点项目,形成宣传活力

针对宣传促销工作点多面广、形式多样的特点,各单位进行了合理分工,管委会负责形象宣传,旅游企业(景区、宾馆、旅行社)负责微观促销。每年度,武夷山管委会制定全年宣传促销计划,确定宣传项目。2001年,武夷山确定武夷山电视采风赛、武夷山风光 VCD、职工教育读本等 20 多个宣传项目;2002年,武夷山确定报纸副刊武夷山采风、旅游卫视天气预报、中央电视台世界遗产专题片等 20 个宣传项目;2003 年组织全国漂流大赛、万人登山大赛、冬泳赛等活动;2004 年,举办国际摄影大赛等重点项目。武夷山还派员参加各种类型的旅游促销会、交易会,以及建设部、文物局等部委举办的世界遗产展示交流会等,并开出旅游大篷车以扩大宣传面。

五、建立利益共享机制,实现互惠双赢

武夷山风景区先后制定了对旅行社的优惠办法和对专列包机、自驾车游的奖励办法,受到经营者的欢迎。

几年来,通过不断加大营销力度,武夷山的知名度得到很大提高。2001 年武夷山景区被评为 AAAA 级旅游区,2002 年被评为中国十大名山。到武夷山旅游的人数逐年增加,2004 年景区接待 61.95 万人次,竹筏漂流接待 85.13 万人次。

武夷山的营销工作做得非常细致到位。营销的关键在于抓住市场,武夷山景区管理者把分析市场现状作为营销工作的基础,明确了营销的目标,并在此基础上对市场进行了细分,针对不同的细分市场采取了不同的营销策略。开展联合促销和组织重点项目扩大了武夷山的知名度,起到了很好的宣传效果。建立利益共享机制则兼顾了中间商的利益,调动了他们的积极性。武夷山景区营销工作的成功是综合运用多种营销策略的结果。

6.6 旅游营销策划实训

实训目的

掌握旅游营销过程中的客源市场推广、产品促销等重要领域的策划重点。熟悉客源市场开拓的一般步骤和产品促销策划的基本内容,能够独立完成规范的客源市场开拓计划书和产品促销方案策划书。

实训要求

以团队合作的形式开展营销策划实训。针对选定的景区,有组织地开展策划前期的基础分析工作,基于科学分析,开展规范的客源市场开拓策划,并针对选定的目标市场制定产品促销方案策划。

实训背景材料

1. 景区产品的概念

景区产品是指自然景观、人文景观和服务设施有机结合的，能够吸引游客前来观光游览的综合性旅游地。景区产品是旅游者的目的指向地，是旅游者旅游的目的和意义所在，它可以向旅游者提供观光、休闲、购物、娱乐等复合的旅游体验。

2. 景区产品的基本要素

(1) 广告材料和促销材料的质量。这些材料创造了一种"承诺"，并影响着旅游者对旅游的最初期望。

(2) 景区标牌是否能够有效地为初次到访旅游者提供向导。

(3) 潜在旅游者对景区的第一印象以及感知到的好处。例如，旅游大巴停车场的安排是否快捷、高效，入口是否畅通等，这些都是景区的"第一印象"区。

(4) 景区入口处的外观和吸引力。

(5) 景区各服务接待设施接待旅游者的能力。

(6) 景区游步道的合理设计。例如，步道是否连接了景区的优质资源，道路设计是否科学，道路标识是否清晰。

(7) 对主要吸引物的展览、展示和解释。包括提供的声像资料和各种活动。

(8) 景区辅助景物的选址和布局。

(9) 服务设施(如厕所、咖啡店、小卖部等)的选址和布局。

(10) 对这些产品组成要素无论是单独进行评估，还是作为要素组合的一部分在整体产品中进行评估都是十分有益的。组合的方式可因管理决策的不同而有所不同。

3. 景区体验营销

体验营销是1998年美国战略地平线LLP公司的两位创始人约瑟夫·派恩和詹姆斯·吉尔摩提出的。他们对体验营销的定义是："从消费者的感官、情感、思考、行动、关联五个方面重新定义、设计营销理念。"体验营销是以消费者为中心，通过事件、情景的安排以及特定体验过程的设计，让消费者在体验中产生美妙而深刻的印象，并获得精神满足的过程。在消费需求日益个性化、多样化的今天，消费者已经不仅仅关注产品本身所带来的价值，更重视在产品消费的过程中获得的"体验感觉"。

景区体验营销就是景区内的工作人员通过声音或图像等媒介为旅游者营造一种氛围和情景，让旅游者沉浸其中，努力为旅游者创造一系列难忘的经历，从而促进旅游产品的销售。在景区实施体验营销不但可以使旅游者在传统的游玩中增长见识,更可以让他们达到难忘的愉悦记忆,给游客深刻的体验,更好地宣传景区的文化内涵。

实训过程

1. 组建景区营销策划小组

进行景区营销策划首先要成立一个专门的营销策划小组,小组成员应包括经理、销售主管和工程部、财务部、人事部及其他相关部门的关键人员,每个人都承担自己业务范围内的职能。小组组建后应注意以下问题:

(1) 经常举办研讨会,加强小组成员之间的沟通和了解。

(2) 每个新项目要同时分派给研究开发人员和市场营销人员,他们在整个项目执行过程中要通力合作,研究开发部门与市场营销部门应共同确定市场营销计划与目标,以及策划案的最终形成。

(3) 产生的矛盾应由高层管理部门解决。在同一个企业中,研究开发部门与市场营销部门应同时向一个副总经理报告。

2. 分析景区组合因素

(1) 每组选定一个便于开展调查研究的景区。

(2) 对景区主要的吸引物做普查并登记造册,评价其经营状况。

(3) 考察游览活动项目的设计,对游览项目进行统计、分类、比较,看现有游览项目是否有改进的必要。同时在景区范围内征集新项目的策划和设计。

(4) 调查景区的管理与服务。对游客进行满意度调查,征集游客对景区管理服务的意见和建议,并认真分析管理和服务中的不足,写出书面整改意见。可以采用问卷或访谈的方法来调查游客的态度。问卷调查比较省时,但往往不能获得游客的真实感受;访谈的方法比较费时,但是资料比较真实。两种方法各有优劣,需要配合使用。

(5) 分析景区的可进入性。收集和归类景区与外界联系的交通方式,了解区域交通发展规划和景区周围的规划,分析景区的区位及营销经营环境。

(6) 分析景区与社区的关系,以中心城市为目标进行营销策划。

3. 客源市场拓展策划

(1) 市场细分。

(2) 目标市场选择。

(3) 产品市场定位。

4. 制定景区营销预算

景区营销预算是整个景区营销方案推进过程中预计产生的各种费用投入,具体可根据企业经验、实力并参考竞争对手的预算来制订。

5. 旅游产品促销方案策划

针对选定的目标客源市场和根据该市场制定的产品定位方案,策划产品促销组合。

(1) 确定产品促销形式。

(2) 明确促销产品范围。

(3) 明确实施促销的范围。

(4) 确定促销时间。

(5) 制定折扣率。

(6) 明确促销的期限和购买者条件。

本章小结

旅游市场作为一种服务化、专业化的市场,具有依托性、全球性和普遍性的特征。旅游市场营销所表现出的提供的产品是一种服务、游客可参与到旅游产品的生产过程、产品的质量难以控制、时间因素十分重要、分销渠道不同等特点,也使得旅游市场营销区别于传统产品营销。

旅游客源市场开发是旅游营销中的战略性工作,具有对资源的高度依赖性、开发对象的差异性、开发主体的协调性三个特性,分为政府主导、行业组织主导和企业主导三种类型。旅游客源市场开发策划的内容分为市场细分、目标市场选择和市场定位三个关键步骤。一般可按照旅游者人口特征、地理区位、心理因素、行为因素四个方面进行市场细分。对细分得到的市场进行可测量性、可进入性、规模性、独特性四方面的评估,可以评价一个细分市场是否具有营销价值。对于市场细分得到的若干细分市场,可采用无差异市场策略、差异性市场策略或密集性市场策略来选择旅游企业的目标客源市场。为使目标市场旅游者能够非常容易地识别出本企业的产品,以便与竞争对手区别,就需对产品实行市场定位。常用的市场定位方法有比附定位、心理逆向定位、狭缝市场定位和变换市场定位四种方法。

促销是市场营销组合的四个策略之一,旅游促销的实质是旅游企业与购买者之间的信息沟通。促销组合,是一种组织促销的整体思路,它主张企业应把广告、公共关系、营销推广及人员推销四种基本促销方式组合为一个策略系统,互相配合以实现促销目标。四种基本促销方式各有特点,企业要在充分了解各种方式、手段的性质、特点、优缺点的基础上,结合企业的促销目标、资源条件、市场条件等,策划出最佳的促销工具组合。旅游促销组合策划有推动策略和拉动策略两种,不同的促销组合策略、不同的产品和市场状况以及产品所处生命周期阶段,加之消费者购买准备过程所处阶段的不同,有不同的促销组合方式。完成一个产品促销策划,需要经历确定促销目标、选择促销工具及工具组合、制定促销方案、评估促销预期效果几个阶段。

广告是日益重要的促销形式。企业通过广告使消费者了解企业及其产品的特点、质量,有利于在消费者心目中树立良好的企业形象,从而获得竞争优势。成功细致的广告策划需要经过几个步骤:设定广告目标、确定广告预算、广告创意与内容设计、选择广告媒体、发布广告和广告效果评估。在策划旅游广告时还需要考虑目标市场的政治环境、文化背景以及企业的广告费用预算。

旅游品牌是旅游企业或其产品在消费者心目中形成的一种综合体验和认知,其实质是产品及其名称与消费者发生的各种关系的总和。品牌策划的首要任务是品牌定位,它通过勾画旅游品牌形象和所提供的价值,使细分市场上的消费者理解并正确认识某品牌有别于其他品牌的特征,进而认为该品牌值得购买。品牌定位需要明确本企业的竞争优势,准确地选择相对竞争优势,进而展示独特的竞争优势,在恰当的时候还需要进行品牌定位调整。品牌标识策划是旅游品牌策划的重要内容,它有助于消费者对旅游企业所作承诺的认知,是企业之间竞争的重要领域,旅游品牌标识的主要内容包括:品牌的核心价值、品牌所代表的意义、品牌个性、品牌诉求等。旅游业激烈的竞争要求旅游企业不断进行创新,品牌创新是其中非常重要的方面,一般从技术和产品两个方面进行旅游品牌的创新努力,其中产品创新又是旅游品牌创新的主要来源。

■ 课后思考

1. 旅游产品的特性使旅游客源市场开发具有什么特点?
2. 旅游产品促销组合策划中根据什么选择促销方式和工具的组合?
3. 旅游作为体验性产品,对旅游广告提出了什么区别于其他产品广告的要求?

■ 网络资料链接

1. http://www.ctrip.com/(携程旅行网)
2. http://www.happyvalley.com.cn/(深圳欢乐谷网站)
3. http://www.todaytravel.cn/(旅游广告网)

推荐阅读材料

[1] 邵春著. 品牌策划36计. 北京:中国旅游出版社,2004

[2] 杰克·特劳特、史蒂夫·瑞维金著. 新定位. 北京:中国财政经济出版社,2002

[3] 吴广孝著. 旅游广告实务. 上海:复旦大学出版社,2000

主要参考书目

[1] 陈放.中国旅游策划.北京:中国物资出版社,2003
[2] 戴光全 等著.节庆、节事及事件旅游理论·案例·策划.北京:科学出版社,2005
[3] [英]丹尼斯·洛克 著,张云 译.项目管理要素(第七版).北京:东方出版社,2007
[4] [美]菲利普·科特勒.旅游市场营销.北京:旅游教育出版社,2002
[5] 葛全胜.西部开发旅游发展战略.北京:中国旅游出版社,2002
[6] [英]J.克里斯托弗·霍洛韦.旅游营销学.北京:旅游教育出版社,2006
[7] 蒋三庚.旅游策划.北京:首都经济贸易大学出版社,2002
[8] 杰克·特劳特 史蒂夫·瑞维金 著.新定位.北京:中国财政经济出版社,2002
[9] 李蕾蕾.旅游地形象策划:理论与实务.广州:广东旅游出版社,1999
[10] 梁良良 主编.创新思维训练.北京:新世界出版社,2006
[11] 梁昭.旅游市场营销.北京:中国人民大学出版社,2006
[12] 卢明森 编著.创新思维学引论.北京:高等教育出版社,2005
[13] 卢晓 编著.节事活动策划与管理.上海:上海人民出版社,2006
[14] 欧阳斌.中国旅游策划导论.北京:中国旅游出版社,2005
[15] 欧阳斌.实划实说——欧阳斌旅游策划实战理论与案例选编.北京:中国经济出版社,2005
[16] 皮力 著.策划时代——策划人时代.南京:江苏美术出版社,2004
[17] 戚安邦 等编著.项目管理学.北京:科学出版社,2007
[18] 秦启文.形象学导论.北京:社会科学文献出版社,2004
[19] 邵春 著.品牌策划36计.北京:中国旅游出版社,2004
[20] 沈祖祥.旅游策划学.福州:福建人民出版社,2000
[21] 沈祖祥 著.旅游策划——理论、方法与定制化原创样本.上海:复旦大学出版社,2007
[22] 沈祖祥.世界著名旅游策划实战案例.郑州:河南人民出版社,2004
[23] 吴广孝 著.旅游广告实务.上海:复旦大学出版社,2000
[24] 肖星.旅游策划教程.广州:华南理工大学出版社,2005
[25] [美]小塞缪尔·J.曼特尔、杰克·R.梅瑞狄斯、斯科特·M.谢弗、玛格丽特·M.萨顿著,魏青江译.项目管理实践(第二版).北京:电子工业出版社,2007
[26] 杨振之.旅游原创策划.成都:四川大学出版社,2005

[27] [英]伊恩·纽曼、马丁·罗伯逊、简·艾黎-凯特、休伯罕·德拉蒙德、尤麦·麦马汉贝蒂著,吴恒、孙小坷、金鑫译. 节事活动的组织管理与营销. 沈阳:辽宁科学技术出版社,2005

[28] 张道顺 编著. 旅游产品设计与操作手册. 北京:旅游教育出版社,2006

[29] 张淑媛,王佳,李青山 编著. 思维创新与旅游实践. 上海:东华大学出版社,2007

[30] 张展. 活动策划. 北京:中国经济出版社,2006